Bodensee

30 Kulinarische Eskapaden

Peter Peter

Inhalt

Eine kulinarische Modellregion

...in der Gegend umher galoppieren,
um die schöne Landschaft
recht mit Löffeln einzunehmen...

ANNETTE VON DROSTE-HÜLSHOFF

Apfelwurst und Speckmocken, Trüschenleber und Felchenkaviar, Bülledünnele und Wälder Sig. Wer glaubt, am Bodensee seis kulinarisch mit den touristischen Klischees von Kässpätzle, Felchenfilet und Fitnessteller vom Reichenauer Salat getan, der irrt. Denn bei allen alemannischen Gemeinsamkeiten, das Schwäbische Meer ißt eben nicht nur Schwäbisch.

Der See trennt und verbindet und das ist auch kulinarisch gut so. Nur die faszinierende Vielfalt an Süßwasserfischen ist allen Ufern gemein. Hier prallen – einander inspirierend – ausgeprägte gastronomische Identitäten aufeinander.

Baden-Württemberg hat sich zur Europa-Region mit der höchsten Dichte an Sternerestaurants gemausert. Das einstige Großherzogtum Baden, höchst präsent durch die markgräflichen Weingüter zu Salem, steht für die frankreich-affine Tradition feiner Sahnesößle zu Salat und gedämpftem Fisch, der kühn mit Nudeln komponiert wird. Schwäbische Redlichkeit hat manche woanders wegrationalisierte verpönte Spezialität bewahrt. Saures Leberle oder Kutteln mit Bauernbrot schmecken nicht nur zur Fasnacht, an Spätzle und Maultaschen mangelts im Königreich Württemberg nie – warum nicht mit Hecht oder Zander gefüllt? Bayerische Flagge zeigt die Lindauer Küche mit Weißwurstfrühstück, Semmelknödel und Krautsalat – als Alternative ein Allgäuer Käseteller?

Das pilzreiche Vorarlberg gilt als das Bundesland mit der höchsten Haubendichte – was nicht nur der Lecher Schickeria zu verdanken ist, sondern den naturbelassenen Zutaten, mit denen Alpkäsknöpfle aber auch Klassiker der feinen Wiener Küche wie Kalbsschnitzel und Tafelspitz zelebriert werden.

In der Schweiz wetteifern gar vier Kantone und zwei Halbkantone um die Gunst der Gourmets. *Appenzell-Innenrhoden* verzaubert durch die alpine Bukolik seiner Sennhüten, die den durstigen Wanderer mit frischer Ziegenmilch und Molketrank erquicken. Rheintaler Ribelemaisgerichte zu ambitionierten Rotweinen zählen zu *Außerrhodens* Stärken. Bei *St. Gallen* denken Eidgenossen an die zarten Kalbsbratwürste – die schiefgezogenen Erststockbeizlis der Klostergründung stellen wie Amsterdamer *Bruine Cafés*, Münchner Bierkeller oder venezianische Bácari eine Sehenswürdigkeit dar, die der kulinarische Traveller erlebt haben muß. Im *Thurgau* werden von Traditionsmetzgern *Mostbröckli*, eine Art in Ap-

felwein mariniertes Bündnerfleisch produziert und die besten Eglifilets in Bierteig gebacken. Schön, wenn im *Stammheimer Hopfenland* des *Züribiets* das Geschnetzelte, wie es sich gehört, auch mit Kalbsnieren angeboten wird. In *Schaffhausen* kann man stilecht mit Rieslingsuppe und Zwiebelkuchen schließen.

Die Konstanzer Ausstellung «Die Welt im Topf» spiegelte 2010 das wachsende Interesse an der Kulturgeschichte des Bodenseeraums. *Tobias Engelsings* brilliant recherchierter Katalog hat die Frage aufgeworfen, was denn typische verbindende Seerezepte seien. Weniger als man denkt: Natürlich gibt es überall köstliche Felchen und Fischsuppe, aber die Rezepte variieren unverbindlich, das Felchenfilet «Konstanzer Art» mit Sahne und Champignons scheint sich selbst in Kreuzlingen Nord kaum durchgesetzt zu haben.

Sind saure Innereien mit Brägele wirklich ein Privileg der Seeköche? Oder die *Dinnete, Dinnede, Dinnele, Dünnele* oder *Bölletünne* genannten Backfladen, die sich kaum von Flammkuchen unterscheiden?

Am originärsten und ausgefallensten wirkt da noch die köstliche Thurgauer Mostcreme.

Nicht immer Bärlauch: Ein Riesenthema ist *Kräuterküche* geworden – angeregt durch den Reichenauer Dichterabt Walahfried Strabo und den Megastar Hildegard von Bingen, initiiert von Schweizer Chrüter-Köchen wie *Thuri Maag*.

Kurzum, **die** Bodenseeküche gibt es nicht, es ist eher so, daß regionale Trends und das bäuerliche und alpine Hinterland zur Rezeptvielfalt des See beitragen.

Kurzum, Welten liegen zwischen einem Essen in einer *Bregenzer Wälderstube* oder im *Singener Industriegebiet*. Rein sprachlich tun sich Kluften auf zwischen (bei Nichtschweizern Kastrations-Ängste auslösendem) XL-Eingeklemmtem zum Z'nüni, kleinem Braunen und schwäbischem Kirschmichel. Ja manche glauben gar, einen Unterschied zwischen protestantischen und katholischen Landschaften herauszuschmecken. Natürlich verlaufen die kulinarischen Grenzen nicht messerscharf entlang der administrativen.

Ausnahme: der Käse auf dem Frühstücksbuffet schmeckt schlagartig besser, sobald man das deutsche Hoheitsgebiet verläßt. Doch sonst zählen eher geographische Räume, die bewußt oder historisch gewachsen ein Profil entwickelt haben. Der Hegau mit seinen Vulkankräuter grasenden Lämmern, die Köcheszene des Linzgau, die fisch- und gemüsereiche Höri, die Weinstuben der Konzilsstadt Konstanz, die Kretzerbeizli am Schweizer Untersee oder die Käsewirte im Ländle. Kleiner Grenzverkehr: Radelnde Spitzenköche, die mal beim Kollegen am anderen Ende des Sees reinschmecken, beweisen es. Der See steckt auch für Einheimische voller inspirierender Überraschungen.

Regional statt ranzig

Geschnetzelte Wildschweinleber in Trollingersößle in Gesellschaft von *Fischknusperle mit Fritten* und *Putenbrust Hawaii.*
Solche Brüche auf der Karte erlebt man hier häufig – auch bei
Lokalen, die scheinbar voll auf «Convenience» setzen, taucht
verschämt ein echtes Hausmachergericht auf. Wie die Fülle
jahrhundertealter Gasthöfe, so sind auch Familienbetriebe
mit nie ganz gekappter Bodenhaftung Legion. Poliertes Alpa-
kasilber mit eingeprägtem Hausnamen dokumentiert diskret,
daß man hier schon vor der Ära *Eckhart Witzigmann* (bzw.
Bertold Siber) kochen konnte, auch wenn man glaubt, sich
massentouristisch anzubiedern zu müssen.

Sternelokale in Hülle und Fülle. Das bedeutet am Bodensee
meist nicht kapriziöse Schäumchendialoge, sondern weltof-
fenes Abwägen mediterraner, asiatischer und einheimischer
Rezept- und Produktoptionen. Ätherische Fisch-Carpaccios,
Salate, die mehr nach Garten als Aceto Balsamico schmecken,
Weidegans und sortenreine Weingelees...

Und vor allem faire Preisgestaltung: Üblicherweise gibt es
mittags auch ein Gericht um 10-15 Euro (in der Schweiz ent-
sprechend teureres Stammessen). Das können Köstlichkeiten
wie Reh-Maultaschen oder frischer Stangenspargel mit Krat-
zete sein. Daß die nächsten Großstädte entfernt liegen, macht
sich positiv bemerkbar – zwar strömen Connaisseure aus
Zürich und Stuttgart angesichts des guten Preis-Leistungsver-

hältnisses in die Uferlokale, aber abgehoben ist fast kein Restaurant. Die oft unsensible Aufwertung der Landgastronomie zur Luxusgastronomie ist landschaftsverträglicher abgefedert als anderswo. Ja wahrscheinlich gilt hier das Paradoxon, daß in Gegenden mit solider Alltagsküche der Impetus zum elitären Feinschmeckertempel geringer ist als in der kulinarischen Diaspora.

Wenn der See mediterran ist, dann nicht wegen seiner Olivenölentdecker am Herd. Sondern wegen seiner kontemplativen Ausstrahlung, die wie in einem südlichen Fischernest einlädt, spontan ganze Nachmittage bei Wein auf einer Uferterrasse zu verdösen, entgrenzt von Zeit und Raum in die Sonne blinzelnd,

«umweht von der eigentümlichen Bodenseeluft,
von dieser weichen, blaudunstigen,
feucht malerischen Luft voll Opal und Perlmutter....»
Hermann Hesse, Gruß vom Bodensee 1914

Der biedere Grundtenor der Bodenseegastlichkeit – lange verlächelt – wandelt sich in Slow food-Zeiten zum Standortvorteil. Die Herzlichkeit im oft noch von Einheimischen betriebenen Service ist ungekünstelt. An Angestammtem gegen das Durchrauschen des Zeitgeistes festzuhalten, gilt wieder als «wutbürgerliche» Haltung statt Spießertum. Oft ein bißchen brav – die *Karotten-Brokkoli-Garnituren* plus Salatportion, die gutmeinten *Spätzle mit Brösele*. Dafür ist

das meiste stimmig und grundsolide, was in der deutschen Alltagsgastronomie beileibe nicht selbstverständlich ist. Während anderswo Routine-Wirte unter den neuerwachten Forderungen der Konsumenten nach echter Bodenständigkeit stöhnen, spürt man hier ansteckende Aufbruchsstimmung.

Die Wiederentdeckung der «Urchuchi», um einen Schweizer Trendbegriff zu zitieren, der echten bäuerlichen Rezepte und der einheimischen Produkte, wird zum Herzensanliegen. Wirte schließen sich mit Ziegenzüchterinnen, Imkern, Obstbauern und Schafhirten zu Genuß-Gemeinschaften zusammen. Landfrauenmärkte von Friedrichshafen bis Radolfzell, von Bregenz bis Romanshorn bieten vegetarische Köstlichkeiten von blauen Kartoffeln bis feuerrotem gestieltem Mangold an.

Initiativen von «Schmeck den Süden» bis «Kulinarisches Erbe Österreich» und «Culinarium Schweiz» promoten lokale Lebensmittel. Das Ziel dieses *culinary turn* ist nicht die Verklärung von Großmutters Küche, die in Notzeiten und im Enthusiasmus der ersten Ersatzstoffe wacker, aber nicht immer gut gekocht hat, sondern ein neuer radikaler Blick auf die Ressourcen der Heimat. Die landschaftliche Verheißung, die narkotisierende Präsenz des blauen Wassers, der Weinberge und wildreichen Wälder, dieses Nebeneinander von Fernweh und Wohligkeit, das einen beim Blick auf den flimmernden Seespiegel erfaßt, auf dem Teller einzulösen, ist ein fast poetisches Unterfangen. Mit seinen guten kulinarischen Genen gelingt es «Deutschlands Paradieß» (CARL JULIUS WEBER), Seele und Magen gleichermaßen zu beglücken.

Zeit der Pfahlbauern auf der Insel.

«Die Küche am Bodensee
hat viele europäische Mütter und Väter.»
TOBIAS ENGELSING, Die Welt im Topf, 2010

Konzilsfrösche und Maggisuppen

Was speisten die Pfahlbauern? Besser als alle Archäologen glaubte das im 19. Jh. der streitbare Theologe Friedrich Theodor Vischer zu wissen. In seinem Roman «Auch Einer» wird ein urgermanisches Pfahlbauernmenu skizziert: Schlehen in Buchelöl, Bären- und Wisentmark, Kibitzeneier, Brunnenkresse mit Gelbrüben, Metbock und Stachelbeerwein.

Heute sprechen die Exponate in den Museen in *Uhldingen* und *Wangen* eine weniger spektakuläre Sprache: durch Luftabschluß verkohlte Uräpfel, Haselnüsse, Emmer- und Einkornähren sowie angebrannte Töpfe. Man weiß, daß Getreidebrei und Mus die Hauptnahrung darstellte, daß Erwachsene abgeriebene Zähne hatten, da mit Steinmühlen geschrotet wurde, daß die Keramik leicht sprang, wenn sie beim Kochen nicht gedreht wurde. Als Leckerbissen galten Vogeleier, Wild, Fische und gelegentlich ein geschlachtetes Haustier. Gesammelte Wildkräutern würzten Eintöpfe aus Hülsenfrüchten und Ölsaaten; Beeren, Hagebutten und Schlehen sorgten für Vitamine.

Doch das Studium germanischer Ernährung bringt bis auf das Revival archaischer Getreidesorten wenig für die heutige Küche. Die Variationsbreite der Bodenseekost mit Fischen, Wein und Gemüsen geht eher auf den nie ganz verschwundenen römischen Einfluß und die kulinarischen Kompetenzzentren der Klöster zurück. Der «St. Galler Klosterplan» (um 820) mit integriertem Back- und Brauhaus belegt ebenso wie die nachgepflanzten Kräutergärten auf der Reichenau und in der «Schaffhausener Allerheiligenabtei», welch diätetisches Wissen die iroschottisch-alemannische Mönchskultur angesammelt hatte. WALAHFRID STRABOS hexametrischer Gedichtzyklus «Hortulus» von 827 ist der früheste Beleg für gourmethaftes Genießen in Deutschland, etwa in der affektiert-virtuosen Beschreibung eines Melonenessens:

Wenn nun tief in den Leib dieser Frucht eindringet das Messer,
lockt es reichliche Bächlein hervor, und es schwimmen im Safte
Massenhaft Samen. Zerteilt man das hohle Gehäuse von Hand in
Zahlreiche Stückchen, so freut sich der Gastfreund bei Tische des guten
Leckerbissens der Gärten. Denn Weiße des Fleischs und Aroma
Schmecken dem Gaumen, und nicht wird solcherlei Speise die harten
Backenzähne erschrecken: gekaut schon im eiligen Schluck, hält
Kühl mit natürlicher Kraft sie die Eingeweide des Leibes

Auch das wohl älteste überlieferte deutsche Rezept wurde am Bodensee von dem Reichenauer Mönch verfaßt – *schmalzgebackener Kürbis:*

Ja, solange die Frucht des Kürbis noch saftig und zart ist...
Sehen wir sie nicht selten mit anderen köstlichen Speisen
Umgehn am Tische; getränket im Fett der dampfenden Pfanne,
Mögen fürwahr die wohlzubereiteten Stücke gar manchmal
Trefflich den Nachtisch versehen als süße Delikatesse

Wüßten Sie, daß die erste offiziell päpstlich heiliggesprochene Frau vom Bodensee kommt und auch noch Patronin der Köchinnen und Pfarrhaushälterinnen ist? Die fastenfreudige Hl. Wiborada lebte als Einsiedlernonne in St. Gallen und erlitt 926 bei einem Ungarneinfall das Martyrium. Besser Einblick in das Küchenpotential des Mittelalters geben die «Benedictiones» des St. Galler Abtes Ekkehard IV (ca. 980-nach 1057). Seine Tischsegen benedeien eine ganze Litanei von Seegetier von wallara bis cancer oder illanch alemannicus (Wels, Krebs und alemannischer Felchen) und überliefern nebenbei, daß die Speisen – heute letzter Schrei auf Öko-Volksfesten – auf Brote statt Teller geschöpft wurden.

Klöster und Hafenstädte, die mit *Lädinen* (Lastensegler) Salz und Wein, Gewürze und kostbare Südfrüchte für den deutsch-italienischen Fernhandel transportierten – die Region war auch kulinarisch gut gerüstet für das europäische Großereignis des Mittelalters. Am Konstanzer Konzil traf sich 1414-18 die Weltkirche und die Weltküche. Daß es die 5000-6000 Einwohner zählende Reichsstadt schaffte, 60.000-100.000 Gäste, darunter 39 Kardinäle, 300 Bischofe, 500 Äbte, 2000 Doctores und 700 Kurtisanen standesgemäß durchzu-

füttern, darf als logistische Meisterleistung gelten. 230 Bäcker und 70 Wirte erhielten Lizenzen, manche Händler reisten bis aus Polen, Armenien und England an. Offensichtlich drückte man trotz der mittelalterlichen Zunftordnung ein Auge für auswärtige Caterer zu. Italienische Straßenbäcker verkauften vom Backofen auf dem Bollerwagen «frömdes brot», Vorläufer der Alemannenpizza getauften *Dinnele*. Die Illustrationen der «Richental-Chronik» im ROSGARTEN-Museum zeigen um Frösche, Fische, Schnecken und Bärentatzen feilschende Kleriker – der Besucheransturm löste auch eine gewaltige Preissteigerung aus. Der früheste namentlich bekannte deutsche Starkoch wurde entdeckt. JOHANNES BOCKENHEYM, ein Pfälzer von der Weinstraße, heuerte bei dem frischgewählten Papst MARTIN V. an, ging wohl nach Rom und verfaßte später ein lateinisches Register, wo er pro Almanis (!) Sauerbraten und für Schurken und «Leckerinnen» aphrodisiakisches Orangenomelett empfahl.

Rhetorisch dick auf trägt der Kardinalssekretär BENEDETTO DA PIGLIO, der Konstanz 1415 zum Schlaraffenland verklärte, wo die Fruchtbarkeitsgöttin CERES, BACCHUS, NEPTUN und die vergöttlichte Gärtnerin POMONA walteten: «Hier gibt es schneeweißes Brot, Wein, der den Falerner aussticht, jede Art Fleisch, Milch, Käse, Eier, Fische, auch im Winter frische Äpfel, getrocknete und im Herbst wohlgereifte Trauben – was soll ich weiter Einzelheiten aufführen? Dieser Ort besitzt im Überfluß, was für den Lebensunterhalt an Notwendigem und Luxuriösem ersonnen werden kann.»

Nach diesem Crossover-Input war es kein Zufall, daß der aus Bordeaux nach Italien reisende MICHEL DE MONTAIGNE den Bodensee 1580 als führende europäische Gourmetregion erlebte: «Wir haben nie zuvor so delikate Gerichte gegessen, wie sie hier gang und gäbe sind.» Besonders angetan hatte es dem Philosoph und Weinhändlersohn der tannenholzgetäfelte Speisesaal der *Krone* in Lindau: «Was die Aufwartung bei Tisch betrifft, machen sie solchen Aufwand an Lebensmitteln und bringen in die Gerichte eine solche Abwechslung an Suppen, Saucen und Salaten, und das alles ist in guten Gasthäusern mit solchem Wohlgeschmack zubereitet, daß kaum die Küche des französischen Adels damit verglichen werden kann, auch fände man in unseren Schlössern wenig derartig geschmückte Säle. Uns unbekannt waren Quittensuppe, Suppe, in die gebackene Äpfel geschnitten waren, und Krautsalat, ferner dicke Suppen ohne Brot...

Bemerkenswert ist der Reichtum an gutem Fisch... Wild, Schnepfen und junge Hasen, die ganz anders als wie bei uns, aber mindestens ebenso gut hergerichtet werden, sind reichlich vorhanden. Wir sahen niemals so zarte Fleischspeisen, wie sie dort täglich aufgetragen werden. Mit dem Fleisch werden gekochte Pflaumen, Birnen- und Apfelschnitze gereicht; bald wird der Braten zuerst und die Suppe zuletzt aufgetragen, bald umgekehrt. An Früchten gibt es nur Birnen, Äpfel, die sehr gut sind, und Nüsse, sodann Käse.»

Die Hungerjahre des 30jährigen Kriegs, bei dem sogar eine schwedische Flotte den See unsicher machte, bereiteten dieser selbstbewußten bürgerlich-reichsstädtischen Küche ein

Ende. Im Barock sind es eher die vielen Duodezfürsten, die Prälaten und reichsunabhängigen Klöster, die unter der Ägide Vorderösterreichs kulinarisch miteinander wetteifern.

Zugleich setzt eine Differenzierung der Volksnahrung ein. *Vorarlberg* konzentriert sich seit dem auslaufenden 18. Jh. immer mehr auf Hartkäseproduktion, während die *Schweizer* Bodenseeufer nach der Hungersnot von 1770 unter dem Einfluß der «ökonomischen Patrioten» zunächst noch zögerlich die Kartoffel als Nahrungsmittel propagieren. Im Gegensatz zum Knödel-, Spätzle- und Knöpflekosmos der *schwäbischen* Gestade sollten sie unter dem Berner Namen «Rösti» zur Volks- und Vorzeigespeise des Thurgaus werden.

Braungebrannt aus Italien heimkehrend, stieg GOETHE 1788 zu Konstanz im *Goldenen Adler* ab, traf seine Zürcher Seelenfreundin BARBARA SCHULTHESS, schnitt mit Diamantring seinen Namen ins Butzenfenster, speiste Güggeli und spielte mit Brotkugeln...

Eine Ahnung von der Welt der französischen *Haute Cuisine* brachten die Emigrées, die einschließlich des Pariser Erzbischofs 1792 nach Konstanz strömten. Dieser relativ frühe kulinarische Frankreichkontakt wurde intensiviert durch den bonapartistischen Exilhof des späteren Kaisers NAPOLÉON III. in Arenenberg. 2010 hat dort die Ausstellung «Zu Tisch – À Table» demonstriert, wie der Kreis um HORTENSE BEAUHARNAIS bei Champagner, bretonischen Austern und Fasan auf der lukullischen Höhe der Zeit soupierte.

Damals erscheinen auch die ersten gedruckten Bodenseekochbücher. CAROLINE KÜMICHER verrät 777 selbst auspro-

bierte Rezepte im «Constanzer Kochbuch» von 1824. CHRISTINE CHARLOTTE RIEDL gibt 1851/2 das populäre Lindauer Kochbuch in Druck. 1854 veröffentlicht sie als Bahnhofswirtin der bayerischen Hafenstadt «Die kleine Köchin», das vermutlich erste Puppenkochbuch Deutschlands. An Wirsich-Gemüslein, Fleischpölsterlein, Gogelhöpflein und Anis-Brezelein können die Jungschwäbinnen das Hausmütterlein-Dasein spielerisch einüben. Ursprünglich als Skript für eine der frühesten Kochschulen verfasste 1891 die Allgäuerin ANNA MARIA WEHINGER das 2008 neu aufgelegte «Dornbirner Kochbuch».

Die ersten Eisenbahnen verändern das (land)wirtschaftliche Gefüge. Die Seefähren verlieren ihre einträgliche Rolle als Nadelöhr für Handelsgüter, dafür bekommen die Obstbauern nun überregionale Absatzchancen. Zugleich wandelt sich der Bodensee zum Tourismusziel, werden seine Ufer partiell zur Riviera. Grandhotels wie das Lochauer *Kaiserstrand*, das 1875 vom Bruder FERDINAND ZEPPELINS eröffnete *Inselhotel* im Konstanzer Dominikanerkloster, das *Halm* mit seinem maurischen Saal oder das *Badhotel* in Überlingen pflegen eine internationalisiert-großbürgerliche Küche.

Eine Antwort auf die miserable Ernährungslage des Proletariats fand 1886 der Thurgauer Großmüller JULIUS MAGGI mit seiner Speisewürze. 1887 verlegt er den Firmensitz nach Singen – im Hegau locken billige Löhne und die schnelle Eisenbahnanbindung ins Reich. So wurde das «Gütterli» zum Synonym für deutsche Einheitswürze: Jahrzehntelang waren die Design-Klassiker aus dem Jahre 1887 verläßlicher als Salz- und Pfefferstreuer auf Wirtshaustischen eingedeckt – noch

heute hält es sich zäh in Thurgauer Beizen. Mittlerweile ist MAGGI Teil des NESTLÉ-Imperiums. Die Konkurrenz ist nah: Die Heilbronner Firma KNORR eroberte ab 1907 von Winzerort *Thayngen* im Schaffhauserland die Schweiz mit Tütensuppen und bergsteigerfreundlicher Erbswurst. Stärker auf Bio-Suppenwürfel setzt HÜGLI, 1935 in *Arbon* gegründet, mit seinen Tochterwerken in *Hard* und *Radolfzell.*

Weltkriege und Notzeiten des 20. Jh. forderten den Menschen zwischen Bregenz und Kreuzlingen, zwischen Friedrichshafen und Radolfzell harte Entbehrungen ab – wenn auch Fischfang und Wasservogeljagd den Speisezettel der Ärmeren etwas auffetteten. Nach den Dosen- und Mikrowellenexzessen der Wirtschaftswunderküche spielt gerade der Bodenseeraum seit den 1980ern eine Vorreiterrolle im Revival regionaler Produkte. Zu viele Familienbetriebe hatten sich ihre bäuerlichen und handwerklichen Wurzeln bewahrt, um sich voll Aufwärmkonzepten oder der *Nouvelle Cuisine* an den Hals zu werfen. Ein Netz von Bauernmärkten und Hofläden ermöglicht mittlerweile Gastronomen und Privathaushalten den Einkauf hochwertiger einheimischer Lebensmittel. Zugleich sorgen nicht nur ausländische Wirte vom Inder bis zum Sarden, vom Serben bis zum Südamerikaner dafür, daß der melting pot der Bodenseeküche am kreativen Brodeln bleibt.

Forellen sind Forellen.

Doch nur etwa so,
wie Menschen Menschen sind.
Weiße, Schwarze, Privatgelehrte
haben einen verschiedenen Geschmack,
auch vom anthropophagischen Standpunkt aus,
und die Forellen desgleichen.
Sie schmecken wirklich verschieden.
Ich darf es sagen.
Denn wenn ich die Rechnung mache,
so hab ich wohl ein Dutzend Arten durchgekostet.

Und die schönsten waren?

In Deutschland, meine gnädigste Frau,
die Felchen im Bodensee...

THEODOR FONTANE, *Cécile*, 1886

Während das doradenselige Deutschland unter Süßwasser-fisch Zuchtforelle, den immer mehr verachteten Karpfen und in der gehobenen Gastronomie schon mal einen Saibling versteht, kommen zwischen Überlingen und Ermatingen, zwischen Hard und der Höri neben den fettarmen Blaufelchen auch Kretzer, Hecht und die rare Seeforelle auf den Tisch.

Ca. 130 Berufsfischer holen im Morgengrauen ihre Netze ein – und sie fangen nicht nur Felchen. Der Fischreichtum und vor allem die Artenvielfalt des Bodensees steht im kulinarischen Europa einzigartig da – auch wenn es einer gewissen Recherche bedarf, nach Thymian duftende Rheinäschen, Mousse aus geräucherten Brachsen oder die Delikatesse einer Trüschenleber zu ergattern. Bodenseefisch ist Wildfang!

Positiv fällt auf, daß relativ viele Lokale ihren Hausfischer haben, ja selbst fischen. Ein Beruf, der trotz Entgrätungs-maschinen immer noch genauso hart ist, wie das bei allem Liebesinselschmalz in dem Heimatfilm «Die Fischerin vom Bodensee» (1956) durchblitzt. Ab 4 Uhr früh hinaus auf den nachtschwarzen See, komplizierte Netztechniken beherr-schen, abnehmende Erträge ohne Fanggarantie, plötzliche

Darynnen seindt vil der Edlen Visch,
Den Annderen Seen nit bekannt *(Tibianus 16. Jh.)*

Brödle, Weggle, Bürle... *Nordsee am Bodensee?*

Wetterumschwünge, dann an Land die zügige Arbeit im Kühlraum und Räucherkeller, die Direktvermarktung im eigenen Lädle. Der Lohn: ein Leben in Freiheit und Naturverbundenheit und das Gefühl, die Identität des Sees zu erhalten. Fischermilieu heute und einst wird erfahrbar bei der morgendlichen Ausfahrt mit einem der Berufsfischer oder im «Seemuseum Kreuzlingen».

Fischküche hat sich am Bodensee gewaltig verändert. Hit sind *Felchen-Knusperle* – fastfoodtaugliche *fish nuggets* gegen den Grätenekel, oft schon in fernen Landen vorgefertigt: ein edler Imbiß, wenn sie wie echter niederländischer *Kibbeling* aus frischem Fang filettiert sind.

Ganze Fische, blau gegart, gebraten, gebacken sind auf dem Rückzug, wenn man auch gute Lokale nach wie vor daran erkennt; schließlich wissen Kenner und Italienreisende einfach, daß Fisch an der Gräte aromatischer schmeckt. Das Fischfilet vom Egli bis zur Felche triumphiert. Zubereitungen mit Kirschtomaten und Olivenöl verdrängen die angestammten badischen oder klassisch-jüdischen Varianten mit Sahne- oder Sauerrahmsauce. Und auch die *Sashimi*-Welle ist am See angekommen. Fischtempel wie die «Seehalde» in Maurach oder das «Gottfried» in Moos kombinieren Saiblingmatjes mit peruanischer Felchen-Ceviche oder Hecht-Carpaccio und zelebrieren eine Bouillabaisse aus Bodenseefisch. Konservativer schätzt mans am Schweizer Ufer, wo ganze gebackene *Chretzer* bzw. *Eglifilets* zu Sauce Tartare und Tägerwilener Salat serviert werden – auch wenn die Fritteuse die Pfanne ersetzt hat.

Manchmal ist es schade, daß bei aller internationalen Kreativität volkstümliche Zubereitungsformen verschwinden. Ein klassischer *Aal in Dillsauce* ist zur Rarität geworden. Von mediterranen Rezepten könnte man am *Lago di Costanza* lernen: wie am Gardasee lassen sich aus grätenreichem *Alet* (Döbel) köstliche Fischküchle zaubern. Griechische und südfranzösische Fischer lieben kleine Backfische, die im ganzen verschmaust werden. «Königskarpfen in Kräuterschweineschmalz» zählt zu den Vorzeigegerichten der umbrischen Küche. Das gabs auch alles am Bodensee.

Historische Kochbücher und Gasthausnamen erzählen von Fischknöpfle aus *Alets*, von schmalzgebackenen *Laugele*-Weißfischen, von sauren *Reichenauer Grundeln* und *Fasten-Fischwürsten*. In GREGOR MANGOLTS «Vischbuch» von 1557 werden über 20 wohlschmeckende Bodenseefische beschrieben. Der Konstanzer, der 1548 nach der Rekatholisierung seiner Mutterstadt ins Exil nach Zürich ging, empfahl als bekömmlichste Zubereitung, «Fisch in gantzem wein statt Wasser» zu sieden.

Sensationell ist, daß der Bodensee heute Trinkwasserqualität aufweist. Nachdem früher die Abwässer ungeklärt ins Seebecken geleitet wurden, spitzte sich in den 1970ern durch Dünger- und Waschmittelphosphate die Umweltsituation zu, verschwanden ganze Fischpopulationen wie *Groppe* oder *Kilch*. Klärwerke und strenge Naturschutzauflagen (so darf z. B. der Katamaran Friedrichshafen-Konstanz nicht voll Tempo fahren) schafften den Umschwung, reduzierten den Phosphatgehalt auf ein Zehntel.

Allerdings ist manchen Fischarten das Biotop nun zu sauber, es gibt weniger Algen und Plankton, so daß die Tiere langsamer wachsen. Die Fangmenge fiel im Untersee in den letzten drei Jahrzehnten auf ein Drittel, die Kretzerbestände haben sich in 10 Jahren halbiert. Staatliche Fischbrutanstalten in *Langenargen, Nonnenhorn* (interessante Führungen!), *Reichenau, Rorschach* und im vorarlbergischen Landesfischereizentrum *Hard* bemühen sich gegenzusteuern und setzen vor allem Felchen und Saiblinge als Jungfische aus. Kritische Stimmen sprechen von Felchenmonokultur und einem latenten Interessenkonflikt Fischer versus Badetourismus und Trinkwasserversorgung. Immerhin verhindert die Bregenzer Übereinkunft, die 1893 zwischen den Anrainerstaaten *Österreich-Ungarn, Bayern, Baden, Württemberg, Schweiz* und *Liechtenstein* (Laichgründe der Seeforelle!) geschlossen wurde, durch einheitliche Schonzeiten und quotierte Fangmengen Überfischung. Ein alemannisches Agreement, das man sich auch für die Weltmeere wünschen würde.

Wurden im 18. Jahrhundert marinierte Jungfelchen *(Gangfische)* in Holzfässchen nach Frankreich, Oberitalien und bis an den Kaiserhof in Wien versandt, so wird heute Bodenseefisch fast ausschließlich am See konsumiert. Da nicht mehr genug Seebewohner erbeutet werden, um alle fischhungrigen touristischen Mäuler zu stopfen, importiert der Handel immer öfter (und günstiger) litauische und mecklenburgische Maränen, polnische Barsche oder Kanada-Zander aus Aquakultur – vertrauenswürdige Lokale weisen auf die Herkunft der angebotenen Fische hin.

Einheimische **Krebse** aus dem Bodensee und den Anrainergewässern spielten einst als billige aber aufwändige Kost eine große Rolle – im Frühling 1777 verarbeitete die Schloßküche in Bodman über 1500 Krebse zu Mus und Pasteten. Durch die von amerikanischen Krebsen eingeschleppte Krebspest der 1880er und Wasserverschmutzung sind fast alle Bestände ausgerottet worden. Der Hergetsweiler Koch *Anton Lanz* (siehe S. 135) bemüht sich, in eigenen Weihern den Allgäuer Edelkrebs zu erhalten.

Am Untersee war die Wasservogeljagd weit verbreitet – vor allem in Kriegsnotzeiten. *Belchenpfeffer* aus Blässhuhnragout, das als Fastenspeise galt und *Wildenten* gehörten zu den Wintergerichten des einfachen Mannes – heute noch sind Ermatinger geschnitzte Lockenten ein originelles Mitbringsel. 1951 protestierte die «Basler Fasnacht» mit Schnitzelbank-Versen:

Isch's nit gnueg, dass d'Ticinesi
Tryben ihri bitterbeesi
Amsle-, Drossle-, Fink- und Star
Und die ganzi Vogelschar
Mörderei mit Luscht und Liebi?
Thurgi, muesch au du die triebi
Belche-Schlächter-Sauerei
Dulde? Alli Johr uff's Nej!

Die Narren hatten Erfolg – 1984/85 wurde die Jagd auf Belchen (Blässhühner) am Schweizer Untersee verboten.

AAL bis ZANDER –
Die wichtigsten Bodenseefische

Die breite Palette hängt auch mit der speziellen hydrologischen Situation des aus dem Rheingletscher entstandenen Zungenbeckensees zusammen: Das 254 m tiefe klare Hauptbecken des Obersees sowie der Überlinger See behagen vor allem Felchen, Saiblingen und Trüschen. Der flachere pflanzenreichere Untersee (46 m), der Markelfinger, Zeller und Gnadensee bilden mit ihren Halden und Fischreisen ein ideales Habitat für Raubfische wie Zander, Wels und Aal. Die Rheinströmung begünstigt die kräftigen Äschen.

Aal – Der fettreiche, häufig zur verpönten Küche gerechnete Aal wird am Bodensee fast nur noch über Buchenholz geräuchert angeboten. Der Bestand ist dramatisch zurückgegangen. Aale laichen in der atlantischen *Sargasso-See* – doch die Flußwanderungen sind durch Stauwerke und Turbinen immer schwerer geworden. Verschärfend kaufen asiatische Aphrodisiaka-Händler *Glasaale* zu horrenden Preisen auf, was die Tarife für Jungaal-Besatz immer teurer macht.

Brachsen – Die karpfenartigen Brachsen *(Brassen,* schweiz. auch *Brachsmen)* wurden früher gern in Rahm gedämpft. Heute werden sie meist geräuchert zu Fischfrikadellen oder zu Mousse verarbeitet.

Felchen – «Felchen haben einen langgestreckten Körper mit Fettflosse, oliv- bis blaugrünem Rücken und weißlich-silbernen Seiten mit bläulichem Schimmer» so wirbt der Prospekt der spätherbstlichen Bodensee-Felchenwochen. Die in der Schweiz auch *Almeli*, in Bayern *Renke*, in Österreich *Reinanke* und in Mittel- und Norddeutschland *Maräne* getaufte Art ist Brotfisch der Bodenseefischer und Pflichtfisch aller Touristen. Seit der See Trinkwasserqualität hat, werden bei

Solcher gebratener Felchen bin ich nie satt geworden 29
(Carl Julius Weber)

manchen Fischzügen bis zu 99 % Blaufelchen erbeutet – wie alle «Coregonen» halten sich Felchen am liebsten im sauberen «Pelagial» (Freiwasserraum) auf. Die meisten Felchen werden in der Morgendämmerung mit Schwebnetzen gefangen – tagsüber würden sie bald von Kormoranen gefressen. Als ideale Fanggröße gilt 300-350 g, ältere Exemplare können bis zu 60 cm und 5 kg erreichen. Schonzeit ist Mitte Oktober bis Anfang Januar. Das zartaromatische Fleisch läßt dem Koch fast unbegrenzte Wahl, mundet pur und in Kombinationen mit Rieslingsößle, den «altgedienten» Mandelsplittern oder asiatischen Kräutern. Trotz seiner Fettarmut schmeckt geräucherter Felchen köstlich und überhaupt nicht trocken. Als Delikatesse gilt gelb-oranger *Felchenkaviar*, während *Felchenleber* zur Rarität geworden ist. Mindestfanggrößen unterbinden das Marinieren junger Felchen *(Gangfische)*, die früher auch als Preis beim winterlichen Ermatinger «Gangfischschießen» vergeben wurden.

Groppe – Wie ein Miniaturdrachenkopf sieht die grausesprenkelte Groppe mit ihren fächerförmigen Brustflossen aus, mittels derer sie sich im flachen Wasser fortbewegt. Bis in die 1960er Jahre waren die nußig schmeckenden Fischlein – in Salz und Schmalz in der Eisenpfanne herausgebacken – ein beliebtes Arme-Leute-Essen. In den 1980ern ist der 15 cm lange Grundfisch ohne Schwimmblase zunächst infolge Wasserverschmutzung und dann Algenmangel fast verschwunden. Die Ermatinger «Groppenfasnacht» hält die Erinnerung an das traditionelle Frühlingsfischessen wach.

Der **Hecht**, der «Hai des Bodensees», lauert reglos auf Jungfische zwischen Pflanzen. Sein Fleisch ist mager und grätenreich. Ein Klassiker der feinen französischen und badischen Küche sind deswegen Hechtklößchen aus Pflückfleisch *(quenelles de brochet)*. Aus der Mode gekommen ist die badisch-elsässische Zubereitung mit Rahm und Zwiebeln, die Rezepten *à la juive*, mit Sauerrahm, ähnelt.

Der Riesenhecht von Öhningen

Kapitale Exemplare, die bis zu 30 Jahren alt werden können, werden gern als Kotelett portioniert, herausgebacken und mit *Sauce Tartare* serviert. 1862 soll man einen über 65 kg schweren Methusalem aus dem österreichischen Bodensee gezogen haben.

Grashechte: Am zartesten schmecken einjährige Grashechte von 1-3 kg, beste Fangzeit ist September bis Januar.

Karpfen – Eher eine untergeordnete Rollen spielen die von Reichenauer Mönchen gezüchteten und wegen ihres Fettgehalts als Fastenspeise hochgeschätzten Karpfen, die heute wild im Untersee leben. In den Wintermonaten mit dem Buchstaben «R» schmecken sie weniger tranig.

Kretzer – Schweizerisch auch *Chretzer* bzw. *Egli*, gelten wegen ihres zarten Fleisches als Edelfische. Am Schweizer Ufer werden die Barsche mit den Stachelstrahlen der Rückenflosse, die beim Zubeißen «kratzen» können, im Ganzen in Bierteig frittiert, in Deutschland fast nur als Filet angeboten. Schonzeit der nicht züchtbaren Art ist im Mai.

Rheinäschen – Feinschmecler hinterlassen ihre Mobilnummer, um informiert zu werden, wenns nach der Schonzeit ab Mitte März in Stein am Rhein oder Moos die ersten Rheinäschen gibt. Der Kanton Schaffhausen verpachtet zwischen der Insel Werd und der Bibermühle die traditionelle Zuggarnfischerei auf die Salmoniden. An Äschen doktert ein verantwortungsvoller Koch nicht herum, sondern bereitet sie im Ganzen *blau* oder *à la meunière* zu, um den Eigengeschmack nicht zu verfälschen. THYMALLUS THYMALLUS, der lateinische Terminus weist darauf hin, daß das köstliche magere Fleisch schwach nach Thymian duftet. Kormorane setzen dem Bestand ebenso zu wie die allmähliche Seeerwärmung.

Rotauge – Sehr selten wird Rotauge *(Plötze)* angeboten. Ein Geheimtipp: Fischer am Schweizer Altenrhein verkaufen geräuchertes *Wingerfilet*.

Seeforelle – Ein Geschenk, eines Königs würdig, nennt GREGOR MANGOLT die riesige Seeforelle, die 1523 der Abt des Konstanzer Dominikanerklosters ERASMUS VON ROTTERDAM verehrte. Bis zu 1,40 m lang kann der Fisch mit dem torpedoförmigen Körper werden. Wie an den oberitalienischen Seen gilt sie als Delikatesse. Seeforellen waren in den 1980ern fast ausgestorben, da sie zum Laichen in Flußoberläufe (bis nach Graubünden) aufsteigen müssen, die immer mehr verbaut wurden. Mittlerweile bemühen sich Fischzuchtanstalten verstärkt um Larvenaufzucht und neue Fischtreppen erleichtern den Laichzug.

Seesaibling – Der 1884 aus den USA eingeführte Seesaibling (Schweiz: *Rötel*) liebt sauberes Wasser. Sein fettarmes lachsfarbenes Fleisch mundet geräuchert oder gegart vorzüglich – in der gehobenen Küche wird er als regionaler Modefisch gehandelt.

Schleie – In Norditalien gilt mit Kräutern geschmorte *tinca* als Delikatesse – in deutschen Landen hat die Schleie mit der schleimigen Oberhaut keinen so guten Ruf. Das fette milde Fleisch wandert am Bodensee meist in den Fischwolf.

Trüsche – Die in der Schweiz *Trischli* genannte Trüsche *(Aalraute, Quappe, Rutte)* gehört vor allem wegen ihrer köstlichen Leber (GREGOR MANGOLT: am Fisch der recht ... schleck) zu den kulinarischen Trouvaillen des Bodensees. MONTAIGNE berichtet, daß feine Herrschaften in Lindau nur die Leber verspeisten und den Rest wegwarfen. Die schwer zu angelnde Dorschart mit der Kinnbartel läßt sich nicht züchten – sie bevorzugt klares Wassser und steinigen festen Grund.

Wels (bayr.-österr.: *Waller*) – Der Wels ist mit Exemplaren bis zu über 2 m Länge der größte Fisch des Sees. Der Allesfresser mit den charakteristischen Barten, der auch Belchen und Krebse verschlingt, ist ein Grundfisch, der Winterruhe hält. Früher wurde er durch Klopfen auf das «Wallerholz» angelockt. Die optimale Zubereitung des fettreichen, manchmal leicht moseligen Giganten ist nach wie vor im Wurzelsud.

Zander (österr.-ung.: *Fogosch*) – Der Zander gehört zur Familie der Barsche und kann beträchtliche Größe erreichen. Der Raubfisch wurde ab 1880 im Bodensee einkolonisiert. Das etwas blättrige Fleisch eignet sich wie Hecht für Klösschen und Terrinen und verträgt deftige Kontraste wie Speckkrusteln.

Pro Specie Rara – Bodenseeäpfel

Daß Früchte Arbeit sind,
sei momentan vergessen.
Durch eine blaue Haut
sinkt man ins goldene Zwetschgenfleisch
und hat mit Saft zu tun im Überfluß.

Martin Walser, Heimatlob

Äpfel, rote Äpfel soweit das Auge blickt. In dichten buschartigen Spalieren auf wogenden Hügeln gepflanzt, davor am Wegesrand Kletterrosenbüsche. Vielerorts, seis im Thurgau, seis im Hinterland von Kressbronn und Langenargen, gleichen die seenahen Gefilde einem «Lustgarten», wie es vor 500 Jahren der St. Galler Reformator Vadian formulierte.

Was den Trauben gut tut, läßt auch die Äpfel reifen: Frühnebel, kühle Nächte und Septembersonne. Holzkarren beladen mit Obstkörben, renovierte Scheunen, in denen es nach frisch geernteten Himbeeren und Stachelbeeren duftet. Handgemalte Birnen und Pflaumen oder bei der Dorfeinfahrt plötzlich das Schockerlebnis einer smartgroßen Plastikerdbeere mit zitzenartigen knatschbunten Kernen am Straßenrand.

Bäuerliche Direktvermarktung prägt das Landschaftsbild, sorgt für Begegnungen und sichert mit Hofcafés, in denen Apfeltorte gebacken und Birnenchips geknabbert werden, wie in alten Tagen Existenzen. Ein freundlicher Gruß: In Hotels und Pensionen gehört die gefüllte Apfelschale an der Rezeption zum guten Ton – oft stammen die Früchte aus dem eigenen Garten.

Schöner von Boskoop

Die Pfahlbauern bissen in vitaminreiche Wildäpfel und Barock-Bürger hatten ein Mostfässchen zu Hause – dennoch ist der Bodensee erst ab dem 19. Jh. zur gigantischen Obstwiese geworden. Vorher erntete man Äpfel für den eigenen Bedarf, nutzte den Boden für örtliche Getreideversorgung. Mit der Eisenbahn verschob sich dieser Rythmus. Billiges Korn wurde nun bis aus Ungarn herangekarrt. Zugleich nutzte man den klimatischen Vorteil, daß Bodenseeäpfel früher als anderswo reifen, um sie schnell in die Großstädte zu exportieren. Im *Thurgau* kam dazu, daß Heimarbeit am Webstuhl einträglicher war als Landbau. Die Hochstammbäume, zwischen denen Tiere weideten, ließen sich auch am Feierabend abernten. Fallobst wurde zu Apfelmus, Obstbränden und Most veredelt. So trägt ein ganzer Kanton den Spitznamen «Mostindien».

Streuobst = «*Hochstamm-Obstbau* ohne Einsatz synthetischer Behandlungsmittel» [Brockhaus]. Im 19. Jh. zählte man ca. 200 Sorten Äpfel und Birnen. Die Gegenwart ist durch Neuzüchtungen und dramatischen Artenschwund gezeichnet. Mit der Umstellung vom *Hochstamm* zu mannshohen Bäumchen, die mit Maschinen erntbar sind, ging ein fast totaler Sortenwechsel einher. Einzig die um 1850 in England propagierten *Cox Orange* und die säuerlichen rauhschaligen *Boskoop*, eine niederländische Sorte, überlebten als aromatische Nischenprodukte. Transport- und Lagerfähigkeit sowie EU-konforme Größenstandardisierung steht deutlich vor Geschmack und Duft. So ist der wegen seiner Aromenmonotonie als «Gelber Würger» verfemte amerikanische *Golden Delicious* Elternsorte der meisten gängigen Neuzüchtungen wie *Elstar, Jonagold, Gala* und *Rubinette*.

Dafür wurden zwischen 1938 und 1977 im Bodenseekreis eine Million Streuobstbäume geschlagen – ein Verlust auch für das Image der gesamten Obstbauregion. Die pflückfrische Aura und die Vertrauensseligkeit des Hofabverkaufs verdeckt, wie standardisiert und eher auf Niedrigpreis als Höchstqua-

Weiße Wachsrenette

lität orientiert das Apfel- und Birnenangebot meist ist – um wirklich feines aromenintensives Tafelobst bemüht sich in der konventiellen Landwirtschaft kaum einer. Nach den Schillerschen Äpfeln, die eine Stube ausduften, muß man lange fahnden. Zwar wirkt der Obstanbau kleinteiliger, familiärer, landschaftsangepaßter als die Plantagen der Südtiroler «Apfelscheichs». Aber der Impetus der Apfelrebellen des Alten Landes in den Elbmarschen, die neben profitablen Supermarktprodukten auch ein Delikatessenangebot von Früchten alter Sorten aufgebaut haben, wäre auch hier qualitäts- und marketingfördernd.

Auch am Bodensee hat man den Trend gegen Geschmacksgleichmacherei und Angebotsverödung nicht verschlafen. Schweizer Initiativen wie PRO SPECIE RARA, HOCHSTAMMSUISSE oder die kantonale Forschungsanstalt in *Arenenberg* setzen sich für die Biodiversität alter Apfelarten ein. Am deutschen Ufer kämpfen Brenner und Moster um Bestände des seit den 1750ern kultivierten *Bohnapfels*, der erst nach schonender Winterlagerung sein volles Aroma erreicht. Schaugärten und Hochstammparcours mit integriertem Apfelpfad (die natürlich ihre Reifejahre brauchen) werden in *Tettnang* und im Bodensee-Obstbau-Kompetenzzentrum in *Bavendorf* bei Ravensburg angelegt. Volkshochschulkurse, die Wildkräutern und verschollenen Apfelsorten nachspüren, boomen. Das BUND-*Streuobstmuseum Weilermühle* in Ailingen und das *Frickinger Obstbaumuseum* listen auf, was unseren Ahnen schmeckte: *Berner Rosenapfel, Berlepsch, Ananasrenette, Gewürzluiken, Goldparmäne...*

Vielleicht fehlts ja einfach an dem zündenden Apfelnamen, der die Gemüter begeistert – ein *Finkenwerder Herbstprinz* ist jedenfalls nicht in Sicht. Man stelle sich nur vor, es gäbe eine alte Sorte, die *Zeppelinapfel* hieße! Als Ersatzkandidat hätte ja der seit 1745 am Bodensee nachgewiesene *Fraurotacher Apfel* mit seiner karmesinroten Marmorierung Chancen, zur regionalen Vorzeigefrucht zu avancieren.

Lasst uns den Bodensee leertrinken

HANS LEIP (Dichter von *Lili Marleen)*

Vina incognita. Das sind für viele Deutsche, aber auch für viele Österreicher und selbst Schweizer die begehrten Voralpenweine vom Bodensee. Das hat Gründe.

Der Wichtigste: Die Parzellen sind relativ kleinteilig. Zwar gibt es ein paar lokale Big Player wie *Markgraf von Baden, Staatsweingut Meersburg, Winzergenossenschaft Hagnau,* die *Konstanzer* und *Überlinger Spitalskeller* oder die *Scherzinger Großkellerei Rutishauser.* Doch die meisten Weinbauern zwischen Lindau und der Birnau, am Rorschacher Berg und Thurgauer Unterseeufer, um Konstanz und am Hohentwiel bebauen nur wenige Hektar, ja Are, so daß sie schnell ausverkauft sind und man ihr Lesegut selbst in örtlichen Restaurants nur selten bekommt.

Absolute Rarität sind die wenigen Vorarlberger Tropfen – im ganzen Ländle gibt's einen einzigen Vollerwerbswinzer, der für seinen Heurigen *Austriaca* wie Welschriesling, Veltliner und Zweigelt keltert! Kurzum, was man den Württembergern nachsagt gilt ganz besonders für die See-Anrainer – sie trinken ihren Wein gern selbst weg.

Der Wasserburger Schriftsteller MARTIN WALSER klagt über den »übersüßen Traumschaum des 19. Jh.«, der wie Mehltau über dem See läge. Für die Weingüter gilt das selten. Die meisten präsentieren sich eher als moderne Häuslebauerwinzer, die durch ihre ehrlichen Tropfen überzeugen, nicht durch Alt-Meersburg-Romantik. Für Nostalgiker gibt es ein paar Weinstuben, die noch unverfälscht den Geist der einst stilprägenden Münchner Kunstgewerbeausstellung von 1876 atmen.

Frommer Trinkspruch

Das Zecher-Bonmot «Hier sitz ich und schlürfe güldenen Wein, und wär ich der Fürst von Venedig, ich könnte zufriedener nicht sein» ziert die mit See-Veduten ausgemalte *Badische Weinstube* in Immenstaad, ein althelvetisches Bijou ist der *Rothe Ochs* in Stein am Rhein. Nonnenhorns Winzer heimsen hingegen Architekturpreise für ihre kantig-minimalistischen Degustationsräume ein.

Geschichten – «Schon römische Legionäre haben sich am heimischen Rebensaft getröstet über das endlose Schanzen und Wacheschieben im nebligen Germanien» – weiß mitfühlend der Kirchenführer der Jakobskapelle in Nonnenhorn zu berichten. Wie an Rhein und Mosel beißen sich die Historiker mangels Quellen an der Frage die Zähne aus, ob es eine Kontinuität von römischem zum mittelalterlichen Weinbau gibt. Frühestes gesichertes Datum ist 724, als der Merowinger KARL MARTELL Reben in **Ermatingen** anpflanzen läßt. 818 wird der erste Stock auf der Reichenau gepflanzt, um 875 fördert das *Kloster St. Gallen* Weinbau. Kaiser KARL III. (der Dicke) legte um 884 in Bodman den ersten Spätburgunderweinberg Deutschlands an – auf dem Breitengrad Burgunds. Noch heute füllen die Grafen von Bodman, die dem See den Namen gaben, *Pinot Noir* ab (und lassen ihn durch einen Radolfzeller Getränkelieferanten vermarkten). Damit gilt der *Königsweingarten* als früheste durchgehend bepflanzte Lage in deutschen Landen.

Wein war und ist am See Alltagsgetränk. An den als Denkmäler erhaltenen riesigen Trotten und Torkeln in *Nonnenhorn* oder *Hagnau* kann man Kindern erklären, daß Keltern früher eine Kollektivarbeit des ganzen Dorfs war. Etwa 5000 ha waren zur Zeit der Reformation mit Weinstöcken bepflanzt, Überlingen und Friedrichshafen stapelten Fässer. Oft wurde der Rebensaft gegen Getreide aus dem Hinterland getauscht. Allerdings galten die Seetropfen aus der autochthonen Rebe *Elbling* (Räuschling) als saurer und dünner Bauernwein – damals wurde mehr auf Masse als Qualität geachtet. Die mooreichene Tonne im Kloster Salem, die im 30-jährigen Krieg zerstört wurde, soll das Heidelberger Faß an Volumen übertroffen haben – beeindruckend sind geführte Besuche der historischen Meersburger Kellergewölbe.

Heute mißt der Bereich Badischer Bodensee als größtes Areal gerade mal 566 ha, seeweit wird die Anbaufläche auf 1000 ha geschätzt. Säkularisation, billigere Importe per Eisenbahn, Reblaus, Apfelplantagen und gestiegene Qualitätsansprüche haben die Weinberge zumeist auf die sonnenbegünstigten Uferstreifen reduziert.

Den entscheidenden Impuls verdankt der hiesige Weinbau einem Schweizer Önologie-Professor an der Fachhochschule und Winzerschmiede im hessischen Geisenheim am Rhein. Der Tägerwiler Herrmann Müller kreuzte 1882 hochwertigen *Riesling* mit *Sylvaner* (oder wahrscheinlicher *Madeleine Royal)*, um am Untersee bessere Erträge zu ermöglichen. Tatsächlich ergaben die wenigen eingesetzten Stöcke einen filigranen Weißwein, in dem das feine Säurespiel des Rieslings mitschwang. 1925 pflanzte der Salemer Cellerar Johann

THURGAU

DAS SCHLARAFFENLA

Baptist Röhrenbach gegen den Willen des Markgrafen auf dem Ruderboot eingeschmuggelte Stöcke in Kirchberg bei Hagnau an. Die deutsche Erfolgsstory des *Müller-Thurgau,* der auch am nördlichen Ufer duftige Seeweine ergibt, begann. Angesichts der Tatsache, daß Müller-Thurgau in der Pfalz oder Franken eher als grobschlächtig-süffiger Massenwein gilt, ist es eine faustdicke Überraschung, wie rassige Aromen dieser Klon im Bodenseeklima entfalten kann – die Werbung trifft den Punkt, wenn sie Müller-Thurgau als den idealen Seewein anpreist. Ein Treppenwitz ist, daß ausgerechnet in Deutschland Herr Müllers Name hochgehalten wird, während seine Landsleute «Riesling x Sylvaner» auf ihre *Fischerwy*-Etiketten drucken.

In Hagnau wurde 1881 Badens älteste Winzergenossenschaft gegründet – heute geht der Trend zur Entdeckung kleiner innovativer Winzer wie *Aufricht* in Stetten oder *Kress* in Hagnau, obwohl gerade Produzenten wie *Staatsweingut Meersburg, Konstanzer Spital* oder die markgräfliche Kellerei in *Salem* immer häufiger hochprämierte Spitzenweine erzeugen.

Die Sorten – Manche experimentieren neben den traditionellen Sorten *Spät-, Grau-* und *Weißburgunder* mit *Muskateller, Kerner, Dornfelder* und Weiterzüchtungen wie *Bacchus* oder *Johanniter*. Nicht mehr taufrisch ist die Idee, französische Reben wie *Chardonnay* und *Cabernet Sauvignon* zu verpflanzen. In der Schweiz spricht man lieber von *Blauburgunder* bzw. *Pinot Noir, Gris* und *Blanc*.

In den **Rotweingebieten** um Schaffhausen, Berneck im Rheintal oder im Arenenberger Versuchsweinberg werden auch hybride Raritäten wie *Maréchal Foch* oder *Léon Millot* gepflegt. Eine verblüffend hohe Durchschnittsqualität weist **Weißherbst** auf, gern als *Blanc de Noir* und im Thurgau als «Federweisser» tituliert. Diese frischen lachsrot schillernden Seeweine eignen sich als Seelentröster für verträumte Nachmittage am Kai oder Sundowner in der Hollywoodschaukel.

Mit überzeugenden Ergebnissen wagen sich Güter wie AUFRICHT an **Winzersekte** vom Müller-Thurgau und Pinot Noir – daneben drängen modische Prosecco-und Frizzante-Imitate mit italianisierenden Phantasienamen auf den Markt. Überhaupt ist das Etikett nicht alles – so streben viele Klein-winzer angesichts des ohnedies gesicherten Absatzes nicht alle potentiellen Zertifizierungen an, verzichten auf mögli-che *Kabinett-* und *Spätleseprädikate*. Nicht unumstritten ist der Trend, auch Weißweine mit Alkoholgraden über 13 Grad auszubauen, was ihre seetypische Zartheit beeinträchtigt. Erfreulich wenig wird dagegen mit *Barrique* experimentiert – die feinstrukturierten Bodenseeweine, deren Stärke ihre Fragilität ist, gewinnen selten durch die Wucht des Holzes.

Terroir und Klima – Doch spannender als Historie ist der geologische Blick. Terroir und Klima bestimmen trotz aller der Arbeit, trotz allem Können des Winzers, was im Glas ist.

Wer den Wetterdienst anklickt, wird feststellen, daß es am Bodensee, wo Feigen und Palmen gedeihen, meist ein paar Grad wärmer als anderswo ist. Fallwinde und Fön haben hier eine milde Klimanische geschaffen. Winterfrosttage sind selten. Die Wasseroberfläche wirkt als Wärmespiegel und Temperaturstabilisator, die im Frühjahr durch Kühle das Austreiben verlangsamt, im Herbst die gespeicherte Wärme abstrahlt. Fönige Fallwinde blasen den Frühnebel weg, so daß der «traubenmästende» Effekt der Mittagssonne zum Einsatz kommt. Die lange und langsame Reife sorgt trotz des fruchtigen Aromenspiels für geschmeidige und nicht zu üppige Noten.

Genug thermische Gründe, warum hier nicht nur die süd-lichsten Weinbaugebiete und Güter Deutschlands liegen: die Reichenau bzw. der noch zum badischen Bereich Bodensee gehörige ENGELHOF bei **Hohentengen** am Oberrhein. Auch die Durchschnittshöhe der Rebberge von 420-460 m ist be-achtlich. Den Guinnessrekord als höchstes nordalpines Wein-baugebiet stellt das WEINGUT VOLLMAYER am *Hohentwieler*

Elisabethenberg auf, das auf Vulkantuff bis in 560 m Höhe Chardonnay und Spätburgunder pflanzt.

Fahlgelber Schwemmsandsteinsockel aus Molasse und sandigem Lehm, darüber der kalkreiche Schotter eiszeitlicher Endmoränen des Rheingletschers. Das ist das Geheimnis von **Meersburger Spitzenlagen** wie *Seehalde* oder *Jungfernstieg*, die schon die Konstanzer Bischöfe bewogen, ihren Sitz hierher zu verlegen. Das nährstoffreiche Verwitterungsgestein von Moränen ist nicht nur leicht erwärmbar, es kann auch soviel Feuchtigkeit speichern, daß die Pflanzen auch in der Sommerhitze keinen Trockenstress erleiden.

Ein unerschöpfliches Thema für small talk am Tresen sind die unterschiedlichen Trinkmentalitäten. In der Schweiz mit ihren relativ hohen Alkoholpreisen (und Anflügen von reformierter Sittenstrenge) wurde Wein schon immer deziliterweise zugemessen, gibts die Wahl zwischen *Einerli, Zweierli, Dreierli* aber auch schluckfreundliche 50cl Flaschen. In den charakteristischen Konstanzer Weinstuben ist der Kult des «badischen Vierteles» angestammt. Über gerissene Wirtinnen, die 0,2 l statt 0,25 l ausschenken, können sich schwäbische Bodenseelen beim Weinhock ähnlich ereifern, wie Münchner über 0,4 l-Preußenhalbe.

Sommelierhafte Degustationswünsche haben in der gehobenen Gastronomie die 0,1 Dezi-Skalierung ebenso zum Standard gemacht wie die Verachtung für aussterbendes altdeutsches Glasdesign à la *Römerkelche* und volkstümliche Zehntelliter-Weinfestbecher. Gerade in Österreich mit seiner Steh-Achterl-Tradition kann man sich schnell das Zutrauen erwerben, wenn man über die EU-Unsitte der 0,1 l-Gläser klagt – wenns um die korrekte Füllung des Weinglases geht, präsentiert sich Vorarlberg trotz seiner breiten Palette an ostösterreichischen Spitzenweinen als zerrissene Nation.

SAURES RADLER

Eine Biertour um den See wird nicht langweilig. Auch wenn von den mehr als 100 Brauereien, die um 1900 durstige See-Kehlen löschten, nur eine Handvoll übrig geblieben ist, wird das erstaunlich abwechslungsreiche Angebot von mittelständischen see-affinen Brauereien geprägt.

Marken mit mehr oder weniger eingeschworener lokaler Anhängerschaft sind das 1872 gegründete Konstanzer RUPPANER oder das für österreichische Standards würzig gehopfte Dornbirner MOHRENBRÄU von 1834. Der St. Galler Platzhirsch heißt SCHÜGA (Schützengarten): Viele Anhänger des FCSG von 1879 (des zweitältesten Fußballclubs Kontinentaleuropas) sind auch Fans der ältesten Schweizer Brauerei von 1779. Auf den Tresen des Kantons Schaffhausen steht seit 1799 FALKENBRÄU.

Daneben halten sich handwerkliche Biersiedereien wie das süffige Rheintaler SONNENBRÄU oder APPENZELLER in der trotzigen Bügelflasche mit den herzigen Bergbauernetiketten: das bernsteinfarbene mit Alpenwasser gebraute Dunkle mundet nicht nur nach den schweißtreibenden Strapazen einer Bergtour. Ökologischer Ethik verpflichtet ist KRONENBRÄU, das die Fahne der *Tettnanger* Braukunst hochhält: In den sanft gewellten Hügeln um die oberschwäbische Montfort-Residenz rankt sich an charakteristischen Stangenwäldern einer der feinsten Aromahopfen der Welt empor.

Immer beliebter werden obergärige Weißbiere im bayerischen Stil. Da können Allgäuer und oberschwäbische Brauhäuser punkten: Die LEIBINGER SEEWEISE aus Ravensburg, FARNY mit seinem Kristallweizen oder MECKATZER sind an Württembergs Stränden beliebt. Schwarzwald-Impressionen strahlen ALPIRSBACHER KLOSTERBRÄU, WALDHAUS und die Werbe-Sonnenschirme der Badischen Staatsbrauerei ROTHAUS

aus. Und wo kommt das *Hirschlein* her, das über die Bierfilze sprengt? Aus Wurmlingen auf der Schwäbischen Alb.

Eher austauschbar schmeckt das Angebot neueröffneter Erlebnis-Gasthausbrauereien, die mit modisch unfiltrierten Kellerbieren einen Akzent zu setzen versuchen. Ansonsten gibt's am biertrinkenden See natürlich nichts, was es nicht gibt, von Doppelbock bis zum Eisbier, vom Alkoholfreien bis zum Schweizer *Hanfbier*. Russisches *Kwas* und der Erfolg von *Bionade* dürfte Pate gestanden haben für den alkoholfreien Malztrunk *Seezüngle*, den die Leutkircher Privatbrauerei CLEMES HÄRLE in den Geschmacksrichtungen Birne, Träuble und Kirsche vertreibt.

Nicht zu vergessen saures Radler – mit Mineralwasser (SAUERBRUNNEN) gestrecktes Bier. Während ja alsterwasserartige *Shandy-Panaché* Mischungen mit Limonade verschiedene europäische Völker erquicken, stellen wir schon mal die ethnologische Preisfrage, ob wir hier schwäbischer Sparsamkeit nicht einen weltweit einzigartigen Cocktail verdanken.

An der Bestellung scheiden sich die Insider. In der Schweiz zischt man *Stängeli* (meist 0,3 l). In Vorarlberg ist die österreichische Terminologie von *Krügel* (0,5 l) und *Seidel* (0,3 l) eher selten, dafür ist der schnelle *Pfiff* (meist 0,2 l) beliebt. Touristen werden im bayerntümelnden Lindau gern zu einer *Maß* (1 l) animiert und wer in Konstanz ein *Helles* bestellt, muß sich auf Nachfragen gefaßt machen. Das Wort «Export» macht alles klar. Bleibt die Entscheidung *Glas* oder *Gläsle* (0,5 oder 0,3 bzw. 0,25 l).

gelbmöstler

sortenreiner Birnenmost
trocken / Alkohol 6,5 % vol

Spezialitäten aus ungespritztem Hochstammobst:
stahringer **streuobstmosterei**
Dr. Günther Schäfer ⋯ 07738/1729

Mostbesen und Seecidre

Most war, Most ist billiger als Wein. Als bäuerliches (Alltags-) Getränk lange durch die Bierflasche verdrängt, erlebt er zur Zeit – auch unter ökologischen Vorzeichen – ein Revival. Most ist wieder da.

Im «mostindischen» Thurgau mit seinen ausgedehnten Streuobstwiesen treffen sich die Einheimischen zur *Most-Chilbi*. Wanderer schätzen die Nostalgie-Flaschen der Großkellerei Möhl, die in Arbon ein informatives *Most-Museum* betreibt. Bäuerliche Apfelweinschenken verstecken sich im Delta zwischen Bregenzer Ache und Alpenrhein. Im Hinterland von Lindau und Radolfzell laden saisonale Mostbesen zum Dünnele-Schmaus.

Doch Most ist nicht gleich Most. Welch Finesse möglich ist, beweist die rührige *Stahringer Streuobstmosterei.* Hier wird nicht nur der auch auf Fährschiffen ausgeschenkte *See-Cidre Brisanti* abgefüllt, sondern auch sortenreiner Bohnapfel- und duftiger Gelbmöstlerbirnenmost – eine Offenbarung für alle, denen Most sonst zu säuerlich schmeckt.

Daneben versuchen sich Obsthöfe an der Wiederentdekkung von Johannisbeer-, Kirsch- und Erdbeerwein – auch modisch versektet. Und natürlich gibt es fast in allen Gaststätten zum günstigen Preis köstlichen alkoholfreien Süßmost. Naturtrüber Direktsaft von Äpfeln und Birnen ist am Bodensee keine Mode der Bio-Gourmets, sondern noch genossener Alltag. Schön!

Wasser und Brunnen

Das köstlichste Naß ist das Bodenseewasser selbst. Seit den umgreifenden Sanierungsmaßnahmen der 1970er und 80er ist der See Europas größter Trinkwasserspeicher und versorgt ca. 4 Mio. Menschen. Von Deutschlands größtem Wasserwerk auf dem *Sipplinger Berg* über dem Überlinger See wird filtriertes Seewasser in Schwarzwald und Schwäbische Alb, in den Neckarraum und sogar bis in den hessischen Odenwald gepumpt.

Oder reines Alpenwasser: Es spricht für gastronomische Redlichkeit, daß der Wunsch nach Leitungs- bzw. Hahnen- oder Naturwasser anstandslos und in Vorarlberg oft unaufgefordert erfüllt wird. In der Schweiz wird gelegentlich ein maßvolles Entgelt für Wasser aus dem eigenen Brunnen berechnet. Wer trotzdem Mineralwasser bei Tische schätzt, findet in der wohlschmeckenden, sanft prickelnden Randegger Ottilienquelle einen beherzten Verteidiger gegen globale Plastikverschmutzung: «Seit 1982 haben wir unser Wasser ausschließlich in Glasflaschen abgefüllt und das soll auch so bleiben.» Die Appenzeller Alternative heißt Gontenbader Mineralbrunnen.

Subira und Zibarten

«Brenner gibt's wie Kieselsteine am Bodensee» lautet ein weit verbreitetes Diktum. Sich hier durchzudegustieren wäre Aufgabe für ein eigenes Buch. Vom krakeligen Schild bis zur Boutique mit Designer-Phiolen reichen die Verkaufsstrukturen – der Sternenwirt *Burkhard Schirmeister* in Sipplingen beklebt einen der feinsten Kirschbrände mit selbstgebasteltem hektographierten Schwarz-Weiß-Etikett. Spannend, daß auch einfache Hausbrenner eine Fülle an sortenreinen Destillaten

erzeugen: *Cöxle* und *Gravensteiner*, *Himbeer* und *Mirabelle*, *Topinambur* oder *Zibärtle* aus Wildpflaumen.

In Vorarlberg haben manche Bauernschnäpse wie *Vogelbeere* Luxus-Status erreicht. Das Destillat von der «Saubirne» *(Subira, Subirer)* ist zum alkoholischen Aushängeschild des westösterreichischen Bundeslandes geworden. Ausgefallener als Appenzeller Kräuterbitter und das Calvados-Imitat *Thurgados* wäre das schwer aufzutreibende St. Galler *Chörbliwasser* aus Kerbelmaische.

De gustibus est disputandum

Nach welchen Maßstäben soll man Restaurants auswählen? Nach den eigenen natürlich – wie jeder Gast.
Reisen, sich treiben lassen. Schauen, was einem spontan
gefällt, seinem Instinkt trauen oder den Foodhunter
spielen, der nach einheimischen Leckerbissen späht.

Winzer und Wirte, Freunde und Fremde nach ihren Lieb-
lingsgaststätten fragen oder mal dem spannend klingenden
Restauranttipp aus Südkurier, Vorarlberger Nachrichten
oder St. Galler Tagblatt nachgehen.

Learning by dining, sich anregen, bestätigen oder einmal
widerlegen lassen: Eine Fülle kulinarischer Deutschland-,
Österreich- und Schweiz-Guides überhäuft die gesegnete Bo-
denseelandschaft mit positiven, wenn auch nicht absoluten
Spitzen-Wertungen.

Geht's nach der Gesamtzahl der Hauben und Sterne, so hat sich der See als Europas führende Genußlandschaft etabliert. Neben den Instanzen GAULT MILLAU (D, Ö, CH) und MICHELIN (D, CH) bewerten der FEINSCHMECKER und die Länderguides von GUSTO deutsche Tafeln. FALSTAFF und A LA CARTE werden gern in Österreich konsultiert, während man in der Schweiz den kanonischen GUIDE BLEU mit dem Beizenführer URWALD-HUS, TIERHAG, OCHSENHÜTTE & Co. kontrastieren kann.

Im Internet verfügbar sind die Einkehrtipps der vier Bodenseeconvivien Vorarlberg, Ostschweiz, Schaffhausen und Überlingen, die im Sinne von SLOW FOOD hohe Ansprüche an die regionale Verwurzelung der Küche stellen. Das unschätzbare Verdienst, endlich einmal den gesamten See als kulinarischen Raum zu begreifen, kommt der SEEZUNGE zu. Das jährlich erscheinende Magazin porträtiert in lebendig geschriebenen Essays ca. 1500 gastronomische Betriebe vom Gourmettempel bis zur Landbeiz oder Altstadtbar.

Unsere kulinarischen Eskapaden treffen aus der Fülle des Angebots eine bewußte Auswahl. Das wichtigste Kriterium ist Authentizität statt austauschbarem Luxus oder touristischer Pseudo-Gemütlichkeit. Ein Wanderertreff, der an Gartentischen unter alten Kastanien *Felchenknusperli, Elefantenohrenschnitzel, Spaghetti Bolo* und *Fischstäbchen-Kinderteller Kaptän Nemo* serviert, ist trotz des schönsten Seeblicks noch lange kein Kandidat.

Wenn andererseits manche seebekannten Gourmetrestaurants nicht auftauchen, die sich mit Jakobsmuscheln an Papaya Wertungen erkochen, dann vor allem deswegen, weil ihre meist business-weißen Speisesäle mit Punktstrahlern wie die Menus wenig regionale Verheißung ausstrahlen. Wir finden jedenfalls am Bodensee Trüschenleber und Hecht spannender als Hummer und Garnelen und ziehen Appenzeller Gitzi dem Neuseelandlamm vor, das so manche Schweizer Topspeisekarte ziert.

Das Leitmotiv der Eskapaden ist, Bodenseetypisches statt provinzieller Epigonenküche, die Moden hinterherhechelt, herauszuheben. Wenn 2010 das *Noma* in Kopenhagen mit einer strikt antimediterran-nordischen Küchenphilosophie, die Islandheilbutt mit Getreidebrei und Grönlandmoos kombiniert, zum besten Restaurant der Welt gekürt wurde, dann könnten ähnliche Wunder gerade auch im kulinarischen Bodenseebiotop gelingen. Restaurants wie die *Mauracher Seehalde*, die Engelswurzessenz aus dem eigenen Garten mit Winzersekt aufspritzt, machen vor, welche Delikatessen vor der Haustür gedeihen.

Und oft ist es ja die Fischimbißbude am Hafen, das Stehachtele beim Winzer oder die Buttermilch beim Senner, die entschiedener zum Lokalkolorit und kulinarischen Reiseerlebnis beitragen – Strukturen, die sich wie der Genuß eines selbstgepflückten Apfels weitgehend den Wertungsschemata herkömmlicher Gourmetführer entziehen.

Warnung vor dem Wirt – eine kulinarische Polemik

Sößle und Spätzle in Riesenportionen: Die eher konservative Grundstruktur der Bodenseegastromonie ist janusköpfig, sorgt nicht automatisch für geschärftes Qualitätsbewußtsein. Manchmal wirken touristische Altstädte zwischen Lindau und Meersburg auch wie ein Freilichtmuseum all dessen, was verpönt und abgestanden ist an deutscher Gastlichkeit. Seetümelnde Fischernetz-Wagenrad-Rustikalität, Jahr und Tag nicht gewechselte Speisekarten, endlose Nummernparaden von Zusatzstoffen, Freischankraum mit Sperrmüllästhetik, die Tiefkühlpizza, die wir uns nun schon seit Jahrzehnten als Alibi mediterraner Lebensart reinschieben. Zur Phänomenologie mancher Bodensee-Uferpromenaden gehört auch, daß die wohlstandsverwöhnte aber kulinarisch verwahrloste «Generation Trevira» mühelos das Speiseangebot vorfindet, das zu ihr paßt.

Familienbetrieb: Das kann ein inspiriertes Team mit jagendem Onkel, fischender Cousine, brennendem Altwirt und ambitioniertem Jungpatron sein. Gottseidank gibt es eine ungewöhnliche Fülle solch erfrischend passionierter Gastlichkeits-Oasen rund um den Bodensee. Das kann aber auch Stillstand in den bleiernsten Jahren bundesdeutscher Gastronomie bedeuten und sich zu einer Attacke auf den Geschmack verdichten. Wie der Führer «Wien wie es is(s)t», den grünen Resopaltisch der 1960er längst zum Kultsymbol erhoben hat, so müßte man am Bodensee die lokale Spielart des Gelsenkirchner Barocks (die selbst in höchstbesternten Schwarzwaldgourmettempeln vorkommt) frech als *Bad-Taste-Vintage* der 1970er aufwerten – Newtimer sozusagen, die ähnlich wie ein OPEL KADETT weder damals noch heute wirklich gelungen aussehen. Respekt vor der Lebensleistung der Eltern drückt so ein konserviertes Möbelmarkt-Emsemble allemal aus – hoffen wir, daß die Küche nicht auch im Jägerschnitzel-Zeitalter stagniert.

Zahlen vor Gerichten: Mag bei Chinesen der ersten Generation sinnvoll sein oder für kellnerkontrollierende Computerabrechnungssysteme. Die Botschaft aber ist eindeutig. Das administrative Abwickeln von Gästen ist dem Wirt wichtiger als der ästhetische oder sinnliche Genuß des Speisens und Bewirtens – dementsprechend schmeckt es meistens. Und dann schwelt da noch der nicht unbegründete Verdacht, die Nummern könnten ganz praktisch durchnumeriertes *Convenience Food* bezeichnen, das aus der Box in die Mikrowelle geschoben wird. Die Alarmglocken sollten schrillen ...

Seniorenteller: Liebe Seniorinnen und Geronten – Eure avantgardistische Vorliebe für kleine Portionen ist gourmetmäßig klasse und bei den oft geschäftig nachgereichten Spätzle- und Nudelbergen der gutbürgerlichen Seeküche gut nachzuvollziehen. Aber man kann dieses legitime Anliegen weniger ranzig und diskriminierend beschreiben. International

formuliert man da: Gerne servieren wir gegen Preisnachlaß aus der gesamten (!) Speisekarte halbe oder kleine Portionen. Das bloße Wort «Seniorenteller» impliziert kulinarische Entmündigung – für die mümmelnden Alten ist das Billigste gerade gut genug, Auswahl brauchen die eh nicht. Ganz wie Kinder, die ja auch gerne mit Pinocchio-Schniposa am besten ohne Salat abgespeist werden. Da sehnt man sich jedenfalls in die Zeiten zurück, als eine Dame ihr Alter nicht verriet.

Devot grinsende Kellner- oder Kochstatuen aus Plastik mögen vielleicht in der *Adenauer*-Ära ein auflockernder Kick gewesen sein – heute ist die plumpe Anbiederung weltweit ein ziemlich untrügliches Signal für die Kaschierung unindividuell-liebloser Küche.

Versiffte abgegriffene Speisekarten aus Lederimitat: dem Durchschnittsgast wohlvertraut – er hat sich an das Ekelerlebnis zu Beginn des Essens wie an Tischmülltonnen zum Frühstück weitgehend gewöhnt.

Es gibt ja Länder, da trägt das mündlich vorgetragene Speiseangebot nicht wenig zum Verführungserlebnis bei – das geht auch am *Lac de Constance*. Alternative: das vom französischen Bistro entlehnte Kreidemenu auf der Schiefertafel strahlt gleich dreierlei aus. Die Verheißung tagesfrischer Küche, Individualität und die Vermeidung aufgeblähter Speisekarten. Bitte weiße Kreide ohne Smileys – bunte sieht nach Alcopops in der Jugenddisco aus.

Ein Diskussionsthema sind *Dialektspeisekarten*. Sie können – wie z. B. im «Wii am Rii» in Schaffhausen, ein Ausdruck lokalpatriotischen Engaments, ja sogar eine Ehre für die Gäste sein, die man eben nicht mit touristendeutschen Floskeln abspeist. Doch meistens sind sie durchschaubare Werbestrategie, Volkstümelei und «falsche Tracht», deren Tütenspätzle das Authentizitätsversprechen nicht einlösen.

Verstaubte *Menu-Schaukästen*: Manche scheinen zum letztenmal gewechselt worden zu sein, als *Heinz Erhard* mit seinen Kumpeln in «Drei Mann in einem Boot» ein Kombüsenkonzert vorm Rheinfall improvisierte. Beliebt: mit Plastikschweinen und vergilbten Trockenblumen von den unerschütterlich wie deutsche Eichen dem Wechsel der Jahreszeiten trotzenden Speisekarten ablenken.

Besen- und Rädlewirtschaften, die Zahlenkolonnen hinter ihren Vespertellern anzeigen: Das Angebot wäre ja da, aber gerade im deutschen Seebereich regt sich trotz aller Hofläden und Bauernmärkte wenig Bewußtsein für handwerklich erzeugte Wurst ohne Zusatzstoffe, für Bergkäse aus Rohmilch oder Frischkäse vom nahen Ziegenhof. Ein zünftiger Mosthock oder ein Weinrädle bedeutet offenbar, Eigenbauwein- oder Most kritiklos glücklich mit eingeschweißten Großmarkt-Bauernwürsten zu genießen. Schade, denn saubere aromatische Produkte müssen kein Privileg der Spitzengastromie bleiben.

Ornament und Verbrechen: So radikal wie 1908 der Architekt ADOLF LOOS wollen wir nicht formulieren, aber weniger ist eindeutig mehr. Altdeutsche Wirtsstuben müssen nicht mit Holzenten, Trockenblumengestecken und Luftaufnahmen des Gebäudes mehr zugemüllt als dekoriert sein. Und daß das welke Salatblatt mit bleichem Tomatenschnitz nun durch obligate Kapuzinerkresseblüten abgelöst wird, ist auch nicht unbedingt eine Bereicherung. Besser karg als Kitsch!

Misslungene Mediterranisierung: Lustig ists, den See als «Lago» zu bezeichnen – und in manchen Sommernächten kann man sich bei einem Glas Bodensee-Secco durchaus in südlichen Gefilden wähnen. Doch Rauhplastikgipsabgüsse von Mini-Michelangelo-Davids oder halbentblößten italienischen Nymphen entstellen die Seegärten der besten Adressen – da wäre ein gestandener deutscher Gartenzwerg mit Fischerstiefeln stilvoller.

Kirschtomaten mit Basilikum und Supermarktmozzarella stellen noch keine Restaurantleistung dar, sondern spiegeln banal wieder, wies 2011 bei Muttern zuhause schmeckt. *Castelluccio*-Linsen, *Jabugo*-Schinken oder Knoblauch-*Rouille* zur Fischsuppe sind köstliche Bereicherungen des Speisezettels, doch mediterranes Dilettieren mißlingt oft – matschiges oder zu trockenes *Risotto* macht Fisch nicht besser. Mancher glaubt, es lange, den Tipp aus *Hannelore Kohls* «Kulinarische Reise durch deutsche Lande» zu befolgen: «Um dem Gericht eine mediterrane Note zu verleihen, verwenden Sie statt dem Butterschmalz einfach Olivenöl!» Spannender wäre da ein Tropfen Traubenkernöl.

Schon vor Jahren hatte sich der FEINSCHMECKER mokiert: Das deutsche Nationalgericht ist offenbar *mediterran*. Entgegen aller Werbeabsicht wirkt der Mittelmeerfimmel längst mainstreammäßig provinziell. Oberspießiger Gipfel sind mit Spritzern von billigem *Aceto Balsamico* dekorierte Teller – das geht gar nicht mehr.

Verräterische Wörter, überflüssige Adjektive: «knackiger marktfrischer Salat» (gibt's manchmal auch laschen?) sollten eigentlich selbstverständlich sein – lieber die Produzenten nennen als rumsülzen. Skepsis angebracht ist auch gegenüber der Rustikalitätslüge von «Schwabenpfännle »und «Biker-Menus», die sich als Schlemmerportion vom Fitnessteller mit buntem Salat und dem minderwertigsten Industriefleisch – also Hühnerbrustfilet oder gar paniertem Schweineschnitzel – entpuppen. Da wird der landschaftsverändernde Massenindividualismus der Radler kulinarisch ausgeknockt. Nervend auch die inflationäre Verwendung des Adjektivs «lecker». Der Begriff sitzt im Ruhrpott und in Holland, wo sogar ein respektabler Restaurantführer «Lekker» heißt – auf Bodenseespeisekarten stört er als fernsehdeutscher Fremdkörper.

Firmenlogos auf Sonnenschirmen: Stillose Belästigung. Ausnahmen gelten nur für ausgefallene Champagnermarken oder die Zwergbrauerei (bitte ohne Filiale!), vor der man gerade sitzt. Auch Esstische sind keine Werbeflächen für Eishersteller – eine Speisekarte genügt. Wer sein Lokal geschmacklos überfrachtet, kocht fast immer auch dementsprechend.

Lieblingslokale – Ganz einfach, die anderen.

Die Ross und Reiter nennen. Die Schweiz hat's schon lang vorgemacht und in Vorarlberg verraten selbst Sportvereinskantinen die Namen der Lebensmittelproduzenten, der Bäcker, Metzger und Gemüsebauern. Doch auch am deutschen Bodenseeufer hat sich der Trend durchgesetzt und scheidet gute Gaststätten, die sich zur kulinarischen Landschaftspflege bekennen und nichts zu verbergen haben, von 08/15-Betrieben.

Die kleine, aber dafür wechselnde Karten haben. Die Produkte nach ihrer Qualität und und nicht nach grenzenloser Verfügbarkeit auswählen. Denn in unserer globalisierten Esslandschaft ist die alte Kartoffelsorte vom Nachbarbauern avantgardistischer als Asia-Garnelen und Prosecco.

Die sich bemühen, Eigenprodukte anzubieten. Die hausgemachte Rehsalami aufschneiden, die Felchen zu Matjes einlegen, die Sauerampfer im eigenen Garten pflücken oder einen selbstgebrannten Gelbmöstler auf den Tisch stellen. Die Innereien und andere Gerichte der verpönten Küche nicht vernachlässigen, obwohl ihre Zubereitung aufwendiger ist.

Die feinen Salat anmachen können und ihn nicht zum Grünfutterschlemmerteller mit Lollo Rosso und Balsamico-Dressing degradieren.

Die entweder individuell ausgewählte Musik und nicht Lounge-Gedudel, Placebo-Töne im Zahnarztwartezimmersound oder Dauerendlosschleifen von *Andrea Bocelli* laufen lassen. Oder noch besser: Stille respektieren.

Die eine Sensibilität für das kulinarische Potential des Umlandes entwickeln, die über zeitgeistige Lippenbekenntnisse zu Maultaschen hinausreicht. Die darüber nachdenken, auch kleinere Bodenseewinzer oder selteneren Fisch anzubieten. Die ein Gespür dafür haben, daß ein Speisegasthaus so etwas wie der kulinarische Botschafter seiner Region ist.

Kurzum: DE GUSTIBUS EST DISPUTANDUM – über Geschmack sollte man streiten! Gourmetmäßiger Anspruch mißt sich im 21. Jh. mehr an landestypischem Produktbewußtsein als an globalem Delikatessenprunk. Gerne ausgefallene Gerichte, gerne mit einem Schuß Understatement. Schön, daß einem am Bodensee dazu spontan eine Fülle von Gaststätten einfällt. Das *Schiff* in Mammern mit seinen perfekten Güggeli. Der Schwarzenberger *Adler* oder das volkstümliche *Käth'r* in Hard. Die fischvernarrten Brüder *Neidhart* in Moos, die schlichte schwäbische Stube im *Kressbronner Zollhaus,* die *Lippertsreuter* Bratwürste, die Hechte mit Reichenausalat auf der Allensbacher Seeterrasse des *Café Leissner*...

Ähnliches gilt auch für die Auswahl der ↝ *Übernachtungsmöglichkeiten.* Der verträumte Hausstrand mit alten Weiden, Heckenrosen und hölzernen Liegestühlen ist das Unverwechselbare, nicht das neu angebaute Wellness-Center. Wer den Bodensee vor der Haustür hat, braucht im Urlaub nicht Kabelfernsehen zu zappen, sondern sollte lieber auf der Sonnenuntergangs-Terrasse beim Wein vom örtlichen Winzer den Abend verplaudern – Häuser aller Preisklassen mit Stil

sperren den Gast nicht in sein technologisch aufgerüstetes Zimmer, sondern sorgen durch persönliches Engagement und einladende Gestaltung der Gemeinschaftsräume für kommunikative Atmosphäre.

Luxus mit Bodenhaftung und geistreicher Architektur wie das *Grandhotel Bad Schachen* an der Bayerischen Riviera, das filigrane Badechalet des 2010 eröffneten *Kaiserbades* in Lochau oder das Gemüseschloß *Wartegg* auf dem Rorschacher Berg vermittelt eher inspirierendes Bodenseefeeling als aus dem Boden gestampfter Häuslebauer-Viersterneprunk. Auch hier ist weniger oft mehr. Weil es dem Gast die unschätzbare Chance gibt, die Natur und den stillen Charme des Bodensees unverfälscht zu erspüren. Und die penetrante Aufforderung, die Seele baumeln zu lassen, endlich in die Tat umzusetzen.

1   Konstanzer Kulinaria

Konstanz! Welch schmucker Name, welch schöne Erinnerung! Es ist
die am prächtigsten gelegene Stadt Europas, ein leuchtendes Siegel,
das Nord und Süd, Ost und West Europas vereinigt...Konstanz ist ein
Klein-Konstantinopel, am Eingang eines mächtigen Sees, auf beiden
Ufern des noch friedlichen Rheins über Hügeln, mit gesegneten
Reben bedeckt...
GÉRARD DE NERVAL, Tagebuchnotiz 1851

Wo pocht das kulinarische Herz der Konzilsstadt? Gar nicht
so leicht zu bestimmen, denn trotz des kunterbunten gastronomischen Angebots der Studentenszene – Speiselokale
unverwechselbarer Prägung sind selten.

Unter den fragwürdig restaurierten Fassaden der zentralen
Marktstätte trifft man sich am Kaiserbrunnen oder zu Latte
macchiato und Bauernbrot in der Qualitätskette ARAN, nicht
in einer alteingesessenen Gastwirtschaft. Dafür hat sich die
Hafenmole zu einer belebten waterfront entwickelt – Augusti-
ner-Biergarten, Eiscafé und Hafenmeisterei gruppieren sich
zu einem beliebten wenn auch etwas beliebigen Mix. Ent-
spannend ists, im Hafen-Pavillion ein Glas Wein zu trinken,
und den drehenden Hüften der «Imperia» zuzublinzeln. Die
soliden Konzilsgaststätten im 600 Jahre alten Gebäude haben
Konkurrenz bekommen.

Alternative: Die Terrassengastronomie am Rhein. Oder der
Erststocksaal mit bunten Glasfenstern und Lichterweiblein,
in den Konstanzer zur Fasnet und zu Familienfesten strömen:
Das altehrwürdige «Hotel Barbarossa» hat vom Speiseangebot, seit die fünfte Generation der Familie *Miehle* die Führung
wieder persönlich übernommen hat, positiv zugelegt.

Kultstatus genießen die Weinstuben der Niederburg und
das nicht nur zur Fasnet, wenn sich Blätzlebuebe in ihren
benähten Kutten um die Kuttelsuppe drängen. Schon der

MERIAN von 1959, damals noch voll auf Kunst fixiert, widmet ihnen und den «Konschdanzer Frichtle» ein enthusiastisches Kapitel. Doch die ergrauten Früchtchen sind in die Jahre gekommen, die neualtdeutsche Gemütlichkeit der Einrichtung ebenfalls. Herrliche Jagdgründe für Dialektstudien, lokalpatriotisches Milieu, läßliche Absacker, dominante Wirtinnenpersönlichkeiten. Hier ist man stolzer darauf, Verteidiger des badischen Viertele zu sein, als önologische Entdeckungen zu machen. Die zufriedenen Stammgäste bescheiden sich wie die versprengten Touristen mit Bürgertröpfle und den üblichen Literweinen der üblichen badischen Großgenossenschaften mit schönen Namen wie *Attilafelsen* und *Hex vom Dasenstein* – wenn man sich an den Weißherbst des 1225 gegründeten KONSTANZER SPITALWEINGUTS hält, kann man nichts falschmachen. Angesichts der Zahlen für Konservierungsstoffe und Geschmacksverstärker, die sich munter hinter dem schmalen Vesperangebot tummeln, rät der Gourmet zum Zechen statt zum Schlemmen. Ausnahme: die pikante Schwarzwurst in der «Weinstube Pfohl» muß einfach hin- und wieder sein. Und wer im Kellerhock Kajüte beim *Staader Fährhafen* die eingelegten Kretzerfilets mit Zwiebeln und Senfkörnern nicht probiert hat, hat die originellste Spezialität der Bodenseemetropole verpaßt.

Bleibt als Alternative die flukturierende studentische Kneipenszene oder die gehobene Gastronomie. Der stupende maurische Speisesaal des «Hotels Halm», dessen marokkanischer Direktor die Idee durchzieht, diese Ambiance von 1887 mit Tabouleh und Tajine zu verquicken, die begehrten roten Sessel der «Cantina Rabajà», die *nouvelle cuisine* des «Papageno» oder das «Inselhotel», in dem GRAF ZEPPELIN das Licht der Welt erblickte. Und – *greater Constance* – Ausflugtipps in Staad und Dettingen, ja in Wallhausen am Beginn des Marienschluchtwanderwegs.

Und natürlich Entdeckungen und persönliche Lieblingskneipen wie das «Voglhaus» oder die «Schwarze Katz». Nicht

Struve hinter Hecker –
Majolika-Relief von Johannes Grützke am Bürgersaal

zu vergessen der Wochenmarkt auf dem Stefansplatz, auf dem
Hörizwiebeln und Hechtklößle, Heggelbacher Demeter-Käse
und Hegauaprikosen verkauft werden. Mit Faunsgesicht sieht
dem dienstäglichen und freitäglichen Treiben ein Revolutio-
när zu, der als Übervater des deutschen Vegetarismus gelten
kann: GUSTAV (VON) STRUVE führte 1848 mit HECKER die Konstanzer Freischaren und begründete 1868 in Stuttgart den
ältesten vegetarischen Club Deutschlands.

Blicken wir den Tatsachen ins Auge. Konstanz ist nicht mehr
die kulinarische Hauptstadt Deutschlands, ja Europas, die es
während der fernen Jahre des Konzils gewesen ist. Ja nicht einmal unbestrittene Metropole der Bodenseeküche. Die Chro-
nik ULRICH VON RICHENTHALS, die im ehemaligen Metzger-
zunfthaus des Rosgartenmuseums in einem Milchglastresor
ruht, belegt das Crossover des spätgotischen Caterings. «Ein
Sonderfall ist Konstanz, Bischofsstadt und Handelsstadt, die
eigentlich am Schweizer Ufer des Gewässers liegt und nie so

Konstanz hat göttliche Spaziergänge
August von Platen, Tagebuch 1816

recht wußte, wohin sie gehörte, sich aber kulinarisch alles einverleibte, was das durchziehende internationale Publikum mitbrachte.» Das Statement von *Tobias Engelsing* ist im 21. Jh. mit seinem lebendigen Mix «ausländischer» Kneipen top-aktuell. Eingedeutschte Griechen und sardische Trattorien, kanarische Tapas, Qualitätsdöner und rajasthanischer Nippes bis zu italienischen Eisdielen, deren Cappuccino so milch-schaumüberschäumt ist, als obs um die Schaumkrone eines Pilsners ginge... Letzten Endes sind die Verlockungen eher atmosphärisch und szenetypisch als dezidiert kulinarisch – und das ist für eine lebendige Universitätsstadt auch gut so.

HOTEL BARBAROSSA – Konstanz. «Iß was gar ist, trink was klar ist, sag was wahr ist, lieb was rar ist.» Solche Lebensweisheiten entziffert man auf den Prunkschränken der museumsartigen Herberge am Obermarkt. An dieser historischen Stätte schloß Kaiser Barbarossa 1183 mit dem aufmüpfigen Lombardenbund den Konstanzer Frieden. Die 1419 erstmals belegte Wirtschaft mit Tanzboden ist bis heute ein Treffpunkt der Konstanzer geblieben, die im gedämpfen Butzenscheibeninterieur der Weinstube die sauber abgeschmeckte Kuttelsuppe löffeln. Auch sonst ist das Barbarossa ein gastrosophischer Anlaufpunkt. Neben der Rezeption sind historische Speisekarten ausgestellt, die Küche setzt mit Schwarzwurzelcremesuppe und Hirschschinken, Blutwursttorte mit Salatspitzen, Tafelspitz zu Bouillonkartoffeln oder von Schweizer Grenzgängern geschätztem Chateaubriand aparte Akzente – dazu werden auch ausgefallenere Bodenseeweine kredenzt.

INSELHOTEL – Konstanz. Bereits der erste GUIDE MICHELIN für Deutschland empfahl 1910 das Inselhotel. Der Cercle der Gäste, die das 1875 eröffnete Etablissement beehrten, umfaßte gekrönte Häupter wie FRIEDRICH III. und FRANZ JOSEPH, der sich hier ein Stelldichein mit der Burgschauspielerin KATHARINA SCHRATT gab.

VIPs von gestern, ausgestochen durch den berühmtesten Sohn der Stadt. FERDINAND GRAF ZEPPELIN wurde 1838 hier geboren – sein Vater betrieb damals im umgebauten Dominikanerkloster (in dem JAN HUS eingekerkert war) eine Türkisch-Rot-Färberei. Sein Bruder *Eberhard* sollte das Hotel 1875-1903 leiten. Unter seiner Ägide malte der Piloty-Schüler CARL HAEBERLIN die Kreuzgangsfresken mit Pfahlbauern, Konzilsszenen und Kaiserbesuch. Seit 1991 ist das Prestigeobjekt in Besitz der Badischen Staatsbrauerei ROTHAUS.

Das Steigenberger Hotel bietet verschiedene Einkehrmöglichkeiten. Das «Café Suso» greift den Namen des Mystikers HEINRICH SEUSE auf, der in diesem Konvent seine Ordenslaufbahn begann, die Seeterrasse lädt zu gehobener Kost und Nachmittagskaffee, badische Nestwärme strahlt die zirbelholzgetäfelte Dominikanerstube aus, die zu bürgerlichen Preisen Gaisburger Marsch auftischt.

Eleganza a Costanza: *Cantina Rabajà*

CANTINA RABAJÀ – **Konstanz.** Es sind nicht die uninteressantesten Italiener, die von deutschen *tifosi* der «cucina italiana» mit Passion betrieben werden. Während viele *ristoranti* hierzulande sich bedenklich kulinarisch überintegrieren, eifert der Ravensburger *Franz Wäschle* authentisch italienischer Küche nach – und verknüpft sie mit erstklassigen lokalen Produkten. Sein *vitello tonnato* vom Hegauer Kalb würde auch in Turin oder Verona für verzücktes Augenverdrehen sorgen: Statt grauer Fasern saftig aromatisches Fleisch, leichte Thunfischcreme und beherzte aber souverän orchestrierte Kontrapunkte: bittere Kapernfrüchte, eine filettierte Zitronenspalte und – *fish meets meat* – der dosierte Salzhammer einer mediterranen Sardelle. So wird dieses Standardgericht von aller Mayo-Schwere befreit und zum pikant funkelnden Appetizer.

Die Cantina ist nach einem legendären Weinberg bei *Barbaresco* benannt, aber der piemontbegeisterte Patron hat auch ein waches Auge auf heimische Genüsse. Keine schlechter

Platz um zum Tafelspitz mit schwarzen Rüben Spätburgunder Hohentwieler Olgaberg mit Nebbiolo zu vergleichen. Trotz oder gerade wegen des manchmal etwas behäbigen Service sind die roten Regiestühle wenige Schritte von der Schweizer Grenze hoch begehrt.

PAPAGENO – Konstanz. Examen bestanden, Einladung vom Erbonkel? Dann ins Feinschmeckerrestaurant Papageno. Die sympathischen Kellnerinnen stürzen auf den Gast zu, um den Mantel abzunehmen und fragen höflich unaufhörlich, ob es geschmeckt habe. Auch lukullisch wird man betütelt: zwischen der mit 9 Euro überteuerten Bouillon mit österreichischen Einlagen (jedenfalls wenn man bedenkt, was Kollegen zwischen Vorarlberg und Überlingen um weit weniger zaubern) und dem Hauptgang ein Holundersorbet zu reichen, ist des Aufgesetzten etwas zu viel. Jakobsmuscheln in der Schale serviert auf Meersalz oder Junge Taube mit Totentrompeten gefallen, doch manche Fleischgerichte verharren mit ihren peniblen Gemüseschnitzbeilagen in «Nouvelle Cuisine» Schemata der 1980er. Wie gesagt, durchaus ein angenehmer, großzügiger Rahmen mit reellen Mittagsmenus, aber der regionale Pepp geht dem österreichischen Küchenmeister *Johann Kraxner* ein bißchen ab – man könnte bei diesen internationalen Zutaten irgendwo in Deutschland sein.

SCHMITT's – Konstanz. Preisfrage: Sind Universitätsstädte kulinarisch interessante Pflaster, weil ein ausgehwilliges Studentenpublikum für Abwechslung sorgt, oder geht es den Kneipen meist darum, Mutters Schnitzel oder das Anstaltsessen der Mensa zu toppen? Wie dem auch sei, jedenfalls blühen neben der musikbeschallten Systemgastronomie auch bereichernde alternative Ideen. Einer dieser Plätze voll neonostalgischem Kitschcharme ist das Schmitt's – die roten Dauerfasnachts-Lämpchen und den Nachkriegsnippes könnte man sich irgendwie auch in einer Friedrichshainer Ostalgiebar vorstellen. Die Küche ist tatsächlich wie von Muttern heutzutage, ohne Berührungsängste gegenüber Zeitgeistigem aber produktbewußt und eben auch mal für Gänsekeulen gut. Frühstück gibt's bis 23 Uhr. Ist das nun brav oder cool oder einfach beides?

KONZIL GASTSTÄTTEN – **Konstanz.** Schiffsrumpfdecke und Wandmalereien können nicht kaschieren, daß das historische Gebäude wenig einfühlsam zum Kongreßzentrum saniert wurde. Angesichts der Pole-Position mit Hafenterrasse aufmerksamer Service und sorgfältige Küche: Fischmaultäschle, Kutteln mit Brot oder Dinkel-Rezepte aus der Hildegardküche.

MATO – **Konstanz.** Keine Angst, der Name ist nicht spanisch. Das Bistro mit den radikal gelifteten Renaissancebögen setzt erfolgreich auf die Formel badisch-mediterrane Küche. Zum Business Lunch herrscht Ansturm auf die Sehen-und-Gesehen-Werden-Tische im Freien. Die Mittagskarte besticht durch reichhaltige Auswahl und faires Preis-Leistungsverhältnis. Die Rezepte bewegen sich im modernen Mainstream, setzen aber kleine Akzente. Hausspezialität ist das mit Meerrettich und Senf panierte Schnitzel, das nach den Namen der wechselnden Köche getauft zu werden scheint. Neben Salaten mit guter Vinaigrette und den gängigen Pastavarianten taucht auch Badische Kartoffelsuppe mit Wienerle, Matos Hamburger, Ente, Perlhuhn oder Wildschwein auf. Die Weinauswahl könnte profilierter ausfallen.

STAADER FÄHRHAUS – **Konstanz-Staad**. Ist die Parkfrage geklärt, darf man sich im gepflegten Garten am Yachthafen entspannen. Der Münsterländer *Heinz-Josef Diestel* weiß mit Fisch und Gemüse umzugehen. Die in Selleriespänen und Rosinen marinierte Seeforelle transponiert geistreich den venezianischen Klassiker «sarde in saor». Rhabarberroter Man-

Felchenverkäufer *an der Meersburg-Fähre*

gold bildet mit seiner Herbheit einen Kontrapunkt zu milden Felchenfilets – eine der seltenen Kombis, wo es gelingt, die Perfektion des puren Fischgeschmacks durch Gemüse hervorzuheben. Hausgebeizte Lammlende oder vegetarische Menüs bilden interessante Optionen.

KREUZ – **Konstanz-Dettingen**. Modisch ist hier nichts, dafür hält Familie *Rommel* an der Dettinger Hauptstraße solide Gastlichkeit hoch. Zu Wochenbeginn wird saures Leberle aus der eigenen Metzgerei zubereitet. Fangfrische ganze Bodenseefelchen gehören ebenso zum Repertoire wie gepökeltes Schweinebäckle mit Schwenkkartoffeln oder Butternudeln an hausgemachtem Bärlauchpesto. Stammgäste ziehts zu Martini hierher auf den Bodanrück, wenn mit Äpfeln, Rum und Rosinen gefüllte Weidegänse vom Dettinger Hofladen im Backrohr brutzeln.

Hotel Barbarossa, D-78462 Konstanz, Obermarkt 12, Tel. 0049 (0)7531 12899-0. Tgl. 11.30-14, 18-22 Uhr. www.hotelbarbarossa.de. Preise: Mittel.

🔃 50 sehenswerte Räume, von Schwedenzimmer bis zum modernen Studio. EZ 55-75, DZ 95-150 Euro.

Weinstube Pfohl (Zum Küfer Fritz), D-78462 Konstanz, Salmannsweilergasse 7, Tel. 0049 (0)7531 221 98. Mo ab 17, Di bis Sa ab 11 Uhr. www.weinkellerei-fritz.de. Älteste Weinstube mit Weinhandlung, traditionelle Getränketafel hinter Tresen. Der hausgebrannte Bodenseegeist schaffte es in die Bordbar der Zeppeline.

Weinstube Franz Fritz (Weinstube Niederburg), D-78462 Konstanz, Niederburggasse 7, Tel. 0049 (0)7531 21367. Mo-Sa 17-24, Mi auch 10-14 Uhr. Weinkeller Mo, Di, Do-Sa 10-13, Mo, Di 15-18.30, Do-Fr 16-23 Uhr. www.weinhandlung-fritz.de. Verschachtelte Traditionsweinstube im Küferdesign.

Wein-Glöckle, D-78462 Konstanz, Inselgasse 13, Tel. 0049 (0)7531 23030. Insidertreff reifer Weinkenner.

Hintertürle, D-78462 Konstanz, Konradigasse 3, Tel. 0049 (0)7531 23953. In der ehemaligen Lateinschule gibt's Backsteinkäse mit Kümmel oder Kuskus zum maghrebinischen Rotwein und einen algerischen Wirt, mit dem man sich über Derrida und Camus unterhalten kann. Bildschöner altdeutscher Innenraum.

Kajüte, D-78464 Konstanz, Fischerstr. 27, Tel. 0049 (0)7531 361 62 60. Mo-Sa ab 17 Uhr.

Schwarze Katz, D-78462 Konstanz, Katzgasse 8, Tel. 0049 (0)7531 282 78 35. Mo-Sa ab 18 Uhr. Wie fein Snacks sein können, macht die Studentenkneipe vor, die zu anständig gezapftem Alpirsbacher Klosterexport köstliches «Katzenfutter» serviert: Bergkäsehappen, Auberginenmousse oder Pastetchen.

Inselhotel, D-78462 Konstanz, Auf der Insel 1, Tel. 0049 (0)7531 125-0. www.steigenberger.com/konstanz

Cantina Rabajà, D-78462 Konstanz, Kreuzlinger Str. 7, Tel. 0049 (0)7531 91 78 84. Mo ab 18, Di-Sa 10-14 und ab 17 Uhr. www.cantina-rabaja.de. Preise: Mittel/Gehoben.

Papageno, D-78462 Konstanz, Hüetlinstr. 8a, Tel. 0049 (0)7531 36 86 60. Di-So 12-14, ab 18 Uhr. www.restaurant-papageno.net. Preise: Mittel/Gehoben.

Schmitt's, D-78462 Konstanz, Hieronymusgasse 2 (Pfauengasse), Tel. 0049(0)7531 691903. Do-Di 10-01 Uhr. www.schmitt-s.de. Preise: Günstig.

Konzil Gaststätten, Hafenstr. 2, D-78462 Konstanz, Tel. 0049 (0)7531 21221. www.konzil-konstanz.de. Preise: Günstig/Mittel.

Mato, D-78462 Konstanz, Sigismundstraße 12, 0049 (0)7531 284 21 49. Mo-Fr 11.30-24, Sa 11-24. www.mato-konstanz.de. Preise: Günstig/Mittel.

Maurischer Saal / Hotel Halm, D-78462 Konstanz, Bahnhofplatz 6, Tel. 0049(0)7531 12 10. Di-Sa ab 18 Uhr. www.arcadia-hotel.de. Preise: Mittel.

Staader Fährhaus, D-78464 Konstanz, Fischerstr. 30, Tel. 0049 (0)7531 3616763. Tgl. 11-23 Uhr (Winter Do-Di). www.staaderfaehrhaus.de. Preise: Mittel/ Gehoben

Voglhaus, D-78462 Konstanz, Wessenbergstraße 8, Tel. 0049(0)7531 17202. Mo-Sa 9-18.30, So 11-18 Uhr. www.das-voglhaus. de. Holzstufen statt Fauteuils: Lässige Kaffeehauskultur, Zeitungen und feine Sandwiches.

Gasthaus Wallgut, D-78462 Konstanz, Schottenstr. 33, Tel. 0049 (0)7531 23907, Di-So 11.30-14.30, 17-22 Uhr, Do abend geschl. Gut-bürgerliches Bollwerk im Stadtteil Paradies mit kleinem Gastgarten. Die Karte setzt bei allen neubürgerlichen Schweinesteaks auch regionale Akzente: Mächtig die frisch gemachten Käsespätzle. Preise: Günstig.

Nikolai Torkel, D-78464 Konstanz, Eichhornstr. 83, Tel. 0049 (0)7531 81 35 81. www.nikolaitorkel.de. Schönes Ambiente im hohen Torkelge-bäude in der Nähe des Hörnle-Bades. Der elsässische Chefkoch hat sich an Badisches angepaßt und serviert Bodenseefischsuppe oder Leberle mit ziemlich viel Balsamico und Kapuzinerkresse.

Reginbrot, D-78462 Konstanz, Münzgasse 16, Tel. 0049 (0)7531 23963. Mo-Fr 9-19, Sa 9-18 Uhr. www.reginbrot.de. «Und sonst nix» ist das Motto dieser Altstadtbäckerei. Brezeln und Kastenbrote aus Dinkel, Meersalz, Bodenseewasser und Biohefe. Früchtebrot von Allerheiligen bis Silvester.

Landgasthof Kreuz, D-78765 Konstanz-Dettingen, Kapitän-Romer-Str. 1. Do bis Di 10.30-14, 17-24 Uhr (Jan. bis Ostern auch Do Ruhetag), www.landgasthofkreuz.de. Preise: Günstig/Mittel.

Burghof Wallhausen, D-78465 Konstanz-Wallhausen, Burghofweg 50, Tel. 0049 (0)7533 93 45 55. April-Sept Mi-So, Okt-März Sa, So ab 11 Uhr. www.burghof-wallhausen.de. Verträumter, ja romantischer Bier-garten und Schloßschenke mit Qualitätsprodukten – Rosmarinpoularde und Fleisch zum Selbergrillen.

☞ 4 Doppelzimmer mit fließend Wasser, See- oder Waldblick. DZ 66-86 Euro

☞ **Villa Barleben**, D-78464 Konstanz, Seestr. 15, Tel. 0049 (0)7531 94 23 30. www.hotel-barleben.de. Mock-Tudor und Antiquitäten, Gar-tenfrühstück am Konstanzer Trichter. EZ 125-185, DZ 175-265 Euro.

Kulinarische Stadtführung, Manfred Kammerlander, Tel. 0049 (0)7531 61181. www.kulinarische-stadtfuehrung-konstanz.de

2 Meersburger Weinterrassen

Eine Puppenstuben-Stadt mit merowingischem Dago-
bertturm und der angeblich ältesten Burg Deutschlands,
bekrönt von den pompösen Barock-Residenzen der Konstanzer Fürstbischöfe, gerahmt von steilen Rebhügeln,

Bodenseeseligkeit – *Meersburg*

bestückt mit historischen Trinkstuben: kein Wunder, daß Meersburg für viele, in den Sommerwochenenden manchmal zuviele, schlicht als Inbegriff aller Bodenseeseligkeit gilt.

Freiheit im Fürstenhause – *Annette von Droste-Hülshoff*

Du saßest einst, ein Gast, an unsern Tischen
Da floß der Wein. Die lichten Hügel prangten
Zu Häupten dir ein überreicher Kranz,
Die linde Luft, nach der es dich verlangte,
Sogst du wie Balsam und dein Schritt ward Tanz
ANNETTE VON DROSTE-HÜLSHOFF, Meersburg

Und in der Tat: Nirgendwo ist ein Städtchen am See steiler, romantischer, nirgendwo sind die Kardinals- und Adelswappen polierter. Und nirgendwo prägen die geschwungenen Rebenteppiche der Weinberge so sehr das Bild und laden zu vedutenreichen Wanderungen durchs Terroir.

Wer nur eine einzige Kelterei am See kennt, ja wer auch nur einen Tag am Bodensee war, der war wahrscheinlich im Staatsweingut oder bei der Meersburger Winzergenossenschaft ein badisches Viertele Müller-Thurgau oder Spätburgunder probieren. Doch gerade ein Rundgang zu den önologischen Schätzen und Stätten ist eine gute Möglichkeit, dem touristischen Ansturm ein Schnippchen zu schlagen, stillere

Winkel, ja das unverfälschte Meersburg der Einheimischen in seiner historischen Dimension kennenzulernen.

Der stilvollste Einstieg in den Meersburger Wein beginnt mit einem Aufstieg zum Fürstenhäusle, das sich die 47-jährige ANNETTE VON DROSTE-HÜLSHOFF von ihrem ersten eigenen Honorar kaufte. Spät, fast zu spät hatte sie gegen die hochnäsige Borniertheit ihrer westfälischen Adelssippe die Veröffentlichung ihrer Lyrik ertrotzt. Nun träumte sie von einem Leben in Freiheit – statt als arme schrullige Jungfer am Freitisch im Schloß mit durchgefüttert zu werden und diesen prekären Status täglich zu spüren. In einem Brief vom 18.11.1843 schwärmt sie an ihre Freundin ELISE RÜDIGER über ihr «Schwalbennest»:

«Jetzt muß ich Ihnen auch sagen, daß ich seit acht Tagen eine grandiose Grundbesitzerin bin. Ich habe das blanke Fürstenhäuschen, was neben dem Weg zum Frieden liegt... in einer Steigerung nebst den dazu gehörenden Weinbergen erstanden, und wofür? Für 400 Reichstaler. Dafür habe ich ein kleines, aber massiv aus gehauenem Stein und geschmackvoll aufgeführtes Haus, was vier Zimmer, eine Küche, großen Keller und Bodenräume enthält, und 500 Weinstöcke, die in guten Jahren schon über 20 Ohm Wein gebracht haben. Es ist unerhört! Die Aussicht ist fast zu schön... »

GUTSSCHÄNKE STAATSWEINGUT – **Meersburg.** Wie

schmeckte Annettes Wein? Nicht nur Toplagen wie *Meersburger Lerchenberg, Jungfernstieg, Bengel* und *Rieschen* befinden sich im Alleinbesitz des Staatsweingutes, sondern auch die Weinstöcke im Fürstenhäusle. Ein triftiger Grund, das erste Glas in der Gutsschänke im neapelgelb gestrichenen fürstbischöflichen «Reithof» zu trinken. Glücklich, wer einen der begehrten Plätze auf der Terrasse mit dem Traumseeblick findet, und bei Grauburgunder oder Kerner die schillernden Blautöne des Wassers fast einatmet. Tücke des Schicksals – dieses

Neapelgelb – *Staatsweingut Meersburg*

Sehnsuchtsziel ist nicht selten wegen Windböen geschlossen – dann muß man sich mit einem kurzen Spaziergang auf der Rieschentreppe oder mit der eher loungeartigen Gaststube begnügen. Zum Viertele Spätburgunder Weißherbst (oder im Oktober Meersburger Sußer) gibt's passable Vespergerichte wie Schwarzwursträdle auf Linsensalat, Rieslingweinschaumsuppe oder hausgemachten Obazd'n. Ein bißchen schade, daß Premiumetiketten wie Winzersekt oder Weißburgunder von der *Chorherrnhalde* nur flaschenweise (allerdings zu maßvollem Preis) entkorkt werden.

Das Staatsweingut betreut die ehemaligen Toplagen des Bistums Konstanz – sein Besitz reicht bis zum Hohentwieler *Olgaberg* und den *Gailinger Rieden* am Oberrhein. In der Säkularisation Anfang 19. Jh. fielen sie zunächst an die badische Krone, 1919 an die Weinbaudomäne der Republik Baden und 1952 an das frischgegründete Bundesland BADEN-WÜRTTEMBERG. Zusammen mit Prestigeadressen wie den Hessischen Staatsweingütern im KLOSTER EBERBACH in Eltville, dem HOF-

Achtung Windböen – *Gutsschänke, Meersburg*

KELLER in Würzburg und den ostdeutschen Vorzeigelagen SCHLOSS WACKERBARTH bei Radebeul und KLOSTER PFORTA im Saaletal engagieren sich die Staatswinzer dafür, den schon im Deutschlandlied verheißenen »guten Klang« deutschen Weines einzulösen. Der Staat als Weinbauer scheint mit dem Mix Traditionsbewußtsein und moderner Technologie zu reüssieren.

Das geballte Sortiment lädt nur wenige Schritte entfernt im Verkaufsraum zur Auswahl. Die stimmungsvollste Gelegenheit, mehr über einen der berühmtesten Lagen Deutschlands zu erfahren, ist die Freitag abend um 19 Uhr stattfindende Führung durchs Staatsweingut. Dabei steigt man in den eindrucksvollen Gewölbekeller, den FÜRSTBISCHOF VON STAUFFENBERG 1720 im ehemaligen Stadtgraben anlegen ließ. Bei der anschließenden Probe im Weinbaumuseum kann man beim Anblick des gigantischen Türkenfasses (in Erinnerung an den Markgrafen LUDWIG WILHELM VON BADEN, genannt «Türkenlouis», der 1683 tatkräftig bei der Befreiung Wiens

von den Türken mitwirkte) und der Riesentorkel von 1607 (die bis 1922 in Verwendung war) darüber sinnieren, welch gemeinschaftstiftende Idee der Weinbau immer war.

WINZERSTUBE ZUM BECHER – **Meersburg.** Gralshüter best-bürgerlicher Meersburger Küche ist diese ehemalige Küfe-rei, die in vierter Generation von der Familie *Benz* geführt wird: bereits 1886 wurde die Faßbinderei in eine Schenke verwandelt. Auch an Tagen, wenn auf der Seepromenade oder der Steigstraße kaum mehr ein Stehplatz frei ist, zeichnet sie sich durch einen hohen Anteil genußfreudiger einhei-mischer Stammgäste aus. Denn die wissen die altdeutsche, aber kitschfreie Stubenatmosphäre ebenso wie die konstant sorgfältige Küchenleistung zu schätzen. Ein Detail wie die blitzenden Kupferrechauds auf den Beistelltischen zeigt, daß Patron *Michael Benz* die Ästhetik der grande cuisine aus dem Eff-eff beherrscht. Mit seinem Küchenteam bereitet er selten gewordene Schmankerl wie auf badische Art mit Brät gefüllte Kalbsbrust, Kalbskopf in Senfschaum oder Kalbszüngle zu. Aus dem Netz gibt es nicht nur fangfrische ganze Felchen blau, sondern auch einen zur Rarität gewordenen Klassiker feinsten deutschen Speisens: «Bodenseeaal in Dillsauce». Edle Fischvorspeisen auch die Räuchersaiblingmousse mit Ries-linggelee oder Felchenkaviar mit Creme fraîche. Dazu mundet Eigenbauwein aus der Lage *Meersburger Fohrenburg* – lebhaft empfohlen sei der Gutedel oder der besonders duftige und zart ausgebaute Weißherbst vom Spätburgunder.

BÄREN – **Meersburg.** Unzeitgeistige Freunde des ausster-benden altfränkischen Designs sollten es sich nicht nehmen lassen, in der Gaststube der ehemaligen Posthalterei beim Obertor ein Vesper zu sich zu nehmen. Selten kann man in so stehengebliebener Ambiance unter Lichterweiblein sei-nen hausgemachten Schwartenmagen verspeisen. Ein ge-schichtsträchtiges Ambiente, schließlich gilt der Bär, der auf

750 Jahre alten Grundmauern steht, als ältestes Wirtshaus der Stadt und dient noch heute als Trinkstube der alteingesessenen Honoratiorenzunft der 101 Meersburger Bürger (über die das nahe Stadtmuseum eingehend informiert). In einem der historischen Erkerzimmer zu nächtigen, kann das I-Tüpfelchen auf dem Meersburg-Kick, in die Vergangenheit einzutauchen, sein.

BÄCKEREI STÜBLE-WURSTER – **Meersburg.** Für die schnelle süße Ration empfiehlt sich ein Besuch in der Backstube «Stüble-Wurster» direkt gegenüber. Hier bewahrt Bäckermeister *Fritz Wurster* ein seit Generationen weitergereichtes Rezept für eins der feinsten Konfekte des Bodenseeraums. «Meersburger Seezunge» besteht aus zwei knusprigen Haselnußböden mit luftiger Buttercremefüllung – eine Konfiserie-Köstlichkeit für 1,70 Euro (die zugegebenermaßen etwas an die «Schaffhauser Zungen» erinnert).

HOTEL WEISSHAAR – **Meersburg.** Sie wollens doch lieber licht und hell? Dann dürfte die passende Alternative das Terrassenrestaurant des gleissend-weißen Hotels Weisshaar sein, das in luftiger Panoramalage am östlichen Ortsrand liegt. Der ästhetisch-sportliche Einstieg zur Speiseterrasse beginnt allerdings unten am Seeufer, vis-a-vis des Freibades. Wer die endlos steile, von Rebenpergolas überrankte Treppe nicht erklimmt, verpaßt ein typisches Stück Meersburg. Oben angelangt hat man die Wahl zwischen dem gepflegten Speisesaal aus den Jugendjahren der Bundesrepublik und der Veranda. Ein privilegierter Blick schweift vom ochsenbluteroten Seminar und dem «Gredhaus» bis zum Staader Hafen bei Konstanz, genüßlich kann man den tutenden Fährschiffen lauschen.

Die Küche kann mit dem Panoramablick durchaus mithalten – zu empfehlen ist der wienerisch mürbe Kalbstafelspitz mit der geballten Aromen-Pracht erntefrischer Reichenau-

Sakristei der guten Weine – *Georg Hack, Meersburg*

er Gemüse. Allerdings kann die Leistung schwanken, wenn abends zuviel Halbpensionsgäste verköstigt werden müssen – gewarnt sei vor den pampigen Maultaschen (leider keine Ausnahme am See!).

Ein Geheimtip für exzellenten Kaffee und Kuchen ist die Terrasse in den Nachmittagsstunden. Schon die Tasse Kaffee aus stilechtem Alpakasilberkännchen bietet nostalgisches Designvergnügen made in Germany.

WEINHANDLUNG GEORG HACK – **Meersburg.** Der absolute Kontrapunkt zum überbordenden Meersburg-Historismus. Die Weinhandlung bietet in einem kalkweißen modernen Ambiente, das man eher in New York oder London vermuten würde, an die 600 verschiedene Etiketten aus den großen Winzernationen der Welt an. Ein besonderes Augenmerk gilt dabei den Bodenseegewächsen einschließlich Edelbränden – schließlich versorgt das «Haus der Guten Weine» ein erhebliches Segment der hiesigen Spitzengastronomie, betreut kultu-

Regionales Deli – *Hofreite, Meersburg*

relle Ereignisse und hat 2009 für die Linzgauköche eine eigene Cuvée kreiert. Ein Anlaufpunkt des guten Geschmacks.

Weinstube HOFREITE – Meersburg. Wer hingegen das traditionelle Weinerlebnis Meersburg noch weiter auskosten möchte, findet in der Unterstadt reichlich Gelegenheit für badische Viertele. Von der Winzergenossenschaft bis zur gutbestückten Weinstube des Markgrafen von Baden ist alles vertreten, was Rang und Namen hat.

Ein Deli, das durch regionale Identität hervorsticht, ist *Christine Ludwigs* «Hofreite». In den Regalen sind sortenreine Weingelees, Chutneys und eine liebevoll sortierte Auswahl gerade geernteter Bodenseebeeren ausgestellt. Für den kleinen Imbiß werden köstliche Felchenmatjes- oder Bergkäsebrötchen frisch gemacht. Und dazu – rar in Meersburg – glasweise Tropfen kleinerer lokaler Winzer wie *Thomas Geiger* aus Riedetsweiler, *Peter Krause* oder *Dilger* aus Bermatingen kredenzt. Alkoholfreie Abwechslung: Frischgepresste Säfte (nicht nur) aus Bodenseeobst.

Mit Blick auf die Gemsenjäger des Säntis – *Haltnau, Meersburg*

WEINSTUBE HALTNAU – **Meersburg.** Für den ultimativen Meersburg-Absacker empfiehlt sich der Spaziergang zur Haltnau am östlichen Ortsrand. Das zinnengekrönte Fachwerkgut am Fuße der Rebhügel gehört seit Jahrhunderten der Spitalskellerei Konstanz und kam in MARTIN WALSERS Roman «Brief an Lord Liszt» zu literarischen Ehren. Vielleicht erzählt Ihnen einer der Stammgäste die gar nicht nette Geschichte, warum die Wendelgardstube so heißt – nur so viel, sie war reich und häßlich und wünschte sich einen Tischgenossen zum Speisen und Küssen...

Nicht das leicht muffige Interieur, nicht die Plastikstühle, ja nicht einmal der achtbare Wein machen den Charme der Haltnau aus, sondern die Holzbänke direkt am Steg. Hier kann man bei einem Glas *Konstanzer Sonnenhalde* Seeluft schnuppern und nachsinnen, ob die extrem kurzsichtige Annette wirklich, wie sie in einem ihrer Gedichte wähnt, die Gemsenjäger des Säntis von Meersburg aus sehen konnte!

Fürstenhäusle, D-88709 Meersburg, Stettener Str. 11, Tel. 0049 (0)7532 6088. Ostern-Ende Oktober, Di-Sa 10-12.30, 14-18, So 14-18 Uhr. www.fuerstenhaeusle.de

Weinbaumuseum, D-88709 Meersburg, Vorburggasse 11, Tel. 0049 (0)7532 440 400. April-Okt. Di, Fr, So 14-18 Uhr

Gutsschänke Staatsweingut Meersburg, D-88709 Meersburg, Seminarstraße 4, Tel. 0049 (0)7532 80 76 30. Tgl. 9.30-23 Uhr. www.gutsschaenke-meersburg.de. Preise: Günstig.

Staatsweingut Meersburg, D-88709 Meersburg, Seminarstr. 6, Tel. 0049 (0)7532 4467-44. Verkauf Mo-Fr 9-18, Sa 9-16 Uhr. Führung mit Weinprobe April-Okt Fr 19 Uhr. www.staatsweingut-meersburg.de

Winzerstube zum Becher, D-88709 Meersburg Hoellgasse 4, Tel. 0049(0)7532 9009. Mo Ruhetag. www.winzerstube-zum-becher.de. Preise: Mittel.

Gasthof Bären, D-88709 Meersburg, Marktplatz 11, Tel. 0049 (0)7532 4322-0. 15. März bis 15. November Di-So 12-14, 18-21 Uhr. www.baeren-meersburg.de. Preise: Günstig

↰ Im Herzen der Altstadt Zimmer mit historischem Flair. EZ 47, DZ 79-104 Euro.

Terrassenhotel Weisshaar, D-88709 Meersburg, Stefan-Lochner-Str. 24, Tel. 0049 (0)7532 45040, tgl. 8-24 Uhr. www.terrassenhotel-meersburg.de. Preise: Mittel

↰ Ruhe und Steilküstenblick aufs Schwäbische Meer (außer für Einzelzimmer). EZ 39, DZ 117-124 Euro.

Bäckerei Stüble-Wurster, D-88709 Meersburg, Marktplatz 8, Tel. 0049 (0)7532 6087. Mo-Fr 6.45-12.30, 14.30-18 Uhr. Mi, Sa nur vormittags.

Georg Hack. Haus der Guten Weine, D-88709 Meersburg, Schützenstr. 1, Tel. 0049(0)7532 49450, Mo-Fr 8.30-12, 13.30-18 Uhr, Sa 9-12.30 Uhr. www.georg-hack.com

Hofreite, D-88709 Meersburg, Unterstadtstr. 13, Tel. 0049 (0)7532 49 56 00, März bis Okt. Mo-Sa 9-18, So 11-18 Uhr. www.hofreite-meersburg.de

Weinstube Haltnau, D-88709 Meersburg, Uferpromenade 107, Tel. 0049 (0)7532 97 32. Fr-Mi 9-24 Uhr. www.haltnau.de. Preise: Günstig.

Aurichs, D-88709 Meersburg, Steigstr. 28, Tel. 0049 (0)7532 44598 55. www.aurichs.com. Bodenseeweine und badische Tapas.

3   Pfarrer und Fischerin

Die weinlose Zeit
ist ihnen die schrecklichste Zeit
HEINRICH HANSJAKOB über seine Hagnauer Schäflein

Plopp... plopp... plopp: Das sanfte Klicken der Böller, das kurze Kreischen und Schnattern aufgescheuchter Vögel – so wacht man in den Oktobertagen in Hagnau auf. Keine schlechte Einstimmung auf den Winzerort, in dem die Reben nicht nur auf den Hügeln, sondern auch mitten im Ort vor dem mächtigen Salmannsweiler Hof Früchte tragen.

Hier dreht sich von Brunnenfiguren bis Sgrafittofassaden alles um Weinbau. An der hübschen Uferpromenade steht unweit des Rathauses und des Seegfrörne-Findlings eine der Riesentorkeln des Bodensees. 60 Familien liefern das Lesegut von 140 ha an Badens ältesteWinzergenossenschaft – die vollbeladenen Traktoren stauen sich vor der modernen Kelter.

«Es war ein trüber, kalter, nebelfeuchter Wintertag, als ich von Meersburg her auf einsamer Landstraße dem Dörflein zuwanderte, das mich fortan 15 Jahre beherbergen sollte. Die Weinberge waren entlaubt, und die Winzer saßen hinterm warmen Ofen», so notierte sich am 1. Dezember 1869 der Pfarrer und Gastwirtssohn HEINRICH HANSJAKOB. Der Haslacher, der später als Volksschriftsteller seiner Schwärzwälder Heimat berühmt werden sollte, wußte sich einzurichten. Er ließ sich ganze Gondeln voller Bücher aus der Wessenbergbibliothek in Konstanz kommen und gründete 1881 die Winzervereinigung. Damals ein wahrhaft christsozialer Kraftakt im Sinne RAIFFEISENS – und eine praktische Antwort auf KARL MARX, dessen Theoriegebäude mit einem Artikel über das Elend der Moselwinzer begann.

Spiegelndes Wasser, sonniger Strand,
Fischer in Booten, blühendes Land,
Deine Reben, dein köstlicher Wein,
o, sonnige Heimat, mein Hagnau sei mein

Es gibt mehr alte Weintrinker als alte Ärzte

Heute gehört die umweltbewußte Hagnauer Winzergenossenschaft zu denjenigen, die erfolgreich gegen das Literpullenimage anarbeiten, und aus handgelesenen Trauben sortenreine Lagenweine wie Grauburgunder Spätlese *Hagnauer Burgstall* erzeugen – und das Andenken an den wackeren Pfarrer mit Statuen und Glasfenstern ehren. Die Führung durch die Faßkeller unter der Weingartenschen Hofmeisterei (Rathaus) ist ein Erlebnis.

Ein Blick auf den Salemer Gutshof Kirchberg, von dem aus 1925 der deutsche Siegeszug des *Müller-Thurgau* begann (S. 45), aber dann lieber weg von der Staatsstraße, die die Rebhügel zerschneidet. Rad- und Wanderwege führen vorbei an Obstspalieren und der romanischen *Oswaldkirche* von Frenkenbach über Kippenhausen nach Immenstaad. Baden-Württembergs angeblich familienfreundlichster Ferienort wirkt auf den ersten Blick wie ein Konglomerat von Häuslebauerhäusern, entzückt aber bei Spaziergängen durch die niedrigen Gassen durch die Buntheit seiner Obstauslagen und die winzigen Seegärtlein mit Jägerzaun und

Lachsrosa: *Weißherbst vom Weingut Aufricht*

alten Birnbäumen. Viele Bauern verkaufen direkt vor ihrer Haustür Zwetschgen und Himbeeren, Selbstgebranntes und Mirabellenmarmelade. Direkt am Ortsrand locken kieslige Naturstrände – mit etwas Glück sieht man die *Lädine*, einen Nachbau der historischen Lastensegler, ihrem Heimathafen zustreben.

Weingut AUFRICHT – Stetten. Wohl das innovativste Privatgut am See. Energetisch positiver Degustationsraum mit *Zen*-Touch inmitten der Reben, die fast bis an den See reichen. Aufregendes Sortiment seltener Sorten wie *Auxerrois* (Gelber Burgunder), Frühburgunder oder Bodenseeriesling. Geschmackssicherheit auch in der Flasche: Cuvées, Barriques, roter Winzersekt vom Pinot Noir und Raritäten wie *Verjus* aus unreifen Grauburgunder-Trauben. Trend zu internationaler Stilistik.

LÖWEN – Hagnau. GAUDEMUS VOS HODIE APUD NOS CENARE – wir freuen uns, daß Sie heute bei uns speisen! Gastlichkeit

97

Vitalküche und beste Brötchen – *Gasthaus Löwen, Immenstaad*

lateinisch auf die Servietten geprägt. Auch sonst hebt sich das Fachwerkhaus, das seit 1906 von Familie *Bröcker* geführt wird, ab. In den gut gefüllten Gaststuben wird auch als Halbpension regionale Vitalküche serviert: Kartoffeln und Biogemüse mit Bergkäse gratiniert, Hagnauer Felchenfilets mit Rahmspinat, Salat vom Stettener Ökobauern, angemacht mit leichtem Hausdressing aus Ahornsirup, kaltgepreßtem Öl, Dijonsenf und Joghurt. Der labyrinthische japanische Garten mit seinem Koikarpfen-Teich lädt bei Kerzenlicht zum ausgefallenen Rendezvous.

Last not least beherbergt der Gasthof auch eine Bäckerei. Beglückt fragt man sich beim Frühstück, wann man das letzte Mal in Deutschland so knusprig glänzende 5-Sterne-Wecken gegessen hat.

SEEHOF – **Immenstaad**. Diebische Freude, wenn man einen der wenigen Parkplätze in der Hafen-Rotunde mit den altmodischen Parkuhren ergattert hat. Und Vorfreude auf das Essen. Schwierig die Sitzwahl für den ästhetischen Neurotiker: In

Hier sitz ich und trinke goldenen Wein... *Seehof, Immenstaad*

der «Badischen Weinstube» mit ihren Wandgemälden und Sprüchen, wo schon GRAF ZEPPELIN zu zechen liebte? Unter grünweiß gestreiften Markisen auf der Terrasse an der kleinen Marina mit ihren Platanen und uralten Weiden? Im gekonnt in Naturstein und edlen Hölzern designten Speisesaal?

Schwierig ist auch die Speisenwahl – es gibt zu viel Appetitanregendes. Schöne klare Ideen ohne Kochhype: Kässpätzle mit vier Käsesorten, Fischmaultäschle in Müller-Thurgau-Sauce, witziges Leipziger Allerlei mit Felchen, Flußkrebsen, Morcheln und grünem Spargel, hausgemachte Reh- oder Lammbratwürstchen, Menu von der Martinsgans. Dazu heimischer Apfelsekt, viele offene lokale Tropfen wie *Bermatinger Leopoldsberg* oder Grauburgunder vom «Weingut Röhrenbach» – der Großvater des jetzigen Besitzers schmuggelte 1925 den Müller-Thurgau nach Kirchberg.

«Keine Schnitzel, kein Gold» hatte *Jürgen Hallerbach* vor Jahren versprochen, nachdem er sich auf «stages» die Weltküche angeschaut hatte. Am Treppenaufgang drängen sich

Bratfisch mit Seeblick – *Flotte Flosse in Immenstaad*

beeindruckende Urkunden: *Königshof* in München, *Le Gavroche* in London, *Colombi* in Freiburg, *Oriental* in Bangkok und Italiens erster Dreisternekoch *Gualtiero Marchesi*, der mit vergoldetem Risotto im Renaissancestil die Mailänder Schickeria beeindruckte. Die Küche des feinen Mittelmaßes zu finden, bestbürgerlich mit hoher Produktsensibilität aufzukochen, umfassendes Kochwissen auf die Ressourcen der Heimat anzuwenden, das gelingt dem Patron, der das Haus in fünfter Generation mit seinem Bruder führt, überzeugend. Auch nachmittags: Der gedeckte Rhabarberkuchen ist, um mit dem MICHELIN zu sprechen, einen Umweg wert.

FLOTTE FLOSSE – **Immenstaad**. Lieblingsfischimbiß des Autors mit winzigem Hafen, gegründet von *Edith Dickreiter*, einer der wenigen Berufsfischerinnen am See. Fischbrötchen mit Aal oder geräuchertem Felchenfilet und frischer Bratfisch mit Kartoffelsalat. Geradezu mediterran subversiv wirkt der Tip, bei der Gemüsebäuerin nebenan nachzufragen, ob sie

Erntedankteppich *in der Hagnauer Pfarrkirche*

vielleicht gekühlten Müller-Thurgau ab Hof verkauft. Meist tut sie's, was den Snack zur genüßlich zelebrierten Pause macht – lobenswerte Bodensee-Solidarität im Sinne des Geschmacks.

HEINZLER AM SEE – **Immenstaad**. Die Brüder *Thomas* und *Michael Heinzler* leiten mit Verve das rustikal-elegante Hotel am westlichen Ortsrand Richtung Kippenhorn. Beliebt bei Hausgästen und Genußradlern die Seeterrasse. Die Küche verarbeitet Fisch und Wild aus dem eigenen Revier. Neben internationalen Akzenten kommt Einheimisches wie Rehleber mit Blaukraut und Kartoffelpuree auf den Tisch. Der Schwäbische Zwiebelrostbraten wird vom Rinderfilet geschnitten – man schmeckts.

Winzerverein Hagnau, D-88709 Hagnau, Strandbadstraße 7, Tel. 0049(0)7532 1030. Mo-Fr 8-18, Sa 9-16 (April bis Okt. 9-18 Uhr). www.wv-hagnau.de

Weingut Aufricht, D-88719 Stetten. Höhenweg 8, Tel. 0049 (0)7532 2427. Mo-Sa 10-12, 14-18 Uhr www.aufricht.de

Der Löwen, D-88709 Hagnau, Hansjakobstr. 2, Tel. 0049 (0)7532 43398-0. Mo, Di, Do-Sa ab 14, So ab 11 Uhr. www.loewen-hagnau.de. Preise: Mittel.

➤ Japangarten und kleiner verträumter Privatstrand. EZ 43-53, DZ 66-125 Euro.

Seehof, D-88090 Immenstaad, Am Yachthafen/ Bachstr. 15, Tel. 0049 (0)7545 9360. www.seehof-hotel.de. Preise: Mittel

➤ Zimmer teilweise mit Seesicht. Eigener Strand. EZ 67-90 Euro, DZ 110-130 Euro.

Flotte Flosse, D-88090 Immenstaad, gegenüber Seestraße West 30, Tel. 0049 (0)171 352 63 70. Ende April-Okt. Di-So 11-20 Uhr.

Heinzler am See, D-88090 Immenstaad, Strandbadstr. 3, Tel. 0049 (0)7545 9319-0. Tgl. 11.30-14, 17.30-21.15, 14-17.30 Nachmittags-karte. www.heinzleramsee.de. Preise: Mittel.

➤ Hübsch geschnittene Landhaus-Einzelzimmer mit Seeblick (z.B. Nr. 22). EZ ab 54-69, DZ 118-164 Euro.

➤ **Weingut Röhrenbach**. D-88090 Immenstaad, Wolfgangweg 18, Tel. 0049 (0)7545 9414-0. www.roehrenbach.de. Weinberg und Naturstrand. EZ 74-80, DZ 81-90 Euro.

Café di Coppola, D-88677 Markdorf, Ulrichstr. 5, Tel. 0049 (0)7544 96 47 43. Di, Mi und Fr 9-19 Uhr; Do 8-19 Uhr, So 9.30-18 Uhr. www.caffedicoppola.de. Modernes Kaffeehaus neben der Stadtgalerie in einer Seitengasse der hübschen Altstadt, gute Zei-tungsauswahl.

Hoch unter den Wolken – *Zeppelin aus der Kajakperspektive*

4   Der Knöpfleschwab in Friedrichshafen

Die italienischen Krimi-Autoren *Fruttero & Lucentini* («Der Liebhaber ohne festen Wohnsitz») ereiferten sich vor einigen Jahren über die Herdenhaftigkeit des Venedig-Massentourismus. Idealer Urlaub, so folgerten sie, sei ziemlich das Gegenteil: Sich einen Monat in einer deutschen Kleinstadt einmieten und vergraben, sich vorstellen, man sei der örtliche Notar, der, weil seine Frau erkrankt sei, weder abends ausgehen noch verreisen könne und wolle, nur örtliche Zeitungen und deutsche Bücher lesen und mittags in einem einheimischen Lokal seinen Hunger stillen.

Fruttero & Lucentini wählten damals in ihrer Turiner Bildungsseligkeit die THOMAS-MANN-Stadt Lübeck. Mir fällt dabei immer Friedrichshafen ein. Ehrlich gestanden nicht wegen des *Zeppelin*- und des *Dornier*-Museums, nicht wegen der Fußgängerzone, die in ihrer Nachkriegsnüchternheit noch immer an die 85%-ge Bombardierung der Flugzeugschmiede erinnert, ja nicht einmal wegen des *Ravensburger* Buchsortiments an der Corniche. Sondern wegen der Aussicht, einen Monat lang das Mittagsmenu des «Goldenen Rades» genießen zu können.

Denn was in der guten Stube der Stadt bei Stoffservietten, geschultem Oberservice und Preisen um 9-12 Euro vom Schnitzel vom Schwäbisch-Hällischen Schwein bis zu 72 Stunden marinierten Felchenmatjes geboten wird, ist einfach beste erschwingliche Küche, die zum täglichen Wiederkommen reizt. Allein der köstliche Blattsalat mit Tessiner-Feigensenfdressing, Chicoree und Sprossen ist fast schon den Menupreis wert. Gratis gibt's dazu das Schauspiel der einheimischen Gesellschaft, ergänzt von Schweizer Gourmets, die mit der Fähre von Romanshorn anreisen. Unser Notar wäre jedenfalls bald überzeugt, daß Deutschland nicht nur ein Land für Bücherwürmer und Ingenieure ist, sondern daß auch deutscher Speise-Alltag verlockend sein kann.

Der Mensch lebt nicht vom Mittagessen allein. Unser eingebildeter Notar könnte zwischen Romanen von MARTIN WALSER und Bildbänden über die *Höri*-Maler Spaziergänge zwischen Katamaranmole und der zwiebelbetürmten Schloßkirche in der Sommerresidenz des KLOSTERS HOFEN einlegen. Er könnte im dortigen Weinverkauf des HERZOGS VON WÜRTTEMBERG eine Flasche Riesling mit dem befremdenden Namen «Stettener Brotwasser» erwerben. Wenn er doch einmal italienische Laute hören wollte, könnte er auf der Dachterrasse des 1953 gegründeten *Eiscafé Italia* an der Uferpromenade einen Espresso nippen und die SCHWÄBISCHE ZEITUNG durchblättern.

Sollte es ihm doch ein wenig eintönig werden, könnte er andere Lokale erkunden. Etwa den mit Salzburger Charme geführten *Württembergischen Yachtclub* im Uferpark, wo sich sonnenbebrillte Segler Hecht in Kapernsauce, Erdäpfelgulasch, und frische Salate mit Rapsöldressing gönnen – dem Augenschein nach das beste Segelvereinslokal der Republik.

Schick und schmackhaft

Oder ein Glas Bodenseewein inmitten der Trophäen- und Honoratiorenpatina des *Buchhorner Hofs* nippen. Er wüßte, daß Deutschland das romantische Land der Burgen ist, aber da er jeden touristischen Andrang meiden will, würde er den ANNETTE-Rummel von Meersburg scheuen und stattdessen einem Geheimtip nachgehen. Unser Flaneur würde sich ein Taxi nach *Efrizheim* leisten und in einem Wasserschloß des 11. Jhs., dessen Gastraum ateliermäßig bunt wie die Cafeteria einer Kunsthochschule improvisiert ist, Pflaumenkuchen essen – cool Germany.

Neugierig geworden, könnte er bildungsfernere Sozialmilieus erkunden, etwa im Selbstversuch testen, welchen Schlag von Häflern man in einem Lokal mit dem mutigen Namen «Schmalztöpfle» antrifft. Oder in der Erlebnisgastronomie des «Lukullum» kunstgeschichtlich-volkskundliche Betrachtungen anstellen, wie sich eine badische von einer bayerischen und einer Bodensee Stube unterscheidet und wie der Innenarchitekt das Thema «Tessiner Stube» angegangen ist.

Hangar-Ambiente – *Restaurant im Zeppelin-Museum*

In der «Zeppelinstube» könnte er sich die modern interpretierte Original-Bordverpflegung des Luftschiffs nachkochen lassen und dazu *Zeppelinbräu* der Ravensburger Brauerei LEIBINGER trinken. Auf Nachbohren würde er erfahren, daß die Eltern des Lukullum-Wirts einst die Bahnhofsgaststätte übernahmen. Und deren Vorgänger war niemand geringeres als OTTO MANZ, der Ende der 1920er die Zeppeline auf großer Fahrt nach Südamerika bekochte und die Sauce zum Rehrükken im Zeitjargon als «Rahmtunke» auf die Bordkarte setzte. Graf FERDINAND ZEPPELIN scheints als «Troupier» schlichter geschätzt zu haben, seine Schwester *Eugenie* pflegte ihn als «Knöpfleschwab» zu titulieren.

Und schließlich nach 30 Tagen ginge es zurück nach Italien. Ein letztes Frühstück mit Kännchen Kaffee und der Lokalausgabe des SÜDKURIER und natürlich ein Mitbringsel für die Gattin: auch da haben wir einen Tipp. Mit Apfelbrand und Apfelstücken gefüllte Bodenseefrüchtchen-Trüffel oder eine Zeppelintorte mit Rum, Pflaumenmus und piemontesischen Nüssen der 1932 gegründeten Confiserie *Weber & Weiss*.

Futurismus am See – *das Zeppelinmuseum*

Verpaßt hätte er bei dieser antitouristischen Spurensuche das faszinierende *Zeppelin-Museum* im umgebauten Bauhaushafenbahnhof von 1933. Dort wird die Zeppelin-Saga, der realisierte Traum vom steuerbaren Ballon mit seinen technischen Triumphen und Katastrophen dokumentiert. Dort gibt es Postkarten des Luftschiff-Speisesaals und einen Nachbau des loungeartigen Aufenthaltsraums. Verpaßt hätte er auch das Hafenfrühstück auf der Terrasse des *Museumsrestaurants* und die in die Wand eingelassenen Messingklingeln, mit denen die Bahngäste einst die Ober auf die Terrasse riefen. (Was hätte unser Italiener wohl zu einem Crossover wie Schwäbisches «Saltimbocca» von der Pute mit Schwarzwälder Schinken und Salbei serviert mit mediterranem Gemüse und Kräuterrisotto gesagt?)

GOLDENES RAD – **Friedrichshafen**. Ecovin Aperol: Ein Edel-Spritz aus *Hagnauer Burgstall* Weißburgunder, Champagner und dem orangen Paduaner Kultlikör. In diesem Aperitiv steckt in nuce die Philosophie des Hauses. Den Wein, der auch

Warten auf den Mittagsansturm: *Das Goldene Rad, Friedrichshafen*

solo wegen seines ausgewogenen Säurespiels beeindruckt, keltert Senior und Ozeankoch *Hermann Neuner-Jehle* ebenso nach ökologischen Prinzipien, wie er es sich nicht nehmen läßt, Felchenfilets eigenhändig nach Hausrezept zu marinieren. Hinter Champagner statt Prosecco steckt Weinpassion und Trendbewußtsein von Sohn *Philip*, der als junger Gastgeber das Restaurant und das gegenüberliegende Aran-Café leitet. Den im Rad Tafelnden steht gegen den transparenten Aufschlag von 11 Euro pro Entkorkung das breite Sortiment seines Kellers zur Verfügung – Schwerpunkte sind italienische, spanische und französische Abfüllungen einschließlich einer sorgsam ausgesuchten Palette halber Flaschen. Der *Haut-Médoc Château Bernadotte* aus St. Saveur sorgt mit schwedischer Königskrone auf dem Etikett für einen önologischen Mainau-Link. Ein gutes Dutzend Tropfen gibt's glasweise, darunter Pinot Gris vom Deutschlands südlichstem Weingut, dem noch zur Weinbauregion Bodensee gerechneten Engelhof in Hohentengen am Oberrhein.

Dazu die variantenreiche Küche von *Martin Kraus*, die neben erlesenen Produkten wie Nebraska-Rind und tasmanischem Thymianhonig die Verfeinerung des Einheimischen nie aus dem Auge verliert. Auf wohltuend undekorierten Tellern kommt Topinambursuppe mit Gartendill, Entenlebermousse im Baumkuchenmantel oder Rostbraten vom Allgäuer Weiderind mit Zwiebelschmälze auf den Tisch.

WEBER & WEISS – **Friedrichshafen**. Aber bitte mit Sahne! Klar, aber mit welcher? Die Qualität der Grundstoffe zu hinterfragen, haben deutsche Konditoren lange versäumt, sich lieber mit vorgefertigten Produkten der Backindustrie eingedeckt. Deswegen schmeckts auch bei vielen gleich, da nützt alle Handwerkskunst nichts.

Bei *Weber & Weiss* kommt die Sahne aus dem Allgäu, liefert ein Ailinger Obst- und Geflügelhof die Eier, wird die Herrentorte mit Bodenseeweißwein getränkt. Confiseur *Michael Weiss*, der die 1932 gegründete Konditorei in dritter Generation führt, gehört zu der Avantgarde, die sich an internationalen Standards orientiert. Florentinerli, Rübli- und Zuger Kirschtorte erinnern an die helvetischen Lehrjahre des Patrons, der als einziger ausländische Manufaktur in die Chaîne Confiseur aufgenommen wurde, einen Zusammenschluß der neun exklusivsten Schweizer Chocolatiers.

Neben Grand-Cru-Schokolade und Mandelzeppelinen wird im Stadtcafé und im Stammladen nördlich der Eisenbahnstraße auch ganz Normales wie Prasselkuchen, Eierschnecke und Apfelwähe gereicht. Gute Nachricht für Figurbewußte: Alles ist möglichst zuckerarm gebacken.

Goldenes Rad, D-88045 Friedrichshafen, Karlstr. 43, Tel. 0049(0)7541 2850. Mo-Sa 12-14, 18-21.30 Uhr. www.goldenes-rad.de

↪ Moderne großzügige Zimmer für Geschäftsreisende. EZ 89-99, DZ 119-129, Seaside-Zimmer über dem Cafe Aran, EZ 179, DZ 195 Euro.

Weinverkauf Herzog von Württemberg, D-88045 Friedrichshafen, Schloß Friedrichshafen, Tel. 0049 (0)7541 3070. Mo-Fr 10-12, 16-18 Uhr. www.weingut-wuerttemberg.de

Eiscafé Italia, D-88045 Friedrichshafen, Seestr. 10, Tel. 0049 (0)7541 24451. Tgl. 9-23 Uhr. www.eiscafé-italia.info

Clubhaus Württembergischer Yachtclub, D-88045 Friedrichshafen, Am Seemooser Horn 1, Tel. 0049 (0)7541 3748887. Di-So 11.30-14, 18-24 Uhr. www.wyc-fn.de

Buchhorner Hof, D-88045 Friedrichshafen, Friedrichstraße 33, Tel. 0049 (0)7541 2050. www.buchhorn.de

Schloß der Künste, D-88048 Friedrichshafen-Efrizweiler, Riedheimer Str. 8, Tel. 0049 (0)7544 2421. Di-Sa ab 17 Uhr. www.schlossderkünste.de

↪ Hideaway für dirty weekend? Die Künstlerin **Ingrid Rundel** hat das Gemäuer in ein Hotel mit «5 Herzen statt 4 Sternen» umgewandelt. Neun witzig bis mondän designte Zimmer. EZ 65, DZ 110-300 Euro.

Schmalztöpfle, D-88046 Friedrichshafen, Eckenerstraße 21, Tel. 0049 (0)7541 487707.

Lukullum, D-88045 Friedrichshafen, Friedrichstr. 21, Tel. 0049 (0)7541 6818. Di bis Fr ab 16, Sa, So 11-14, 17-24 Uhr. www.lukullum.de

Weber&Weiss, Stammhaus: D-88045 Friedrichshafen, Charlottenstr. 11, Tel. 0049 (0)7541 21771. Mo 10-17, Di-Fr 8.30-18, Sa 8-15.30, So 12.30-16 Uhr.
Café: Wilhelmstr. 23, Mo-Do, Sa 9-18, Fr 8.30-18 Uhr. www.weber-weiss.de

Zeppelin-Museum, D-88045 Friedrichshafen, Seestr. 22, Tel. 0049 (0)7541 3801-0. Mai-Okt 9-17, Nov-April Di-So 10-17 Uhr. www.zeppelinmuseum.de

Zeppelin Museum Restaurant, Tel. 0049 (0)7541 95300-88. Di-Fr ab 11, Sa ab 10, So 10-17 Uhr (im Sommer ab 9.30 Uhr). www.zeppelinmuseum-restaurant.de

Grünes Gold im schwarzen Faß

5 Tettnanger Hopfenpfade

Deutschland ist, bzw. war bis vor kurzem auch das Land, das ein großartiges kulinarisches Erbe achtlos vergeigt hat.

Der Hopfenbauernort Tettnang ist eine der Städte, die im letzten Moment gerade noch die Kurve bekommen haben. Einst gab es in und um die alte MONTFORT-Residenz eine faszinierende Fülle von nicht weniger als 26 Lokalbrauereien, die den wegen seiner feinen Herbheit weltweit gerühmten Aroma-Hopfen ihren Spezialbieren zusetzten.

Welch gastro-touristisches Potential, welch Lokalkolorit ist da vergeudet worden, wenn man bedenkt, daß heute gerade mal eine Brauerei in Tettnang selbst überlebt hat! Allerdings die älteste von 1847: Die KRONENBRAUEREI, seit sieben Generationen in Familienbesitz, hat es freilich in sich und tröstet

Der Hopfenhanomag

mit einer süffigen Palette hausgebrauter Hopfendolden-Biere und ehrlicher Küche.

Auch sonst hat sich der Ort neben der Attraktion seines Schlosses, das ganz vorderösterreichisch in Schönbrunner Gelb erstrahlt, einiges einfallen lassen, um die landschaftsprägenden Ranken des *Humulus lupulus* zu thematisieren. Immerhin rammen 170 Bauernfamilien auf 1200 ha die bis 8 m hohen Stangengevierte in den Moränenschotter des Schussentals, an denen ab März die jungen *Fechser* sich emporwinden. Ein Hopfenwanderweg führt vom Bärenplatz empor zum Hopfenmuseum. Das scheint allerdings didaktisch nicht viel über «Heiße Ernte – der Gutsherr und das Mädchen» hinausgekommen zu sein (der Spielfilmantwort von 1956 auf «Bitterer Reis»), in dem der Hopfenbauernsohn *Konrad* sich in das ostpreußische Flüchtlingsmädchen *Auschra* verliebt. Verwelkte Folklore statt Fakten: aktuelle Fragen nach dem Schwund der Brauereien, nach Pellets und internationaler Nachfrage des 2010 mit dem EU-Siegel GESCHÜTZTE GEOGRAphische Angabe versehenen «Grünen Goldes» werden (im Gegensatz zum Hallertauer Hopfenmuseum in Wolnzach) nur am Rande gestellt. Immerhin ist Tettnang weltweit das einzige Anbaugebiet, das nur hochwertigen Aromahopfen (und keinen Bitterhopfen) anbaut. Lehrreich und bunt die Etiketten der Bierflaschenvitrine – Tettnanger steckt in japanischem Kirin, amerikanischem Samuel Adams, italienischem Nastro Azzurro und badischem Rothaus – 2/3 der Produktion wird exportiert. Spannend wird's während der dreiwöchigen Erntephase (meist ab 25. August), wenn die Hopfenpflückmaschine zum Einsatz kommt. Oder zur Tettnanger Fasnacht: Haben Sie schon einmal eine Hopfensau geküßt?

BRAUEREI KRONE – **Tettnang.** Der Platzhirsch am Bärenplatz. In der altschwäbischen Bierstube mit geschnitzten Zunftleuchtern *(invention of tradition* Anno 1934!) zapft Familie *Tauscher* das hauseigene Bräu. Das Kronenbier im Steingutkrug erquickt mit Alkoholgehalt unter 5 % bei hoher Stammwürze, makelloser Schaumkrone und einem dicht gefächerten Spektrum von Hopfenaromen. Das ungefilterte Kellerbier war 1993 das erste Biobier der Bodenseeregion. Neben Weißbier wird zur Fastenzeit der «Doppelbock Coronator» ausgeschenkt. Spannung herrscht vier Monate nach dem 23. April, dem deutschen Brauertag zur Erinnerung an die Verkündigung des Reinheitsgebots im Jahre 1516. Denn dann wird das nummerierte Jahrgangsbier aus dem Tagessud erstmals verkostet. Wer mehr wissen will, kann sich einer der samstäglichen Brauereiführungen anschließen, wo es um «Aufkräusen» und «Anschwänzen» geht.

Brauereiküche wird ja gern auf üppige Sättingungsbeilagen zum Trunke reduziert – nicht so hier. Die aufmerksame Bedienung reicht Kutteln mit Brot, saure Linsen mit Saitenwürstchen, Zwiebelrostbraten und eine bemerkenswerte Maultaschensuppe, gefüllt mit körnigem gutgewürztem Hackfleisch. Fleisch und Gemüse liefert der Ortsmetzger und einheimische Bauern. Niemand wird genötigt, Bier zu trinken

Hier wird aus Hopfen goldener Tropfen: *Brauerei Schöre, Dietmannsweiler*

– toll, daß auch Backsteinkäse mit Salzkartoffeln, Butter und einem Glas Milch auf der Karte steht.

Wer nicht in der Krone nächtigt, verpaßt das Innenleben des Traditionshauses: die acht weißgetünchten Zimmer sind mit Riesenfotos von Hopfenblüten und opaken Bügelflaschen dekoriert – das MONTFORT-Zimmer steht für postmoderne Romantik.

BRAUEREIGASTHOF SCHÖRE – Tettnang-Dietmannsweiler.

Als Böhmen noch bei Österreich war... und der Tettnanger Seewinkel zu VORDERÖSTERREICH gehörte, sollen ungarische Landarbeiter der Gaststätte den sprechenden Namen *sör* gegeben haben – magyarisch für «Bier»!

Im Hügelland Richtung Neukirch und Wangen lädt die schmucke Fassade des Gasthofs zum Stopp. Gleich hinter dem landwirtschaftlichen Erlebnisdörfchen beginnen die Hopfenplantagen. Kellnerinnen im Dirndl und das Kaminstüberl mit Schwarzweißfotos stimmen auf süddeutsche Bierfreuden ein: Familie *Georg Bentele* braut mit eigenem Hopfen,

Schäumle-Quartett, *Brauerei Schöre, Dietmannsweiler*

eigenem Brunnenwasser und schwäbischer Braugerste. Als autofahrendes Mannsbild läßt man sich auf die Bierprobe mit Zehntellitergläsern ein: das schwachgehopfte obergärige Weißbier schmeckt fruchtig mit traditionell säuerlich-seifigen Untertönen, das Schörebräu repräsentiert den milden naturtrüben Lager-Typ, im Pilsner schlägt der Tettnanger Hopfen voll durch. Vollmundig-gelungen das malzbetonte Dunkle nach altbayerischer Art.

«Wir kaufen (fast) nichts!» könnte als Motto über der Karte stehen. Ochsen und Schweine werden mit Gras, Heu, Mais, Getreide und Biertreber gefüttert und hausgeschlachtet. Rauch- und Kesselfleisch (bei kühler Witterung), Weißbiersulz und Ochsenfleisch im Biersud stehen für bierische Kreativität, die bei Biereis mit Sahne, garniert mit Braumalz, überbordet. Ganztägig ist heißer Leberkäs vom *Schöre*-Ochse vorrätig, der auf Allgäuer Art mit Röstzwiebeln garniert wird. Bierverweigerer können an selbsterzeugtem Apfelmost und Bierbrand nippen. Schön wäre es, wenn es beim Hopfenbauer Ende

Stilsichere Kombi in Kau: *Grubentücher auf Holztischen*

März auch einmal die zugegebenermaßen «sauteuren» Hop-
fensprossen geben würde.

Den Biergarten zieren klotzige Baumarktmöbel – dafür
dreht sich ganz wie auf der Münchner Wies'n manchmal Ochs
am Spieß.

LAMM IM KAU – Tettnang-Kau. Der Hopfen wächst gleich
hinterm Gastgarten mit dem gelbgestrichenen *Salettl*. Die
zierlichen Tische sind stilsicher mit karierten Grubentüchern
eingedeckt. Selbst die am See omnipräsenten Sitzkissen, die
schon MONTAIGNE bestaunte, sehen nicht so einschläfernd aus
wie sonst. *Petra* und *Reinhard Kiechles* «Lamm» hätte einen
Geschmackspreis verdient, denn hier stimmen die Details, ist
Landhaus authentisch und nicht aufgepeppter Deko-Kitsch.
Besonders der im 1950er-Stil belassene Gastraum mit seinen
salzglasierten Mostkrügen bewahrt ein selten gewordenes
ästhetisches Gespür für deutsche Nuancen – entstaubte Idylle
ohne krampfhaftes Modernisierungsallerlei.

Balanceakt im Kastanienbaum, *Lamm im Kau*

Die schwäbisch eingefärbte Karten-Lektüre macht die Wahl schwer. Stielkotlett vom Ländleschwein mit dem Fetträndle in der Bröselkruste gebacken, dazu Kartoffelsalat mit Gurke drunter, Kalbsnierle in Senfrahmsößle, Pot au Feu vom Hühnerbrüstle und Ochsenfilet, oder Tatar vom Bio-Ochsenfilet mit Zwiebele verfeinern heimische Standards. Einen bayerischen Akzent setzt nicht ganz billiger Schweinskrustenbraten an Augustiner Biersößle mit neuem Weißkrautsalat und Semmelknödel, tollkühn aus Puristen-Sicht klingt Weißwurstsalat mit Kresse, Radiesle und Kürbiskernöl. Gezupfte Pfingstweider Biosalate mit zwei Pfingstweider Bio-Spiegeleiern oder Viererlei frische Frühlings-Gmüsle mit jungen Kohlräble, Pilzle und Trüffelpüree lösen vegetarische Regionalversprechen ein. Besser angedacht als durchgeführt war das säuerliche Spargelragout mit frischen Morcheln und Krebsle an Rieslingrahm – es herrscht volles Verständnis, wenn so rare Zutaten nicht verfügbar sind, aber der Ersatz mit Pfifferlingen und vorgepultem Einheitsflußkrebs macht das Gericht sinnlos. Ein Rhabarbersüpple mit Topfennocken tröstet über die kleine Enttäuschung hinweg.

Das opake Leuchten der Bügelflaschen, *Gasthof Krone, Tettnang*

Brauerei und Gasthof Krone, D-88069 Tettnang, Bärenplatz 7, Tel. 0049 (0)7542 7452. Di-So 10-14, 17-24 Uhr. www.krone-tettnang.de. Preise: Günstig.
Brauereiführung Mai-Sept Sa 17 Uhr

⌁ Minimalistisch gelungene Themenzimmer. EZ 68-85, DZ 90-120 Euro.

Brauereigasthof Schöre, D-88069 Tettnang, Dietmannsweiler 2. Tel. 0049 (0)7528 2317. Di-Fr ab 16 Uhr, Sa, So ab 11 Uhr. www.hopfen-bentele.de, www.schoere.de. Preise: Günstig.

Lamm im Kau, D-88069 Tettnang/im Kau, Sängerstr. 50, Tel. 0049 (0)7542 4734. Di-So 12-14, 17-24 Uhr. www.lamm-im-kau.de. Preise: Mittel.

Hopfenmuseum, D-88069 Tettnang, Hopfengut 20, Tel. 0049 (0)7542 952206. Mai-Okt Di-So 10.30-18 Uhr. www.hopfen-museum-tettnang.de

Likörmanufaktur Tettnang, D-88069 Tettnang, Wiedenbach 3, Tel. 0049 (0)7542 953344. Mo bis Fr 9-12, 14-17, Sa 9-12 Uhr. www.likoermanufaktur-tettnang.de. Der junge Brennmeister Uwe Traub hat sich auf Liköre der Edelklasse spezialisiert, darunter einen spannenden Hopfen-Fenchel-Likör.

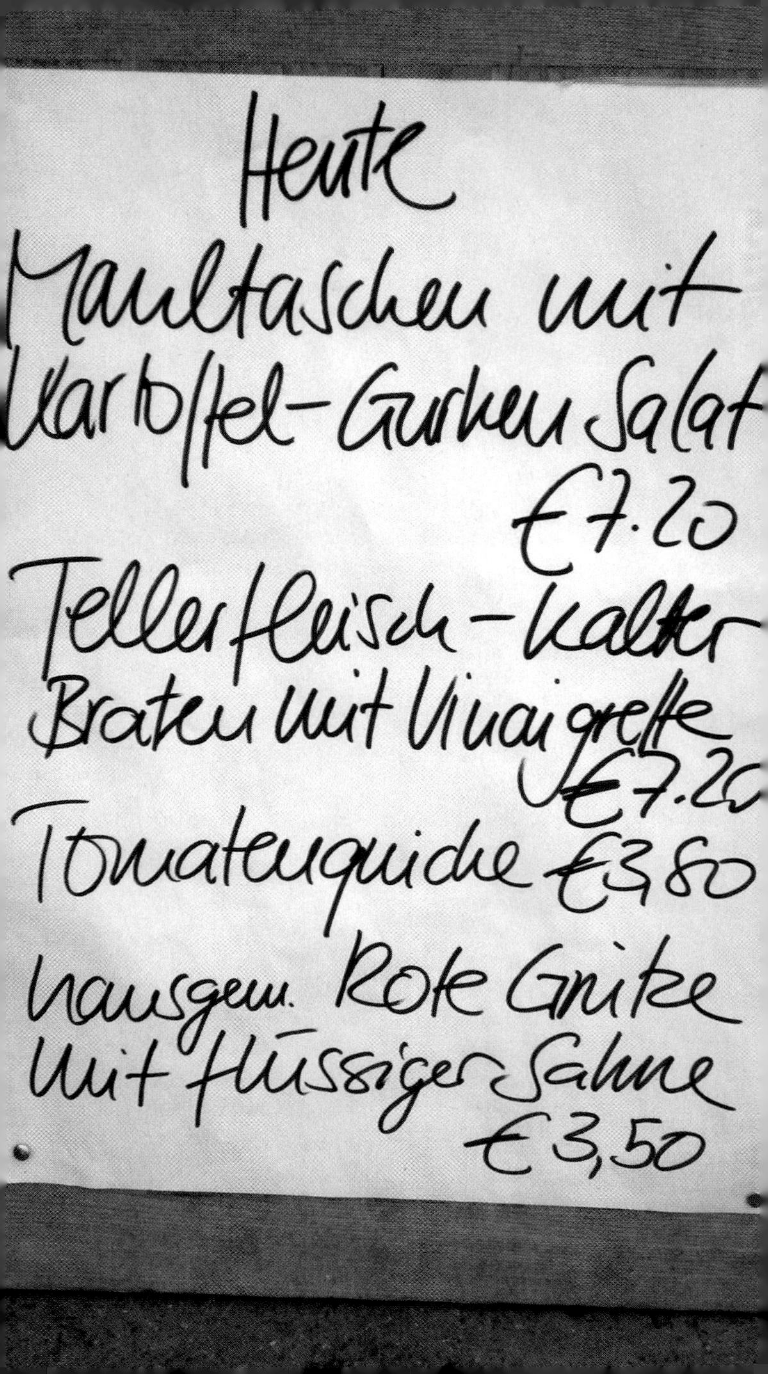

Heute

Maultaschen mit
Kartoffel-Gurken Salat
€ 7.20

Tellerfleisch – kalter
Braten mit Vinaigrette
€ 7.20

Tomatenquiche € 3,80

hausgem. Rote Grütze
mit flüssiger Sahne
€ 3,50

6   Rädle und Maultaschen

Die hundertjährige Kabelhängebrücke über die Argen markiert die Grenze zwischen den einstigen Königreichen Württemberg und Bayern.

Eine administrative Wasserscheide, keine kulturelle, keine kulinarische. Denn auf beiden Seiten ist die Solidität schwäbischer Gastfreundschaft spürbar. Das geht soweit, daß sogar das winzige Weinbaugebiet «Bayerischer Bodensee» offiziell als Unterregion des «Württemberger Bodensees» geführt wird. Jedenfalls sind hier wir in einer wertkonservativen Eßlandschaft, in der Maultaschen nicht nach Convenience-Ravioli schmecken, in der saure Leber oder Kutteln mit Brot den Geldbeutel schonen, in der im Brotkorb Seelen und halbe Seelen liegen, die nach Bäckerhandwerk schmecken. Meist jedenfalls. Wie auch das nicht verkitschte, nicht vermöbelmarktete Landgasthaus, entfernt man sich nur etwas vom See, noch nicht ausgestorben ist.

Salonartiger Kontrast: Kaffee und Kuchen im maurischen Schloß MONTFORT des Seglerhafens *Langenargen*. Spaziergänge in den blumengeschmückten Parks von *Kressbronn*, der einzigen Weinbaugemeinde am württembergischen Seeufer. Stopps bei einem der zahllosen Hofläden, die Stachelbeeren und Räucherfleisch, Joghurt und Apfelgelee verkaufen.

Minilöwen mit Rautenwappen pochen in den Vorgärten Nonnenhorns auf die Zugehörigkeit zum Freistaat: die stimmungsvolle Jakobskapelle war eine wichtige Station des mittelalterlichen JAKOBSPFADES, der am Nordufer des Bodensees Richtung Basel und burgundische Pforte führt. Kein schlechtes Patrozinium für einen Winzerort voller Rädlewirtschaften und architektonisch ambitionierter tasting rooms. Der Apostel, der gern mit Pilgerflasche abgebildet wird, wird auch als Patron des Weinbaus verehrt. Als weingeschichtliches Pflichtfoto gilt der Riesentorkel von 1591.

Einfach, geschmackvoll, regional – *Zum Zollhaus, Kressbronn*

HOTEL KARR – Langenargen. Batterien leerer Bouteillen im Fenster, *Faux leopard-Fauteuils* im Foyer, *Posiekiesel* und Parfumflaschen im Bad, gewagte grüne Tischdecken. Im Hause herrscht «horror vacui», zu deutsch: Überbordende Dekorierungsfreude. Bei allem Respekt für Farbenspiele, es tut gut, daß die Teller klarer strukturiert sind. Warme Seele mit Rotweinbutter gibt dem Gedeck einen schwäbischen Pfiff, das Carpaccio ohne Firlefanz lebt von der feinmarmorierten Fleischkonsistenz. Hausgemachte Spaghettini mit Kalbskutteln und Basilikum vermählen geschickt eine Fasnachtsstärkung mit Italienschwärmerei. Neben *Sashimi* und *Iberico* wird Einheimisches wie mariniertes Kalbszüngle nicht vergessen. Die Fischsuppe vertrüge weniger Safran und mehr See. Aufmerksamer Service.

ZUM ZOLLHAUS – Kressbronn. Das alte Grenzgasthaus an der Gießenbrücke über die Argen ist seit 1816 im Besitz der Familie *Kramer*. Die unverschandelte Gaststube mit salzglasierten

Kabinettwein und schwäbische Gemütlichkeit – *Kümmertsweiler*

Mostkrügen und Kamin trägt ihre Patina mit entspannter Würde – die geschrubbten Tische sind appetitlich mit Bäckersalzstangen und knusprigen Seelen eingedeckt. Frischer Wind in alten Mauern: Besonders gefällt uns die kleine, aber dafür sorgfältig und tagesaktuell zubereitete Auswahl einheimischer Speisen, die die junge Wirtin und Bäuerin *Margret Kramer* auftischt. Perfekt durchgezogener und angemachter schwäbischer Kartoffelsalat, Maultaschen zum Wiederkommen, selbstgebackener Kuchen und eine Dessert-Rarität wie echter Kirschmichel mit dem vollen Aroma unentsteinter Kirschen.

FROHE AUSSICHT – **Kressbronn-Kümmertsweiler**. Ein verwunschener Lieblingsplatz, mitten in Weinbergen und Obstgärten, mit Seeblickterrasse und gemütlichen, aber nicht überladenen Stuben. Familie *Günthör* schenkt ihre sauberen durchgegorenen Kabinettweine fast zum Selbstkostenpreis aus: Kerner, stoffiger Weißburgunder, Riesling, Weißherbst,

Spätburgunder. Gern nehmen die Stammgäste kleine Wartezeiten für Vesperteller mit hausgemachtem Rauchfleisch, Häxle sauer oder Flammkuchen in Kauf – hier liegt die Lust am Verweilen, am langsamen Auskosten förmlich in der Luft.

BETZNAUER RÄDLE – Kressbronn-Betznau. Der Laden brummt, wenn Familie *Rottmar* ihre versteckte Rädlewirtschaft wieder für ein paar Wochen aufsperrt und reinen Wein einschenkt. *Alois Rottmar* ist ein unverkrampfter Gastgeber, der Weinbergführungen anbietet und Weißburgunder und Riesling, Kerner und Spätburgunder als Kabinett oder Spätlese ausbaut – *Kressbronner Berghalde* ohne jeglichen Zuckerzusatz. Mehr als ein Hobby ist die Erzeugung von sortenreinen Edelbränden aus ungespritzten Quitten, Bohnäpfeln oder Gelbmöstlerbirnen. Als Unterlage empfiehlt sich Eisbein aus der Dose (schmeckt viel besser als es klingt), Tellersulz oder saurer Käs.

HAUS AM SEE – Nonnenhorn. Schade, daß nach der fotogenen ochsenblutroten Holzfassade den Besucher des Uferhotels erst einmal nüchterne Allerweltssäle erwarten – wie man halt in den 80ern gern renoviert und dabei manches Ensemble zerstört hat. Dafür entschädigt der beliebte Garten mit seinen unbedruckten weißen Sonnenschirmen. Hier entspannen sich Hotelgäste und Gourmets unter Trompeten- und Feigenbäumen, erfreuen sich an blühenden Hortensien und eingetopften Mandarinen. Am Ende des gepflegten Rasenteppichs, der den Blick auf das Appenzeller Alpenpanorama freigibt, verbreiten Zypressen *italianità* – wir sind ja schließlich an der bayerischen Riviera.

Die Speisekarte von Familie *Knörle* verheißt erstklassige Produkte – Wiener Schnitzel vom Vorarlberger Ländlekalb,

Schöne Fassade – *Haus am See in Nonnenhorn*

Arlberg-Gams mit Schwarzwurzeln, Mangold-Walnuß-Risotto aus Carnaroli-Reis, frische Bodenseefische. Gut gelungen das Kümmelbratel vom Waller – die gewürzreiche österreichische Zubereitung von Schweinebraten ist für die fetten, auf der Haut kross gebratenen Welsstücke, die kräftige Gegenakzente vertragen, eine Bereicherung.

Schwer ist'am See (und nicht nur da), richtig gute Maultaschen aufzutreiben. Zwar paßt bei den Bodenseefischmaultaschen, deren Maulbronner Genesis als «Herrgottsbescheisserle» in der Speisekarte erklärt wird, die Dünne des Teigs, zwar schmeckt man der grobgekörnten Fischfüllung die Frische an. Aber – Herrgottle – so eine Fischmousse muß einfach kräftiger abgeschmeckt werden, sei's mit Salz, Pfeffer, Zitrone oder frischen Kräutern, um gegen den Teig, der sie umhüllt, zu bestehen. So bleibts trotz viel handwerklicher Mühe bleich – da reißt es weder das feingeschnippselte Gemüsegeschling heraus und schon gar nicht die völlig unmotiviert dazu gelegte Erdbeere und die Masche, auf jedes Gericht Kapuzinerkresseblüten zu verstreuen. Weit passender war das gleiche Gemüse im Pot-au-feu von Bodenseefischen. Nur serviert man zu diesem Eintopf stilechter Baguette als italienische *Bruschetta*, die sich als kreuzbrave Toastscheiben ohne Knoblauch mit Tomaten entpuppten.

Besser als diese mediterranen Versuche gelingt Einheimisches: der schwäbische Zwiebelrostbraten vom Ländle-Rind ist seine 20,80 Euro wert. Kompliment für die glasweise Auswahl von *Nonnenhorner Seehalde* und *Sonnenbichl*. Daß der Garten auch nachmittags gut gefüllt ist, verdankt sich neben dem Panorama auch der Qualität der Torten von Aprikosenwähe bis gedecktem Birnenkuchen.

WEINBAU REBHOF / WINZERHOF GIERER – Nonnenhorn. Ein sorgsam verwilderter Garten, in dem Kirschen und Himbeeren reifen und Glasinstallationen in der Sonne blinken – das Reich von *Oliver* und *Ulrike Schaugg*. Eine inspirierende Melange aus zeitgenössischer Architektur und bayerischem Wein. Der Önologin gelingen zarte Seeweine von Müller-Thurgau, Bacchus und Spätburgunder Weißherbst, aus ihren südafrikanischen Wanderjahren hat sie eine Passion für Cuvées und Barriques mitgebracht. Der Architekt *Peter Löffelholz* brach 1999-2001 das entkernte Klinkergebäude der ehemaligen Dorfkäserei durch ein lichtdurchflutetes Zwerchhaus-Portal auf, gestaltete mit raumteilenden Gußbetonwänden eine Önothek und ein Atelier für den Glaskünstler *Oliver Schaugg.*

Preisgekrönt ist auch der Showroom aus Rorschacher Quarzit und rotweingetränktem Holz, den das Heilbronner Büro *Mattes Sekiguchi* Partner 2007 als Annex an eine Scheune des Winzerhofs *Gierer* setzte. Ein bodentiefes Fenster gibt einen Kinoblick frei auf die wahren Protagonisten, die Rebstöcke.

Schloß Montfort, D-88085 Langenargen, Tel. 0049 (0)7543 912712. Café Di-So ab 14 Uhr (Winter nur So). www.vemax-gastro.de

Hotel Karr, D-88085 Langenargen, Oberdorfer Str. 11, Tel. 0049 (0)7543 3090. Di-Sa mittags und abends. www.hotelkarr.de

🛏 Bettwäsche, bunte Bilder. EZ ab 70, DZ ab 90 Euro.

Zum Zollhaus, D-88709 Kressbronn, Gießenbrücke 1, Tel. 0049 (0)7543 8745. Fr-Mi ab 10.30 Uhr.

Rädlewirtschaft Rottmar, D-88079 Kressbronn-Betznau, Am Dorfbach 14, Tel. 0049 (0)7543 8089. Feb/März, Juli/Aug, Nov/Dez je einen Monat Mo-Sa ab 18 Uhr. Mai-Sept Weinbergführungen. Hofverkauf Mo-Sa 8-12 Uhr. www.weinbau-rottmar.de

Frohe Aussicht, D-99079 Kressbronn-Kümmertsweiler, Tel. 0049 (0)7543 8766. Fr, Sa ab 16, So ab 10 Uhr. www.froheaussicht.de. Preise: Günstig.

🛏 Fewos und lichte Doppelzimmer mit Parkett oder Natursteinboden. DZ 60-66 Euro.

Haus am See, D-88149 Nonnenhorn, Uferstraße 23, Tel. 0049 (0)8382 88510. Do bis Di. www.haus-am-see-nonnenhorn.de. Preise: Mittel/Gehoben.

🛏 Viel Grün und eigener Badestrand, hübsche Balkonzimmer. EZ 64-92, DZ 90-146 Euro.

Gasthaus zur Kapelle, D-88149 Nonnenhorn, Kapellenplatz 3, Tel. 0049127 (0)8382 8274. www.witzigmann-kapelle.de. Dorfplatzgarten, herzlicher Service. Familie Witzigmann bietet Wildentengerichte und Witzigmann-Brände an.

🛏 EZ 46-54, DZ 72-102 Euro

Rebhof, D-88149 Nonnenhorn Conrad-Forster-Str. 25, Tel. 0049 (0)8382 88 71 16. www.rebhof-am-see.de

Winzerhof Gierer, D-88149 Nonnenhorn, Sonnenbichlstraße 31, Tel. 0049 (0)8382 89581. Mo bis Sa 8-12, 14-19 Uhr. www.winzerhof-gierer.de. Josef Gierer keltert auf einem der südlichsten Weinberge Deutschlands die Rot-Weiß-Mischung Rotling sowie Grauburgunder und Riesling in Kabinett-Güte.

7   Lindauer Kaffeefahrten

Bayernticket und Kuchenschlemmen. Populär, aber nicht die schlechteste Idee, Lindau in vollen Zügen zu geniessen. Man chillt auf der magnolienumblühten Terrasse des Reutemann, schaut auf Löwe, freche Spatzen und den einzigen Leuchtturm des Freistaats.

Beobachtet man den *fashion mix* aus Grauen Pantherinnen in hautengen Radlerhosen und Seglern, die sich landfein gemacht haben, orchestriert vom Tuten der Schiffe – kostenloses Marionettentheater an der bayerischen Riviera!

Bleibt nur die Frage: damenstiftshaft *Kännchen Kaffee* oder mainstreammäßig *Latte*. Dazu gedeckten Apfelkuchen oder Zwetschgendatschi, wenn wir schon in einer Obstregion sind. Für Kuchennaschkatzen und «Mehlspeistiger» ist die Insel auch hinter der Hafenpromenade ein mit Konditoreien und Confiserien gespicktes Paradies. Bodenseekiesel und Schokoladenfelchen im *Café Vogler*, Lindauer Torte im *Theatercafé*, moderner Kaffeehauskomfort und gepflegte Zeitungsauswahl im Einheimischen-Refugium des *Wintergarten-Cafés*. Mein persönlicher Lieblingskaffee wird im mintgrünen *Aeschacher Bad* serviert. Das auf 99 Pfählen ruhende Nostalgiebad am Bahndeich wurde 1977 durch eine Bürgerinitiative gerettet und wird auf Vereinsbasis geführt.

Mit oder ohne Sahne?

Beim Naschwerk kann man weniger falschmachen als beim – sagen wirs vorsichtig – touristenfreundlichen Speiseangebot der Insel. Lindaus Wirte stecken etwas in der (durchaus einträglichen) Zwickmühle, verschiedene Identitäten kulinarisch unter einen Hut zu bringen. Viele Tagesurlauber erwarten sich von der Heimat der Moschtköpf, die im Fasching mit Birnen- und Äpfelmasken herumtollen, ein weißblaues Konzentrat, ein Ersatz-München am Bodensee: geballte Biergartenseligkeit mit Maß und Weißwurst auch nach dem Mittagsläuten, präsentiert von Seeschwaben (oder ausländischen Gastronomen, die schon mal zum Janker greifen). Vielleicht ist Lindau mit seinen *Brodlauben*, seinen Brunnen und bemalten Fassaden ja einfach etwas zu pittoresk, um auch noch Top-Gastronomie draufzusatteln, wie zu Zeiten MONTAIGNES. In der Kronengasse erinnert nur noch eine Plakette daran, daß hier einmal Deutschlands bestes Gasthaus betrieben wurde – ein Symbol für die auch von Lokalpolitikern kritisierte Verdrängung der Insulaner?

Dafür lassen sich Entdeckungen auf dem Festland machen, das als der «schönste Obstgarten Deutschlands» beworben wird. An der *Schachener Riviera* mit ihren Palmen und weißgekleideten Bademeistern wird Luxus gekonnt zelebriert. Der Fischerhafen *Wasserburg* mit der zwiebeltürmigen Georgskirche ist die Heimat des Dichters MARTIN WALSER, dessen Eltern die Bahnhofsrestauration betrieben. Das exquisite regionale Speiseerlebnis stellt sich ein, wenn man nordwärts nach *Stockenweiler* im landwirtschaftlich geprägten Niemandsland zwischen Allgäu und Bodensee zum Flußkrebsessen fährt.

KÄSEECKE – **Lindau.** Der charmanteste Tisch im Trubel Lindaus? Der steht auf dem Reichsplatz vor einer kleinen Feinkosthandlung. Für Unterhaltung ist auf diesem Logenplatz gesorgt: Kenner parken ihre Limousinen ein, um zielstrebig in den Laden zu eilen, der Blick schweift vom Freskenprogramm des Alten Rathauses bis zur früchtetragenden Bronzeschönheit des Lindaviabrunnens. *Susanne* und *Michael Bode* zelebrieren in ihrem Schatzkästlein Käse, wie man es sich wünscht. Die Auswahl reicht von Vorarlberger Heumilch- bis Rotschmierkäse der Allgäuer Biokäserei *Zurwies*, von Luzerner Rohmilch-Nussi bis Höhlengruyère, Cheddar und Stilton. Grissini, frisches Baguette, gutes Olivenöl, Fleur de Sel, Feigensenf oder Chutney zum Käsebrett für 6.95 Euro, dazu ein Glas *Lindauer Spitalhalde* – ein Lieblingsplatz!

WEINSTUBE FREY – **Lindau.** «Älteste altdeutsche Weinstube am Platze» unweit der Brodlauben! Trotz des Pleonasmus hält die Küche nicht ganz, was die Butzenscheibenatmosphäre und die nette Speisekarte verspricht. Unerfindlich, was rohe Zwiebelringe auf Fischmousse zu suchen haben. Salatberge ohne Finesse, dafür solider Gaisburger Marsch.

GASTHOF KÖCHLIN – **Lindau.** Der bajuwarischste (kann/darf man das steigern?) Platz, um in Lindau seine Halbe zu trinken, ist ein altes geraniengeschmücktes Brauereigebäude im

Bayerische Riviera – *Hotel Bad Schachen*

Stadtteil *Reutin*. Das Bier kommt zwar von der Brauerei FARNY im württembergischen Kißlegg, wird aber stilecht auf echten Bierfilzen aus Filz abgesetzt! Die drei holzgetäfelten Stuben mit Pergamentlampen wirken wie von Generationen von Trinkern abgewetzt und nicht aufgehübscht. Über dem Stammtisch hängt ein Kruzifix. Der Garten am Köchlinweiher wird von Kastanien beschirmt. Zur hausgemachten Bratensülze im Weckglas gibt's mäßiges Brot – besser verlangt man ein Briegel (Seele). An Deftigem wie Ochsenmaulsalat, schwäbischen Linsen mit Saitenwürstle oder ofenfrischer Schweinshaxe laben sich zuweilen auch Busgruppen. Beliebt bei Einheimischen das mittägliche Stammessen für 8 Euro: Geschwollene (Wollwürste), Schlachtplatte oder Schwammerlragout.

FISCHERSTUBE / HOTEL BAD SCHACHEN – Bad Schachen.

Lido am Lago – das Jugendstilbad mit klassizistischen Kolonnaden und britisch gestutztem Rasen wurde 1922 von dem Chemnitzer MAX LITTMANN errichtet – kein Geringerer als der

Kaffee ohne Kuchen – *Hotel Bad Schachen*

Architekt des Hofbräuhauses! Luft und Weite, Grandezza und das Raumgefühl der Belle Époque durchweht die Hallen des Grand Hotels. Eine Oase, um bei Kirschtorte auf der Terrasse zu sitzen und auf den hauseigenen Festspielbootssteg zu schauen. Chefin *Isolde Schielin* führt einen Familienbetrieb der besonderen Art. 1752 ersteigerte der Weinbauer *Johann Georg Schielin* das Bad und ließ sich 1757 das Tavernrecht zum Weißen Schwanen garantieren.

Bodenständiger als im Restaurant speist man unter Wappendecke und Lindau-Veduten in der *Fischerstube*, in die durch schloßartige Sprossenfenster das Sonnenlicht dringt. Der irische Küchenmeister *Liam McMahon* hat sich geistreiches *German crossover* mit Anleihen von der Waterkant und aus Franken einfallen lassen. Lindauer Labskaus von gebeiztem Felchenfilet, Kartoffel-Rote-Beete-Salat und Rindfleisch in Estragonvinaigrette wird mit Wachtelspiegelei getoppt. Blaue Zipfel vom Hecht mit Krebsen oder Brezelknödel mit Wurstsalat vom Lachslyoner knüpfen an alte Kochbücher an.

Herbstarbeit am Hoyerberg, *Hoyerberg-Schlößle*

SCHACHEN SCHLÖSSLE – **Bad Schachen.** Ein unverkitschter Biergarten, wie er sein soll. Schattige Kastanien, schlichte Stühle, schlichte Speisen. Schweinsbraten mit Semmelknödel oder als Spezialität Huhn für zwei aus dem Backofen mit frischen Fritten. Allgäuer Meckatzer für Mama, hausgemachte Holunderlimo für den Nachwuchs. Das Hotelschlößchen aus dem 15. Jh. soll dem Engadiner Zuckerbäcker *Hans Orlandi* gehört haben, der MARIE-ANTOINETTE belieferte.

HOYERBERG-SCHLÖSSLE – **Lindau-Hoyerberg.** Der Blick machts – denn der ist wirklich atemberaubend. Das Auge zoomt über die Inselkulisse zu Pfändergipfel und Appenzeller Alpen, läßt die aufgerüschte und aufgeplüschte *italianità* der umgebauten Adelsvilla des 19. Jhs. hinter sich. Die Küche mäandert zwischen Steirisch, Französisch, Steinpilzen mit Kakaonudeln und interessanten Bodensee-Tapas. Nachmittags ein Panorama-Kandidat für Kaffee und Kuchen! Wer zu Fuß aufsteigt, spart sich den Parkplatzstress.

Anton Lanz pult Allgäukrebse, *Restaurant Lanz, Stockenweiler*

SCHLOSSHOTEL – Wasserburg. Herrlicher Biergarten direkt am See mit oberbayerischer Deko – karierte Tischdecken und Paulaner-Sonnenschirme evozieren demonstrativ oberbayerisches Flair. Zünftige Brotzeit mit Pressack oder Wurstsalat von der Regensburger mit blauen Zwiebeln. Im Restaurant ambitionierte Ortsküche bis zum Dessert: Wildhasenterrine mit Walnüssen oder Rehcarpaccio mit Hirschschinken, Zander auf Fenchel-Gurkengemüse und originelles Bergkäse-Honigeis mit Zwetschgenkonfit.

LANZ – Hergensweiler-Stockenweiler. Für EDUARD MÖRIKE gehörte zur «Idylle vom Bodensee» auch das «Krebsrecht». Einziger Erbe dieser Tradition ist *Anton Lanz*. Ein fernsehtauglicher Koch mit Vergangenheit: 1972 gehörte er als Poissonier zum Eröffnungsteam von *Eckart Witzigmanns* «Tantris» in München, dem ersten Dreisternerestaurant Deutschlands. 1982 begann der kulinarische Einzelkämpfer mit der komplizierten Zucht der fast ausgestorbenen Allgäuer Edelkrebse

Die Hummer der Heimat

[ASTACUS ASTACUS]. Beim Fackelspaziergang in sommerlichen Gourmetnächten gibt's Infos aus erster Hand.

Die acht Weiher werden mit Quellwasser gespeist, um zu verhindern, daß amerikanische Signalkrebse die Krebspest einschleppen. Die Scherenträger werden mit Leckerbissen wie Spargelschalen und Karotten gefüttert. Ein 5-6 Jahren alter und 100 g schwerer Krebs ergibt ca. 15-20 g süßlich-aromatisches Fleisch. Anton Lanz reicht im gediegenen farbfrohen Ambiente seines Restaurants dazu am liebsten dezente Estragonbutter. Als passionierter Fischkoch komponiert er Hummer, Steinbutt und den Fang vom See. Duftig die Desserts – Sorbet von der Holunderblüte mit Martin's Holunderblütenbrand oder wilde (danke!) Heidelbeeren mit Limonenquarkmousse.

Hotel Reutemann, D-88131 Lindau, Ludwigstraße 21, Tel. 0049 (0)8382 9150. www.reutemann-lindau.de

↩ Mit Glück Löwenblick. EZ 82-141, DZ 131-238 Euro.

Café Vogler, D-88131 Lindau, Hintere Metzgergasse 14, Tel. 0049 (0)8382 944420. www.cafe-vogler.de

Theater-Café, D-88131 Lindau, Linggstr. 6, Tel. 0049 (0)8382 22748. www.theatercafe-lindau.de

Wintergartencafé, D-88131 Lindau, Salzgasse 5, Tel. 0049 (0)8382 409920 2. Mo, Di, Do-Sa 8.30-18, So 10-18 Uhr. www.wintergarten-cafe.com

Aeschacher Bad, D-88131 Lindau, Lotzbeckweg 3, Tel. 0049 (0)8382 23446.

Käseecke, D-88131 Lindau, Reichsplatz, Am alten Rathaus, Tel. 0049 (0)8382 21387. Mo bis Fr 9-18.30, Sa 9-14 Uhr (im Winter Mo geschl.). www.kaese-ecke-lindau.de

Weinstube Frey, D-88131 Lindau, Maximilianstr. 15. Tel. 0049 (0)8382 947976. www.weinhaus-frey.de. Preise: Mittel

Gasthof Köchlin, D-88131 Lindau-Reutin, Kemptener Str. 41, Tel. 0049 (0)8382 96600. Di bis So 14-16.30 Uhr Mittagspause. www.hotel-koechlin.de. Preise: Günstig.

↩ Schlichte behagliche Zimmer. EZ ab 45, DZ 90-99 Euro.

Hotel Bad Schachen, D-88131 Lindau, Bad Schachen 1, Tel. 0049 (0)8382 2980. April-Okt. geöffnet. www.badschachen.de

↩ Edler Spa-Bereich und großzügige lichte Zimmer. EZ 122-189, DZ 189-278 Euro.

Schachen Schlößle, D-88131 Lindau-Schachen, Enzisweilerstr. 5, Tel. 0049 (0)8382 948560. April-Okt. www.schachenschloessle.de. Preise: Günstig/Mittel.

Hoyerberg Schlössle, D-88313 Lindau, Hoyerbergstr. 64, Tel. 0049 (0)8382 25295. Café Di-So 14-16.30 Uhr, Restaurant Di ab 18, Mi-So 12-14, 18-22 Uhr. www.hoyerbergschloessle.de. Preise: Mittel.

Schloßhotel Wasserburg, D-88142 Wasserburg am Bodensee, Halbinselstraße 78, Tel. 0049 (0)8382 27 33 30-0. April bis Okt. tgl. ab 10 Uhr, Nov. bis März Mo-Mi, Fr, Sa ab 15, So ab 10 Uhr. www.schloss-hotel-wasserburg.de. Preise: Mittel.

↩ Romantisch-opulente Zimmer. EZ 80-100, DZ 100-150 Euro.

Restaurant Lanz, D-88138 Hergensweiler-Stockenweiler 32, Tel. 0049 (0)8388 243. Fr bis Di tgl. ab 18 Uhr. www.restaurant-lanz.de. Preise: Gehoben.

8   Kaiserstrand und Käsekaiser

Es gibt ein Vorarlberg zwischen Lindau und Bregenz – und wer es findet, wird kulinarisch belohnt. In Lochau konzentriert sich trotz des Durchgangsverkehrs um die Pfarrkirche gastronomische Potenz. Der Gast hat die Wahl zwischen einem Jeune Restaurateur d'Autriche mit Bodenhaftung, einer Hausbrauerei und einer Traditionsweinstube.

Jausen und Begegnungen locken auf dem 8 km langen gut ausgeschilderten Käsewanderweg entlang des Pfänderrücken, sozusagen dem kleinen Bruder der Bregenzerwälder Käsestraße, der nicht so weit weg vom See ins Landesinnere führt. Wie üblich, bieten solche Zusammenschlüsse von Produzenten, Restaurants, Läden, Herbergen nicht nur Highlights, aber eine gute Möglichkeit, die Bandbreite bäuerlicher Gastlichkeit kennenzulernen. Das Haupterlebnis stellt natürlich die wogende Landschaft mit dem Glockengebimmel der weidenden Kühe dar: Feuchtwiesen, Waldstücke und gestochen scharfe Pfänderblicke, die neben 240 Alpengipfeln die Küstenlinie von Vorderrhein, Rorschacher Berg und Lindauer Insel aus der Adlerperspektive umfassen. Das Erlebnis eines der naturbelassensten Käse der Welt hat diesem vergessenen Grenzlandstrich, der mit 1000 m Höhe für Skizirkus und Klettertouren ausfällt, touristische Perspektiven beschert.

Beim Plaudern mit den Sennen erfährt man, wie sehr Käse Identität bedeutet. Schließlich eröffnete die Ende des 18. Jh. von den Schweizern übernommene Hartkäseerzeugung den armen Wälderbauern, die als wandernde Krauthobler und Bauarbeiter emigrieren mußten, Verdienstmöglichkeiten. Die Käsgrafen, die in der Monarchie bis Wien und Mailand exportierten, wurden sprichwörtlich...

Michael Heinzle, mehrfach mit dem Titel «Käsekaiser» ausgezeichneter Meistersenner der Bergsennerei Lutzenreute verkauft seinen 11 Monate gereiften Bergkäse direkt zu Kilo-

Matthias Leu – *Senn des Vertrauens*

preisen von 11 Euro, ein Spottgeld angesichts der garantierten
Bio-Qualitätskette, der silagefutterfreien Rohmilch und der
handwerklichen Käsepflege. Spitzenrestaurants reservieren
sich Laibe, die sie noch länger affinieren lassen. Der Allgäuer «Gastarbeiter» *Matthias Leu* von der Sennerei Jungholz-
Hinteregg, der auf Vorbestellung Führungen veranstaltet,
holt tiefer aus, erzählt von Bruchmolke und Käseharfe, von
Salzlakenschmierung im Reifekeller, in dem ca. 1300 Laibe
reifen. 13 Bauernhöfe liefern zweimal täglich ihre melkwarme
Rohmilch ein. Die 1937 gegründete Sennerei ist stolz darauf,
echtes Lab zur Gerinnung zu verwenden und die Kulturen
selbst anzusetzen. Verschiedene Initiativen von der Genuß-
region Bregenzerwald bis zur Arche des Geschmacks von
SLOW FOOD machen deutlich, daß die Zukunft nicht mehr
Schmelzkäse heißt. Schließlich können EU-weit nur 2% der
Milch mit den Reinheitskriterien des «Weißen Goldes» aus
dem Bregenzerwald konkurrieren – hier kann der Kenner
Bergblumen und Heuduft aus rezentem und gereiftem Bergkäse herausschmecken.

Eingedeckt im Garten – *Mangold in Lochau*

Szenenwechsel ins Tal, an «den schönsten Strand Österreichs». Fraglich, ob Kaiser Karls Lob von 1917 für den
kieseligen Lochauer Seesaum heute noch Gültigkeit haben
dürfte – zuviel Neubauten, die verstopfte Uferstrasse zu nah.
Doch seit 2010 das alte Kaiserstrandhotel in neuem Gewande
wiedererstand, reizt dort Österreichs elegantestes und dia-
phanstes Badehaus, einen kleinen Braunen von *Daniel Moser,*
Wiens selbsternanntem ältesten Kaffeehaus von 1685 zu zelebrieren. Selten kommt Habsburg-Nostalgie in so modernem
Gewand daher.

MANGOLD – Lochau. Kalb, Linsen, Mangold – das kulinarische Alphabet von *Michael Schwarzenbacher* umfaßt Di-
stelöl für D, Quitten für Q und blaublühendes Ysopkraut für
Y. «Mangold», das war der Name eines Vorgängerwirts und
klingt doch nach seltenem, wiederentdecktem Gemüse, nach
Innovation aus Tradition. Ein Versprechen, das der «Junge Restaurateur» einlöst. Als luftiges Magentratzerl wird eine Räu-
cherfischconsommé mit Lauchroulade, frischen Erbsen und

Alpenbauhaus – *Trinkstube im Messmer*

Pfifferlingen hingehaucht, die französische Entenstopfleber macht mit heimischen Fichtenwipfelsprossen Bekanntschaft, der Bregenzerwälder Kalbsrücken mit Mangold und Riebele aus dem Rheintal, an deren feuriger Note man herummäkeln könnte. Selbst perfekte Kalbsleber mit perfektem Rösti, Ochsenschwanzravioli mit Semmelkrenschaum oder Reh mit Wildkräutern, Mispeln und Gänseleberkroketten gelingen leicht. Eine vegetarische Alternative wäre Vogerlsalat mit Essigzwetschgen. Zu diesem leichten Kochstil paßt, daß man sich schon für 1,60 ein Häppchen hausgerührtes Schoki-Eis servieren lassen kann.

BRAUEREIGASTHOF REINER – Lochau. Hausbrauereien tendieren zur Erlebnisbrauerei mit Animation durch Speisekartenzeitung. Schön, daß hier auf ein so durchsichtiges Gemütlichkeitskonzept aus der Retorte verzichtet wird. Das Reiner mit seinem verwunschenen Garten hat die Ausstrahlung eines alten Wirtshauses bewahrt und setzt auf sorgfältig zubereitete Hausmannskost. Rindfleischsalat, Biersuppe

Österreichischer Oberservice – *Badehaus am Kaiserstrand*

mit Hausbrotcroutons, 24 Stunden geschmortes Kalbsbäckle, Spanferkelhaxen oder Kalbsbeuschel mit Serviettenknödel – für österreichische Gaumen ein Bierpartner par excellence. Gekonnt kaschiert die kräftige Mälzung im altbayrischen Typ, daß das bernsteinfarbene Reiner Bier nur 4.1 % Alkohol aufweist.

MESSMER – **Lochau.** Das denkmalsgeschützte Wirtshaus bleibt seiner Tradition als Weinstube treu. Die Heurigenstube im Keller erinnert an den Spitznamen Grinzing. K.&.k Gerichte wie Kuttelsuppe, Ochsenmaul-Gemüsesülzle mit Kernöl oder Fiakergulasch und Wildspezialitäten wie Rehnockerl begleiten die große Auswahl österreichischer Weine.

SEEHOTEL AM KAISERSTRAND – **Lochau.** Nach 100 Jahren wieder da. Als 1910 das *Kaiser-Strand-Palast-Hotel* eröffnet wurde, galt es als komfortabelste Herberge zwischen Zürich und München. Ab den 1930ern wirtschafteten Reichszollschule, Lazarett und Kasernen den Komplex herunter.

Große Auswahl am Berg, *Jausenstation Fesslerhof Eichenberg*

In der senfgelb und grau designten «Hall» *Bibliothek* und gepflegte *Barista Bar* mit Zeitungen. Das bewirtete Badehaus ist außer zum Sundowner oder Kuchenbuffet nur gegen Gebühr zugänglich.

Bergsennerei Lutzenreute, A-6911 Eichenberg, Lutzenreute, Tel. 0043 (0)5573 83380. Mo-Sa 7.30-12, Mo, Mi, Fr, Sa auch 17.30-19, So 8.30-11.30 Uhr.

Sennerei Jungholz-Hinteregg, A-6911 Eichenberg, Hinteregg 49, Tel. 0043 (0)5574 45472. Tgl. 8-12, 14-19 Uhr.

Jausenstation Fesslerhof, A-6911 Eichenberg, Schüssellehen 28, Tel. 0043 (0)5573 84581. Mai-Okt. Di, Mi, Fr-So 10-18.30 Uhr. Berg-Fleischhauerei mit Imbiß: man verzehrt auf roher Bank vor einer campingartigen Baude Verhackerts-Brot, Haussulz oder heißen Leberkäs. Einige Schritte entfernt atemberaubender Seeblick.

🛏 **Fesslerhof**, Tel. 0043 (0)5573 84 55 64. Urlaub bei der Bauernfamilie. Zwei lang voraus ausgebuchte Ferienwohnungen. FW ab 52 Euro.

Mangold, A-6911 Lochau, Pfänderstr. 3, Tel. 0043 (0)5574 42431. Mi-So 11.30-14, 18-22 Uhr. www.restaurant-mangold.at

Wirtshaus Messmer, A-6911 Lochau, Landstr. 3, Tel. 0043 (0)5574 44151. Do-Di 10-14, 17-24 Uhr. www.wirtshaus-messmer.at

🛏 2 Künstlersuiten. EZ 75-80, DZ 140-150 Euro.

Brauereigasthof Reiner, A-6911 Lochau, Hofriedenstr. 1, Tel. 0043 (0)5574 44 222. Mi-Mo 11-14, ab 17 Uhr (So durchgehend). www.reiner-lochau.at

🛏 6 moderne Zimmer in bunten Tönen. EZ 49-70, DZ 78-108 Euro.

🛏 **Gästehaus Bernhard**, A-6911 Lochau, Landstr. 16, Tel. 0043 (0)5574 47 756. Frühstückspension in ehemaliger Weinstube des 18. Jh. EZ 44-47, DZ 74-80 Euro.

Seehotel am Kaiserstrand, A-6911 Lochau, Am Kaiserstrand 1, Tel. 0043 (0)5574 58 111. Badehaus Mo-Do 12-19, Fr-So 12-22, im Winter Sa, So 14-17 k&k Kuchenbuffet. Erw. 11, Kinder 5 Euro (inkl. Liege)

🛏 Elegante Möblierung, großzügiges Spa. EZ 125-285, DZ 150-310 Euro. www.seehotel-kaiserstrand.at

Heimliches Wahrzeichen: *Der Bregenzer Milchpilz*

9 Nicht nur Festspielmenus

Bregenz, die eigentliche Stadt am Berge ist kleiner als die Vorstadt am See, die ganz hübsch ist, und das Ganze weit lebendiger, und weniger kleinstädtisch als zu Lindau. Bregenz zählt zweitausend Seelen und versieht den ganzen See mit Pfählen und Rebstöcken.

CARL JULIUS WEBER, Briefe eines in Deutschland reisenden Deutschen, 1826-28

Spektakuläre Position: Zwischen Pfänder und Gebhardsberg und der Bregenzer Bucht klammert sich Vorarlbergs Landeshauptstadt an den schmalen Uferstreifen und hat mit seinen Hochhäusern die einstigen Weinberge fast völlig verdrängt.

«Gsibergerin» schneidet, «Gsiberger» beißt ab

Eine Metropole der Gegensätze: Fußgängerzonen, die in ihrer architektonischen Anonymität im Ruhrpott sein könnten, kontrastieren mit verwunschenen Altstadtensembles wie der Maurachgasse, individuellen Hinterhoflädchen und der Oberstadt um das *Deuringschlössle*. Verkehrsströme des Transit-Nadelöhrs schneiden die neugestaltete Waterfront mit dem Festspielhaus vom Puls der Stadt ab – Gebhard sei Dank, daß wenigstens die in den 1960ern geplante Küstenautobahn durch den Pfändertunnel ersetzt wurde. Der asphaltierte *Molo* wirkt von Schiffen zugeparkt, auf dem hölzernen Landungssteg am Gondelhafen lassen sich Sonnenuntergänge wie in einem britischen Seebad genießen.

James Bond hat 2008 in «Ein Minimum an Trost» im Festspielhaus herumgeballert. Das paßt zu der hektisch kreativen Stadt, die sich eifrig neu erfindet, wie im stetigen Umbruch wirkt. Symbolisch dafür die alljährlich ausgetauschten monumentalen Kulissen der Festspielbühne oder *Peter Zumthors* mit dem Akronym KUB getauftes Kunsthaus Bregenz mit schlauchartigem existenzialistenschwarzem Café samt schwarzem Betontresen. Die lebendige Gastroszene erdet die Brüche im Stadtbild von Bregenz und doch bleibt die Frage: Wird die Architektur des 2013 fertiggestellten neuen Landesmuseums Rücksicht nehmen auf das heimliche Wahrzeichen der Ländle-Kapitale, den «Milchpilz?»

MILCHPILZ – Bregenz. Ein verkehrsumtostes Relikt aus dem Jahre 1953, als Milchbars und *Mecki*-Postkarten populär waren. Damals stellte die Allgäuer Firma WALDNER rund 50 Mipis in Fliegenpilzform auf. Heute sind fast alle demontiert. Die sechs überlebenden stehen teilweise unter Denkmalsschutz oder werden wie der Lindauer Kollege als banale Imbißbude geführt. Der einzige österreichische Milchpilz ist auch der einzige, der seiner Bestimmung treu geblieben ist. Im Sommer gibt's Shakes aus Ländlemilch und Brötle mit Bergkäse: Vorarlbergs Antwort auf den Wiener Würstlstand!

BÄCKEREI SCHÄHLE – Bregenz. Der netteste Frühstückstisch in Bregenz? Der steht im winzigen holzgetäfelten Verkaufsraum des Café Schähle – und ist der einzige. Frau *Renate Schähle,* die die «Backstube, keine Chemiefabrik» zusammen mit ihrem Bruder *Markus* betreibt, erklärt bereitwillig den ausgestellten Gesellenbrief – ausgefertigt in gestochener Frakturschrift 1901 zu Ravensburg. Damals hatte sich der Großvater als einer der typischen schwäbischen Wandergesellen auf die Walz gemacht – um in den Armen einer Vorarlbergerin Köchin zu landen und sesshaft zu werden.

Heute gibt's in der Brot- und Feinbäckerei *Nußbeugel, Topfentascherl* und *Zopfkipferl* und Gespräche mit Einheimischen. Besonders stolz ist das Geschwisterpaar auf «Gebildgebäck» aus Laugenteig – Volkstumsforscher würden vor allem über den Ursprung der doppelt gebackenen viereckigen Bierbrezel rätseln.

Die Chefin mit Brezenkorb, *Bäckerei Schähle*

CAFE GÖTZE – Bregenz. Der kleine feine, aber nicht überkandidelte Salon der Fußgängerzone. Die 1887 gegründete Konditorei serviert im intimen Rahmen zur Melange *Walnuss-Karamell-Schifferl, Punschkrapferl* oder *Bregenzer Marzipantorte*. Beliebtes Mitbringsel sind die *Festspieltrüffel*.

KAUFHAUS SUTTERLÜTY – Bregenz. So gestärkt, läßt sich auch den Verführungen eines Supermarkts leichter widerstehen. Natürlich nicht irgendein Shopping Center, sondern der *Flagship Store* von «Sutterlüty». Aus einem kleinen Kaufmannsladen in Egg bei Schwarzenberg wuchs eine rein Vorarlbergische Kette mit 22 Filialen, die einen erfreulichen Weltrekord aufstellt. Denn Sutterlüty ist weltweit der Supermarkt mit der höchsten Quote an einheimischen Regionalprodukten. Was zu denken gibt, selbst bei diesem Vorzeigebetrieb stammt nur gut ein Drittel der Waren aus Vorarlberg. Von der *Sennerei Lingenau* abgefüllte frische Bregenzerwälder Heumilch von Kühen, die frische Bergkräuter oder silagefreies sonnengetrocknetes Heu gefressen haben. «Eingemachter

b'sundrig, wenn die Liebe zur Heimat durch den Magen geht.

Kennen Sie dieses Gefühl, wenn man nach einem längeren Urlaub zum ersten Mal wieder in ein Parle mit Bergkäse beißt? Dieses b'sundrige Gefühl, angekommen zu sein? Wir von Sutterlüty haben es uns zur Aufgabe gemacht, die einzigartige Genusskultur unserer Region zu pflegen und zu erhalten. Für alle, die hier leben und für alle die bei uns zu Gast sind. Und natürlich auch für unsere Bauern, Sennereien, Landmetzgereien und kleinen Handwerksbetriebe. Wir laden Sie herzlich ein, mit dem Kauf regionaler Lebensmittel unser Ländle so zu erhalten wie es ist.

Sutterlütys Ländlemarketing

Rundigsalat» vom Bodensee oder die Fleischtheke mit ihren Sonderangeboten vom Vorarlberger Bioweiderind oder Alpenschwein. Sehenswert die poetischen SW-Photographien, die die harte jahreszeitengeprägte Arbeitswelt der Bergbauern dokumentieren.

STADTGASTHAUS WEISSES KREUZ – Bregenz. Wow! *Attila Hörbiger* war schon hier und *Nadja Tiller* und beide haben brav ihre Künstlerporträts signiert. Kurzum, seit urvordenklichen Zeiten der klassische Anlaufpunkt für Protagonisten und Playboys der Festspiele, seit 1946 auf zwei Kieskähnen MOZARTS «Bastian et Bastienne» aufgeführt wurde.

Hotels sind im deutschen Sprachraum ja eher selten Treffpunkte der Einheimischen, aber im Weißen Kreuz ist das anders. Stadtgasthaus – welch verheißungsvoller Name, wenn dies nicht nur Anbiederung, sondern gelebter Alltag ist. Ölporträts von Altwirten bezeugen, daß man auch ohne die Mimen nicht auf der Brennsuppe dahergeschwommen ist.

Stadtgasthaus *Weißes Kreuz*

Mittags treffen sich Bregenzer in den mit gewagten roten Gardinen dekorierten Stuben zu Frittatensuppe und entspannt preisgünstigem Lunch: Ein Renner für 11.90 Euro ist das Wiener Schnitzel vom Ländleschwein mit lobenswertem Kartoffelsalat. Den fürsorglichen Service von *Andrea* und *Verena Kinz* gibt's kostenlos dazu.

Abends versucht sich Koch *Harald Fink* an gehoben Regionalem wie Perlhuhnbrust aus dem Ofen mit Apfelmostrisotto oder Casino-Food wie Barbarie-Entenbrust mit Sesamnudeln, Okraschotentempura & Shitakipilzen. Hin und wieder wird auch die hauseigene Steinbocksalami aufgeschnitten.

KORNMESSER – Bregenz. Gehobene Systemgastronomie unter der Ägide der Münchner Augustiner-Brauerei in einem Barockbau von 1720. «Variation von Parmaschinken und Parmesan» wirkt ebenso aufgesetzt, wie «Trüffelölperle». Doch die Kartenspieler, die in der einladend schlichten Schank oder im schönen Biergarten hocken, bevorzugen eh

Solideres. Rindfleischsalat mit Kürbiskernöl oder geschmortes Schweinsbäckle im Pflaumensaft auf Ofengemüse und Bierlaugentalern.

HEURIGEN MÖTH – Bregenz. Am oberen Ortsrand unterhalb der Straße nach Fluh und der phantastischen Panoramaterrasse des Gebhardsberg versteckt sich Österreichs westlichster Buschenschank. Weinbauer *Sepp Möth* erzeugt als einziger Vollerwerbswinzer im Ländles auf 3,5 ha 15.000 Flaschen Eigenbauwein, darunter bodenseetypischen *Müller-Thurgau*, den wahrscheinlich einzigen *Grünen Veltliner* vom See und eine gelungene *Cuvée* aus *Syrah, Blauem Portugieser* und *Zweigelt*. Nur flaschenweise wird der *Welschriesling* aus der sandig-kiesigen Vorzeigelage «Neu-Amerika» ausgeschenkt (der Name kommt von einer aus Amerika importierten Drainage-Technik).

Man fraternisiert an langen Holzbänken unter Weinreben, schaut ins Rheintal und bei klarem Wetter bis zum Säntis und holt sich in der großzügigen Gasthalle vom Buffet, was das heurigenkranke Herz begehrt. *Steirisches Verhackerts* aus gewiegtem und gewürztem Selchspeck, Grammelschmalz, Liptauer, Pfefferoni, Blutwurst oder guten einheimischen Bergkäse. Kult sind wie in Grinzing teilweise über 80 Jahre alte Siphonflaschen – nur so kann man seinen Wein wirklich authentisch zum Gespritzten verdünnen.

Zum herbstlichen Saisonausklang geben sich die Bregenzer bei «Schweinsbratel mit Kren und Martinigansl mit Serviettenknödel» ein kulinarisches Stelldichein.

ALEXANDRAS ADLER – Fluh. Großes Kompliment für kulinarischen «Denkmalschutz». Die Stadt Bregenz hat 2008 das baufällige Ausflugslokal behutsam renoviert und an die junge Wirtin *Alexandra Maurer* verpachtet. Das angepeilte Ziel, durch die Aktivierung des einzigen Dorfwirtshauses der 743 m hoch gelegenen Gemeinde einen sozialen Brennpunkt

Bewacht vom rosa Wappenvogel: *Alexandras Adler, Fluh*

zu erhalten, scheint übertroffen. Denn auch die Hauptstädter wandern gern, wenns am Pfänder zu international wird, in Scharen hinauf – das Jungvolk freut sich, die properen grauen Carmagnola-Kaninchen im Garten zu streicheln.

In den Stuben und auf der Bergblick-Terrasse wird mittags deftige Kost aufgetischt: gebackener Bio-Camembert aus Möggern, Kalbskopf- und Rindszüngerl mariniert oder hausgemachte Kässpätzle: mit 19 Fluher Bio-Eiern auf ein Kilo Ländle-Mehl, wie die Speisekarte stolz verkündet. Bei großem Andrang kann die Qualität merklich schwanken – das ziemlich salzfreie Schnitzel aus der Schweinskarree-Rose von seltsam trockener, langfaseriger und lascher Konsistenz war kein Ruhmesblatt in einer Region, in der gerade Paniertes wegen hoher regionaler Fleischqualität besonders mundet.

Abends wird dann festlicher eingedeckt – Feinschmecker können sich den raren Genuß von «Carmagnola-Kaninchen» gönnen. Die Riesenrasse wurde von Slow food «wiederentdeckt» und gehört in *Bra*, der piemontesischen Hochburg der

Segel an der Bregenzer Hafenpromenade

Bewegung, zu den Vorzeigegerichten, wird außerhalb Norditaliens kaum gezüchtet. Da montags geschlachtet wird, gibt's meist dienstags frische Kaninchenleber, Nierle oder Hirnbällchen auf Blattspinat und Senfsauce und für weniger Mutige weniger Verpöntes wie Kaninchenkeule in Krautwickel. Das krönende Sig-Parfait aus Molketoffee steht für das neue Bekenntnis zur bäuerlichen «cucina povera».

Milchpilz Bregenz, A-6900 Bregenz, Seestrasse (gegenüber KUB). Mai-Sept. Mo-Sa bei schönem Wetter 7-21 Uhr. www.vmilch.at

KUB-Café, A-6900 Bregenz, Karl Tizian Platz 1, Tel. 0043 (0)5574 54137. Tgl. 9-24, Sommer Mo-Sa 8-01.30, So 9-24 Uhr. www.kunsthaus-bregenz.at

Bäckerei Schähle, A-6900 Bregenz, Anton Schneider Str. 30, Tel. 0043 (0)5574 42790.

Café Götze, A-6900 Bregenz, Kaiserstr. 9, Tel. 0043 (0)5574 44523. Mo-Fr 8-18, Sa 8-17 Uhr. www.conditorei-goetze.com

Kaufhaus Sutterlüty, A-6900 Bregenz, Reichsstr. 1. Mo-Fr 7-19, Sa 7-18 Uhr (So 7.30-14 Uhr «Tankstellensortiment» im Restaurant Gusto). www.sutterluety.at

Stadtgasthaus Weißes Kreuz, A-6900 Bregenz, Römerstr. 5, Tel. 0043 (0)5574 4988-0. Mo-Fr 12-14, 18-22, Sa 18-22 Uhr. www.stadtgasthaus.at, www.hotelweisseskreuz.at
↩ Großzügig funktionale Zimmer, teilweise mit restaurierten Holzbalken. EZ 109-129 Euro, DZ 146-270 Euro.

Kornmesser, A-6900 Bregenz, Kornmarktstr. 5, Tel. 0043 (0)5574 54854. Di-So 9.30-24 Uhr. www.kornmesser.at

Heurigen Möth, A-6900 Bregenz, Am Brand 4, Tel. 0043 (0)5574 477110, Mobil 0664 4306962. April bis Anf. Nov. Di-So 16-23 Uhr. www.moeth.at

Alexandras Adler, A-6900 Bregenz-Fluh, Fluh 11, Tel. 0043 (0)5574 44872. Tgl. 10-24 Uhr

↩ **Graf Wilhelm**, A-6900 Bregenz, Graf-Wilhelm-Str. 3 Tel. 0043 (0)5574 43609. Nina und Werner Sotriffer, die in der Unterstadt das mediterran-asiatisch ausgerichtete Feinschmeckerbistro Neubeck führen, vermieten Apartements mit Parkettboden in einem restaurierten Wohnhaus der verträumten Oberstadt. DZ ab 116 Euro. www.neubeck.at

↩ **Villa Raczynski**, A-6900 Bregenz, Schlossbergstr. 11, Tel. 0043 (0)5574 43305-0. www.marienberg-seminarhaus.at. Dominikanerinnenkonvent mit Park. EZ 54, DZ 98 Euro.

10 Flachländlekost

Du Ländle, meine teure Heimat,
wo längst ein rührig Völklein weilt,
wo Vater Rhein, noch jung an Jahren,
gar kühn das grüne Tal durcheilt;
hier hält man treu zum Heimatlande
und rot-weiß weht es in der Luft.

VORARLBERGISCHE LANDESHYMNE

Es gibt ein Vorarlberg vor dem Berg. Die Ebene zwischen Alpenrhein und Bregenzerach, das wasservogelreiche Ästuar zwischen Rheinspitz und Fußacher Bucht wird gerastert von Kanälen, Straßen und Ampeln, mischt holzgefügte Bauernhöfe mit factory outlets, Naturschutzgebiete wie Rheindelta und Lauteracher Ried mit Riebelmaispflanzungen und Mostschenken.

Genußportal in Lauterach

Radwege leiten entlang lagunenartiger Tümpel durchs Röhricht und an Fischerlokalen vorbei, die den schönen Namen «Schleienloch» tragen, aber längst keine so originellen Fischsorten mehr servieren.

Ein Nostalgie-Bähnle tuckert vom Lustenauer *Rhein-Schauen-Museum* zur Mündung des Alpenstroms. Wenn man in einer strandfernen Pension nächtigt, ist es gut möglich, daß man mit Vertretern und Straßenbautrupps zusammenfrühstückt oder mit Nigerianerinnen, die Lustenauer Lochstickereien erwerben wollen. Kurzum, bis auf die *Harder Marina* touristisches Niemandsland – kulinarisch durchaus angenehm. Denn hier lassen sich Entdeckungen machen.

GUTH – **Lauterach.** Ist das ein Museumseingang? Hermetisch kubistisch das Exterieur des umgebauten Dorfwirtshauses – innen zunächst ein Stakkato von begehbaren Weinschränken, Bouteillen und ochsenblutroter BERKEL-Schneide-Maschine. Die Speisesäle wirken trotz niedriger Decken durch das gedämpfte Licht der verhüllten Luster und die warmen Rottöne der Sessel wie ein Theaterfoyer. Ein Rahmen nicht nur für Festspielgäste, sondern auch für die Bregenzer selbst, so daß auch an Wochentagen Reservierung anzuraten ist. In Sommernächten lädt eine Gartenterrasse zum Freiluftdinner.

Gastroguides und Gäste sind sich einig. Die «Küche der Sinne» von *Thomas Scheucher* zählt zu den erlesensten im Ländle, das an sehr guten Lokalen wahrlich nicht arm ist. Souverän, daß der Spitzenkoch, der zusammen mit Mutter und Schwester das Restaurant betreibt, sich nicht zu schade ist, der Volksküche Effekte abzulauschen. Kutteln in Riesling mit Parmesan überbacken entdecken mit sublimem österreichischem Schmäh ein Gewürz, über das Gourmets lange das Näschen rümpften, das aber auch in helvetischen Innereienrezepten seinen Stammplatz hat: Kümmel, ja Kümmel! Der Biß auf die wenigen im Rohr mitgegarten Gewürzsamen ergab einen stimmigen, die Geschmacksnerven kitzelnden Kontrast zur Viskosität der Kaldaunen.

Die Tafelspitzbouillon hat gute Aussichten, zum «Seesieger» gekürt zu werden – und das für relativ bescheidene fünf Euro. So intensiv haben wir Rinderbrühe selten genossen, selbst die Karotten waren von purer süßer Intensität, die Kalbsbrätknödele strahlten die Saftigkeit frischgebrühter Weißwurst aus. Erlesen das *au point* gebratene Landhuhn in knuspriger Haut mit Wirsing – lediglich den Kürbisrisotto mit unpassenden Pfefferoni hätte ein lombardischer Koch intensiver hingekriegt. Kurzum, fast jedes Gericht überrascht dadurch, das es besser als erwartet schmeckt – hier zaubert einer am Herd und kann es sich erlauben, auf der Karte eher lakonisch zu formulieren. Bei der Weinauswahl (fundierte französische Selektion) würden wir uns über mehr Entdeckungen aus Österreich oder gar Vorarlberg freuen, obwohl es natürlich Spaß macht, Big Player wie *Emmerich Knolls* «Wachauer Smaragdveltliner» zu durchaus akzeptablen Preisen zu ordern.

Bestellen, meine Herren! Männerwirtschaft mit Wirtin

GASTHAUS KÄTH'R – **Hard.** Wenige Schritte vorm Binnenbecken der Harder Bucht verbirgt sich an einer engen Zugangsstraße ein Wirtshaus, wie man es sich nur wünschen kann. Selten, sehr selten, gelingt das Liften einer liebgewonnenen Gaststätte so bruchlos, so kitschfrei anheimelnd. *Herbert Lässer* hat Schwarzweißfotos der legendären Altwirtin aufgehängt und auf die gläserne Eingangstür Vorarlberger Lyrik prägen lassen: *Böscho rütto / Runggla bschütto / Fealdr graba / Erdar schaba / Milch abruhma / Tüochle suma.* Gut so, sich einmal am Originalton die Zähne auszubeissen. Und danke, daß hier jemand nicht schon wieder ein Wirtshaus durch Restaurant-Upgrade banalisiert hat, sondern mit viel Gespür die entspannte Behaglichkeit einer volkstümlichen Einkehr bewahrt hat.

Die aufgeweckten Kellnerinnen im braven schwarzen Pullunder bringen unaufgefordert zum Wein ein Glas frisches Wasser und sitzen ab 14 Uhr zum Essen mit der Wirtsfamilie am Stammtisch. Einheimische Gäste grüßen mit einem vernuschelten Habe die Ehre. Die Karte offeriert zu fair kalkulierten Preisen schmackhafte Milzschnittensuppe, geröstete Kalbsleber mit Rösti oder schmelzend mürbes Hüferschwanzerl vom Almochsen mit frisch gerissenem Apfelkren – kundenfreundlich, daß auch kleine Portionen zur Wahl stehen.

FRÄNZLE'S – Fußach. Die Fußacher *Schanz* bietet nicht nur FKK-Bäder, sondern auch ein Bodenseeambiente, das wenige kennen. Backwaters mit kleinen Werften, Reihenhäuser aus lackiertem Holz: moderne Pfahlbauten. Besonders sympathisch wirkt in diesem nautischen Umfeld ein Familienbetrieb, der eben nicht globale Doraden und Scampi grillt, sondern direkt von Fischer *Franz Blum Senior* und *Junior* gefangene und selbstgeräucherte Felchen zubereitet. Der unkomplizierte Imbiß mit open kitchen bietet eine Handvoll Tische und eine kleine Tageskarte – Salate, Fischküchle und eine gut geköchelte Fischsuppe.

LUSTENAUER SENF – Lustenau. Die Senflandschaft der Würstl-Nation Österreich ist in Bewegung gekommen. Einer der Vordenker ist die 1911 gegründete Senfmühle der Familie *Bösch*. Chilli rührt ja jetzt jeder Discounter dran, aber eine spektakuläre Tinktur wie Schwarzes Gold aus Traubenkernöl, weißem Balsamessig der Manufaktur *Gölles* aus dem steirischen Vulkanland, gelben Senfkörnern, Süßmost, Rohrrohzucker und Pflanzenkohle ist eine andere Liga, ja könnte selbst noch Weißwurst aufpeppen. Im nüchternen Werksverkauf gibt's weiterhin die günstigen Tuben mit dem grobkörnigen Rheintaler Bauernsenf, der alpenrepubliktypisch schärfer als bayerischer süßer Senf schmeckt. Nach Voranmeldung Betriebsführung.

Unter Apfelbäumen – *Buschenschank zur Klappotetz, Schwarzach*

BUSCHENSCHANK ZUR KLAPPOTETZ – Schwarzach. Eine letzte Entdeckung in der Ebene nordwestlich von Dornbirn, ganz unromantisch zwischen das Surren der Rheintal-Autobahn und die nahen Strommasten der Vorarlberger Energieversorgung eingeklemmt, dafür mit Blick auf *Bregenzerwald* und *Bödele*.

Der winzige «Buschenschank zur Klappotetz» – so heißen in der Steiermark vogelverscheuchende Windräder (nach slowenisch KLOPOTEC) wird von einer Naturlaube aus Reben und Apfelbäumen umgeben. Weinbauer *Horst Sauer* schenkt einheimischen Weinbeißern und zechenden Radlern einen süffigen kirschigen Weißherbst sowie einen leicht moussierenden Rotwein aus dem nahen Wallfahrtsort *Bildstein* aus. Beides Bioqualität aus der gegen Pilze resistenten «Bregenzertraube», die angeblich schon die Römer hier pflanzten. Dazu gibt's Liptauer, Bergkäse und einen sensationellen Kümmelbraten, den *Kamonwan* und *Nui*, die Partnerinnen des Wirts, in bester Wiener Heurigenqualität fabrizieren.

Guth, A-6923 Lauterach, Wälderstr. 10, Tel. 0043 (0)5574 72470. Mo-Fr 11-15 und ab 18 Uhr, Festspiel- und Weihnachtszeit auch Sa abends. www.restaurantguth.at

Gasthaus Käth'r, A-6971 Hard, Seestr. 22, Tel. 0043 (0)5574 87588, Mobil 0664 3085999. Di-Sa ganztägig, So ab 15 Uhr geschl.

Fränzle's, A-6972 Fußach, In der Schanz 40a, Tel. 0043 (0)664 9110462. fischereiblum@gmx.at. Nur im Sommer geöffnet.

Lustenauer Senf, A-6890 Lustenau, Rheinstr. 15, Tel. 0043 (0)5577 820049 (0)77. Mo-Do 8-12, 13.30-17, Fr 8-12 Uhr. www.lustenauer-senf.com

Buschenschank zur Klappotetz, A-6858 Schwarzach, Ankenreuthe, Tel. 0043(0)664 1813042. April bis Okt. Mo-Fr 15.15-22 Uhr; Sa, So 12-22 Uhr. Preise: Günstig.

11 Dornbirner Dolce Vita

Culinary vibes: Im Schatten der klassizistischen Tempel-säulen der Stadtpfarrkirche St. Martin und des Roten Hauses gedeiht Genußbewußtsein. Nicht nur an Markt-tagen, wenn Alpkäse und gelbe Karotten, Selchspeck und Maiskolben aus dem Rheintal verkauft werden.

Auch sonst läßt sich der städtische Auftritt angenehm von einem der zahlreichen Stühle auf dem Marktplatz verfolgen. Etwa bei einem kleinen Braunen im Café Steinhauser, das trotz aller Modernisierungen Kaffeehausatmosphäre bewahrt (der Kleine heißt jetzt wie immer häufiger in Österreich Es-presso, aber kommt immerhin von Illy aus dem habsburgi-schen Triest).

Vorarlbergs größte Stadt wird von ortsunkundigen Auto-fahrern oft eher als Verkehrswirrwarr und Ansammlung von Factory Outlets der Textilindustrie empfunden. Doch im groß-zügigen historischen Zentrum präsentiert sich «Dorabira» geschmackssicher und qualitätsbewußt mit Weinbars und Kaffeerösterei, mit auffallend ambitionierten «Ausländern» vom verfeinerten Asiaten bis zum italienischen Nudelmacher. Vor allem aber scheint es die Dornbirner Gastronomie darauf angelegt zu haben, phantastische Mittagsmenus zu günstigen Preisen anzubieten.

Kantig-minimalistisch – *Innauer, Dornbirn*

INNAUER – **Dornbirn**. Ein Salon der Gegenwart, den man schon wegen seines hinreißend gestylten Interieurs aufsuchen sollte, ist das «Innauer». Patron *Sigi Innauer* aus Bezau, Doyen der Vorarlberger Musikclubszene, hat im ehemaligen Naturschaugebäude nicht umsonst als Mitmieter das VAI (sprich Vorarlberger Architekturinstitut).

Kantig-minimalistische Linienführung wird mit gesuchten Materialien kombiniert – ein Konzept, für das zeitgenössische Ländle-Architektur international avantgardistischen Ruf genießt. Ein individueller Hinschauer ist das Terrazzo-Parkett aus riesigen bunten Marmorblöcken. Im Barraum sind ein paar der filigranen Stahl-Buchenholz-Hocker statt mit Leder straff mit Kuhfell bespannt. Doch wirklich mondän wirkt die «Heimatbühne» des hohen Speisezimmers. Dunkelbraune Stoffbahnen geben gleich Theatervorhängen den Blick frei auf eine die gesamte Rückwand einnehmende Photographie: gefällte Baumriesen ragen da mit ihren scheinbar urzeitlichen Wurzeln aus dem Moosgrün des Bregenzer Waldes auf.

Terrazzo-Parkett – *Innauer, Dornbirn*

Ein verblüffender und aufwühlender Künstlerblick auf die Heimat. »Verdrängen I» heißt die Installation des auch in New York renommierten Alberschwenders *Christoph Nardin*, der damit einen der gelungensten Räume der Alpenrepublik schuf.

Ut architectura culina: Vorarlbergerisch minimalistisch wie die Architektur auch die Speisekarte. Wer im Telegrammstil Kabeljau, Kopfsalat / Wildschwein, Rosenkohl / Riebel, Holder stenografiert, zeigt Produkt – und Selbstbewußtsein. Als Kostprobe verkauft der junge Lustenauer Koch *Jodok Dietrich* seinen drei Tage geköchelten Kalbsjus. Das exzellente Mittagsmenu für 8,80 Euro bietet heute Pastinakensuppe und – Eszterhazy läßt grüßen – Zwiebelfleisch in einsamer Qualität: süßes Zwiebelgeschling, mürbe Tafelspitzblätter, frische Kräuter. Dazu mundet die hauseigene Cuvée – ebenfalls recht extravagant aus spontan vergorenen Alten Reben von Scheurebe, Muskat-Ottonel und Müller Thurgau vom Weingut *Preisinger* im burgenländischen Gols gemixt.

GASTHAUS 21 – Dornbirn. Wer hätte gedacht, daß ein zeitgeistiges Gastronomiekonzept, das mit Espressobar im italienischen Stil und Steak-Salat-Restaurant ins Innenstadtgeschäft einstieg, als letzten Schrei seit 2010 ein neu-einheimisches Wirtshaus betreibt, ganz versteckt im Hinterhof: «Hausgemacht nach alter Kochschule ohne jegliche Art von Geschmacksverstärkern oder Halbfertigprodukten bereiten wir für Sie täglich frisch die Speisen zu.»

Im luftig weißgestrichenen und trotz Geweihen überhaupt nicht verzopften Holzfertighaus ist Karo Trumpf, von den Blusen der jungen Service-Mannschaft bis zu den Lampenschirmen. Stolz der Küche ist das Backhendl vom Bregenzerwald. Wie sich's gehört, nicht entbeint und desto saftiger, dazu Erdäpfelsalat, angemacht mit steirischem Kürbiskernöl.

Ein Tipp für den kleinen Appetit: Die aufgerahmte Mostrahmsuppe mit Kernölcroutons bietet mit der würzigen Schärfe des eingerührten Alpkäses der herben Süße des Bodenseemosts köstlich Paroli – ein perfektes Geschmackserlebnis für 3,80 Euro. Überraschend gut mundet dazu ein frisches *Hedu*. Hinter dem Akronym verbirgt sich die malzige hauseigene Mischung von hellem und dunklem Dornbirner Mohrenbier – die Brauerei liegt praktisch vor der Haustür. Besonders begehrt ist das Gasthaus 21 an Wochenenden, wenn ab 9 Uhr früh Frühstück aus Ländleprodukten und selbstgebackenes Dinkelbrot serviert wird. Neben Saftschinken und Bauerneiern lockt dann auch so Regionales wie Riebelmais-Pfannkuchen mit Apfelmus.

Tafelspitz im Schopf – *Gemsle, Dornbirn*

GEMSLE – **Dornbirn**. Lieber traditionelle Wirtshauskost in richtig gemütlich alten Stuben? Da bietet sich das 1822 erbaute *Gemsle* an. Das von nüchternen Zweckbauten umgebene Wirtshaus entzückt mit niedrigen Zirbelholzdecken und dem «Wartezimmer»: ein typischer Vorarlberger Schopf, eine offene Schnitzveranda, heute verglast. Im so entstandenen Erst-Stock-Salettl erinnert das alte Schild der Brandtweinbrennerei *Diem* daran, daß ein Vorfahre das Gasthaus schon 1869 übernahm. Auch hier wird täglich bewiesen, daß Reell und Fein kein Gegensatz sein muß. Für maßvolle 7,90 Euro wird man mittags z. B. mit Tagessuppe, mürbem Tafelspitz und frisch geriebenem Kren versorgt.

Spannend regional klingen Kombinationen wie Blutwurst auf Birnen (auf der Karte mit aphrodisiakischem Augenzwinkern als «gamsigs Vorspiel» angeboten) oder ofengeschmorte Schweinsbäckle mit Lauch und Selleriepurée. Zu recht stolz ist das Gemsle auf seinen Grumparasalat aus «Grundbirnen» (Kartoffeln, kroat. *krumpir!*). Die tollkühne Mousse von der

Ehemalige Schützenstube – *Verwalter, Dornbirn*

Milka-Schokolade löst olfaktorische Visionen der Vorarlberger Stadt Bludenz aus, die unter einer permanenten Schoko-Suchardwolke im lila Himmel lebt.

VERWALTER – **Dornbirn**. Noch eine alte Schützenstübe (in der bis vor wenigen Jahren geschossen und getroffen wurde), heute kombiniert mit Zitronen-Olivengarten, Vinothek und modernem Bistro. Hinter den blaßblau gestrichenen Fensterläden des *Verwalters* in der ruhigen Oberstadt werden preisgünstige Zimmer vermietet.

Auch hier preist die Karte zertifizierte Regionalia aus Vorarlberg an. Angesichts der Verheißungen von Weidegans und Steinlamm überrascht es, daß dann das Schnitzel vom deutschen Milchkalb kam. Zeigt aber auch, daß Qualitätsbauern den einst in Gourmetkreisen völlig ruinierten Ruf deutschen Fleisches wieder gedreht haben. Die dottrige Kräuterpanade des Verwalterschnitzels würde eine Pfarrhofköchin jedenfalls auch nicht feiner hinbringen. Einen Umweg wert wäre auch die klare Rindssuppe mit Sherry mit klassischen österreichi-

Frauenzimmer dürfen unter keinem Vorwande, zu keiner Zeit und bei keiner Gelegenheit eingeführt und können eben so wenig als Mitglied aufgenommen werden.

schen Einlagen: gebackener Brätknödel, vorzügliche Kräuterflädle und hausfraulich mit einem Hauch geriebener Zitrone aromatisierte duftig weiche Grießnockerl.

Hohenems – Ein obligatorischer Ausflug führt sechs Kilometer südlich von Dornbirn nach Hohenems. Das Städtchen zu Füßen der gigantischen mittelalterlichen Festung ist berühmt durch die Schubertiade und seine einst blühende, im Tuchhandel aktive landjüdische Gemeinde. IDA BRETTAUER, die Mutter des Dichters STEFAN ZWEIG, stammte von hier.

CAFÉ JÜDISCHES MUSEUM HOHENEMS. Im *jüdischen Museum* in der Villa Heimann-Rosenthal ist eins der anziehendsten Kaffeehäuser Vorarlbergs entstanden. Angeregt wurde es durch die Statuten der 1813 von 25 jüdischen Bürgern gegründeten Lesegesellschaft: «jeder theetige Mensch sehnt sich nach vollbrachtem Tagewerk nach Erholung. Es ist nichts weniger als gleichgültig, welches Mittel er zur Erreichung dieses Zweckes wählt. Der Körper sowohl als die Seele machen

Anspruch darauf.» Auch Frauenzimmer, einst strikt ausgeschlossen, genießen mittlerweile das intime Ambiente und die wohlsortierte internationale Zeitungsauswahl, die auch jüdische Magazine umfaßt.

Ein kulinarischer Gruß der durch Verfolgung und Flucht fast völlig dezimierten Gemeinde ist die jüdische Hochzeitstorte, die das Schloßcafe nach einem Originalrezept bäckt. *Aleph, Mem, Sin* – die drei hebräischen Buchstaben für Ems zieren die weiße Couvertüre, unter der sich ein mit Dörr-Agrumen angereicherter Panettone-ähnlicher Teig verbirgt. Dazu gibt's frischgebrühten Meinl-Kaffee oder koscheren Wein aus der Toskana.

ADLER – **Hohenems.** Rauher geht's im seit Jahrzehnten unveränderten *Adler* zu. Altchefin *Elfriede Griesser* führt ein straffes Regiment mit teilweiser mündlicher Speisekarte – die einheimischen Stammgäste wissen es zu schätzen. Und warten gern auf die Hausmannskost von Sohn Martin wie z. B. die begehrten Wildschweinhacklöable. Im Weinkeller verwahrt der bärtige Juniorchef, dessen Urgroßvater das Hohenemser Anwesen 1902 erwarb, an die 10.000 Flaschen mit Schwerpunkt Österreich. Wem das nicht genügt, der kann sich an Hausgebranntem laben. Schön, wenn man noch einen Platz im Kastaniengarten findet: Die Schlachtpartie im Oktober ist Kult im Ländle!

Café Steinhauser, A-6850 Dornbirn, Marktplatz 9, Tel. 0043 (0)5572 3133. Mo-Sa 8.30-1, So 10-19 Uhr.

Innauer, A-6850 Dornbirn, Marktstraße 33, Tel. 0043 (0)5572 20 34 88. Di bis Fr 11-14, 17-1, Sa 10-1 Uhr. www.innauer.com. Preise: Mittel.

Gasthaus 21, A-6850 Dornbirn, Marktstraße 21, Tel. 0043 (0)5572 38 63 56. Di bis Fr 11.30-1, Sa 9-1, So 9-16 Uhr. www.zeitgenuss.at. Preise: Günstig.

Gemsle, A-6850 Dornbirn, Marktstraße 62, Tel. 0043 (0)5572 20 09 18. Di bis So 11.30-13.30, 18-23 Uhr, Sa nur abends, www.gemsle.at. Preise: Mittel.

Verwalter, A-6850 Dornbirn, Schloßgasse 1, Tel. 0043 (0)5572 233 79. Mi bis Sa 11.30-14, 17.30-23 Uhr, Bistro und Bar Mo bis Sa 17-20 Uhr. www.zumverwalter.at. Preise: Mittel/ Gehoben.

Kleines Hotel mit geschmackvollen Zimmern. Gutes Frühstück mit selbstgemachter Marmelade und Biogebäck. EZ ab 59, DZ ab 96 Euro.

Café Jüdisches Museum Hohenems, A-6845 Hohenems, Schweizer Str. 5, Tel. 0043 (0)5576 739 89-0. Di bis So 10-17 Uhr. www.jm-hohenems.at

Adler, A-6845 Hohenems, Kaiser-Franz-Josef-Str. 10, Tel. 0043 (0)5576 722 92. Mo, Mi bis Fr 11-13, 16-24 Uhr; Sa, So 10-24 Uhr. www.adler-hohenems.com. Preise: Günstig/ Mittel.

12 Schwarzenberger Wälderkost

«Als wir die Höhe erklommen hatten, kamen wir wieder an eine Sennerei, dort aßen gerade der Mann mit den zwei Knechten zu Mittag. Ich aß mit ihnen aus einer Schüßel Zieger, dann Schotter-Gebeig, dann kam noch Butterbrot und süße Milch; dies ist das tägliche Mittagsmahl der Leute.»
MARGARETHE VON SPEETH, Ehefrau Mörikes, auf Hochzeitsreise am 8. Juli 1857

«Die Häuser sind wie Schuppentiere» dichtete ein Gast ins Stammbuch des schindelgeschmückten Hotel *Hirschen*. Tatsächlich ist der Schwarzenberger Dorfplatz mit Brunnen, Pfarrkirche und jahrhundertealten Wälderwirtshäusern einer der faszinierendsten des gesamten Alpenraums. Gern läßt Österreichs Tourismuswerbung hier Symphoniker mit glänzenden Instrumenten antreten, denn Schwarzenberg hat sich neben Hohenems zum beliebten Zweitquartier der Schubertiade gemausert.

Lebendige Sozialgeschichte. Die schier unglaubliche Wirtshausdichte von einstmals einem halben Dutzend Schenken beruhte auf dem traditionellen Viehmarkt und Almabtrieb. Hunderte von Bauern und Händlern wollten verköstigt sein. Das brachte wie der Hartkäsehandel Reichtum. Ablesbar an den prächtigen Stuben, aber auch an den gefältelten schwarzglänzenden Juppenstoffen und Pelzhauben der klassischen Frauentracht, die bis aus Sibirien importiert worden . «In den Bergen wohnt die Freiheit» - das alpine Klischee stimmte. Die Schwarzenberger genossen verbriefte Selbstverwaltung, trafen sich zu Landgemeinden, und stimmten 1919 vergeblich für den Anschluß an die volksdemokratische Schweiz.

Der allerschönste Sitzplatz ist ohne Bedienung. Im Schopf, in der holzgezimmerten Veranda des Heimatmuseums mit seiner Bauernküche, öffnet sich der Blick auf das Gipfelpanorama des Bregenzerwalds, auf *Kanisfluh, Damülser Mit-*

Schlicht und stimmig: *der Adlergarten*

tagsspitze und die Matten und bestoßenen Melkalpen der Käsestraße. Schwarzenberg wird als idealer Ausgangspunkt für nicht zu anstrengende Wanderungen zu Vorsäß-Alpen und den privilegierten Bodenseeblicken des *Bödele* beworben. Das Wälderbähnle mit Dampflok von 1902 wirkt angesichts dieser vorindustriellen Lebenswelt fast schon modern. 2007 erweiterte das Architekturbüro *Dietrich/Untertrifaller* den 450 Jahre alten Museumshof um einen funktionalen Trakt: Ausstellungen von Weltrang thematisieren das Werk der in Schwarzenberg aufgewachsenen Gesellschaftsmalerin Angelika Kauffmann (1741-1807).

GASTHOF ADLER – **Schwarzenberg.** Wer will da nicht Platz nehmen? Der Gastgarten mit schlichten Holztischen unter mächtigen Kastanien lädt nicht nur Liebhaber des Halbschattens zum stundenlangen Verweilen. Hinter der Verwitterungspatina der ochsenblutroten Strickfassade tut sich neu vertäfeltes Stubeninterieur auf. Holz pur, gewachstes Parkett,

Gusto ohne Deko: *Wiener Schnitzel vom Ländlekalb*

kitschfreie Paneele, der k.&k.-Akzent gebogener Thonetsessel. Unaufgefordert kommt die Karaffe mit frischem Bergwasser - der gestrickte Serviettenring wertet bäuerliche Heimatarbeit zum Accessoire alpiner Tischkultur auf.

Statt des eigentlich zum Stil eines Gasthauses nicht passenden Grußes aus der Küche gibt es einfach sehr gutes selbstgebackenes Brot und frische Butter. Heidi und Engelbert Kaufmanns Karte holt aus alteingesessenen Rezepten durch Zutatenveränderung weit mehr als hübsche Effekte heraus: bei Rehlaiberln mit Hollerchutney, gebackener Spanferkelbrust, Latschenkieferkruste und Liebstöckelpesto schmeckt Mundart nach Kunst. Seinesgleichen sucht das pfannengebratene Kalbsschnitzel, zartgeklopft unter goldener Panade dem würzigen Wohlgeschmack des Ländlekalbs Raum gebend. Dazu wird ganz westösterreichisch Preißelbeermarmelade im aparten Weckglas serviert. Köstlicher Geschmackspartner der balsamicofreie Rohkostsalat mit Spänen von gelben Rüben und Kohlrabi.

Der Dorfbrunnen netzt das Blumenbouquet

Wer Dessert nur naschen möchte, muß nicht mehr als zweieinhalb Euro für eine Kugel Rhabarber-Zimt-Sorbet oder Macadamia-Eis ausgeben. Da sollte noch Budget drin sein für einen ausgefallenen Edelbrand: Spenling-Wildpflaume, Brennte Wiener oder «sauteurer» exklusiver Subirer aus der kratzigen Saubirne, der nur im Ländle erzeugt werden darf.

GASTHOF HIRSCHEN – **Schwarzenberg.** Auf aristokratisches Romantik-Hotel mit einer Portion Trachtenschmäh setzt der Hirschen. Schließlich erhielt er die große Schankkonzession schon unter *Maria Theresia*. Patron *Franz Fetz* hat Geschichten zu erzählen und tut es gern. Urgroßvater *Josef Anton Fetz* importierte persönlich Biberpelze aus Nishni Nowgorod, König MAX II. von Bayern kehrte hier ebenso ein wie EDUARD MÖRIKE mit seiner Braut. Der Salon ist stimmungsvoll als Bibliothek mit Kamin eingerichtet.

Auch sonst stimmen die Details. Hirschlein, die an Gmunder Keramik erinnern, springen auf Tischdecken und zart-

Elegante Bauernstickereien

gravierten Weinkelchen. In diesem Bauernpalast gibt's museale Wälder-Stuben und Biedermeiermöbel, Hotelzimmer mit buntbemalten Truhen und einen charmanten zur Strasse abgeschotteten Gastgarten.

Die Küche meistert den löblichen Spagat von volkstümlich bis luxusregional. Beuschel mit Serviettenknödel oder Geschmorte Rinderwade mit Riebelroulade steht neben Filet vom Hirsch mit Ysopsauce und Pastinaken-Birnen-Gemüse. Die Knöpfle mit Bergkäse von der hauseigenen Alpe Rothenbach werden ganz wie im Sennenalltag aus der Gepse, einem hölzernen Mini-Schaff serviert. Das nennt man Gespür für Inszenierung.

KÄSLÄDELE – **Schwarzenberg**. Der Kreisler-Laden steht sogar in Wikipedia. *Hedi Berchtold* und *Maria Vogel* betreiben das elterliche Käsegeschäft einfach so weiter, wie es immer war, und treffen damit das Faible Österreichs für bäuerlich-aristokratische Traditionen. Im steingefließten Durchgang

Sig mit Herz

kollern Bauernäpfel in Holzschüsseln, im Tante-Emma-Laden hängen Speckseiten und luftgetrocknete Hartwürste an der Wand, Laibe von handgeschöpftem silofreiem Heumilchkäse reifen im einsehbaren Käsekeller. Lokale Affineure liefern Flachkugeln der einzigartigen «Wälderschokolade» *Sig*. Selbst ein Bregenzer Dichter wie KURT BRACHARZ, Autor eines jedem Leser ans Herz gelegten Appetitlexikons, etikettiert ihn als bizarre Speise. Das durch stundenlanges Auskochen gewonnene Molketoffee diente ähnlich wie norwegischer «Gudbrandsdalen» (heute meist industriell erzeugt) als billiger Brotaufstrich – längst experimentiert die feine Dessert-Küche damit.

S'TONELE – Egg. Wer nach den kultivierten Genüssen Schwarzenbergs Lust auf ein bodenständiges «Wäldergasthaus ohne Hauben» (der österreichische TERMINUS TECHNICUS für *Toque*/Kochmütze) hat, wird im Nachbarort Egg, der sich am Ostufer der tief eingeschnittenen Bregenzer Ache erhebt,

fündig. Auf die auch von Einheimischen gerühmten Käs-
knöpfle (nur auf Vorbestellung!) im Tonele, das auch «Gams»
genannt wird, stimmt man sich am besten mit einer Bergtour
oder wenigstens einem Spaziergang ein: Vom *Café Trude* beim
Schwimmbad (einfache Zimmer) führt ein hübscher Wan-
derweg in einer Viertelstunde entlang des Schmittenbachs
zum Ortsteil Rain. In der kernigen Holzstube zapft Wirt *Albert
Schneider* Egger Bräu von der kleinsten Privatbrauerei Vorarlbergs und serviert Jausenplatten, die durch die Qualität des
gut gereiften Specks auffallen.

Gasthof Adler, A-6867 Schwarzenberg, Hof 15, Tel. 0043 (0)5512
2966. Mi - Sa 10.30-14 und ab 17.00 Uhr, So durchgehend ab 10.30
Uhr. www.adler-schwarzenberg.at

Gasthof Hirschen, A-6867 Schwarzenberg, Tel. 0043 (0)5512 2944-0.
www.hirschenschwarzenberg.at.

⇥ DZ 149-239, EZ 97-121 Euro.

Käslädele, A-6867 Schwarzenberg, Hof 18, Mob. 0043 (0)664
4242815

S'Tonele, A-6863 Egg, Rain 96, Tel. 0043 (0)5512 2327. Mo-Do ab
16, Fr-So ab 10, So ab 19 Uhr Ruhenacht.

Frau Kaufmann, A-6863 Egg, Buchenrain 339, Tel. 0043 (0)676
6764954144. «Meine Mama ist eine begnadete Köchin.» Karin
Kaufmann lernte schon als Kind in einem Wälder-Gasthaus, daß für
schmackhaftes Gerichte Instinkt und persönliche Vorbilder wichtiger
sind als starre Rezeptgläubigkeit. Heute betreibt sie in einem reno-
vierten ehemaligen Dorfwirtshaus eine Kochschule mit Heimathaf-
tung. www.fraukaufmann.at

Kolbenstoff für Polenta

13 Rheintalmais und Raketeneis

Viele ziehts direttissima auf der Autobahn Richtung Chur und Graubünden, andere hinauf ins Appenzeller Bergland. So wird das untere Schweizer Rheintal trotz seiner hohen Dichte an ambitionierten Restaurants oft etwas stiefmütterlich behandelt.

Dabei reihen sich auf der St. Galler Seite des Alpenrheins im Kontrast zum Vorarlberger Flachländle anmutige Rebhügel und historische Weinorte wie *Berneck* und *Bad Balgach*. Ins Visier der Gourmets geraten ist der fast ausgestorbene «Rheintaler Ribelmais», der im Tessiner Stil als *bramata* (gröber geschrotet als italienische *Polenta*) einen ganz eigenes bißfestes Aroma entfaltet. Die Schweiz hat ihm mit der Appellation AOC die höchste Qualitätsstufe für Lebensmittel verliehen. Die Rebsteiner Kleinbrauerei Sonnenbräu wagt sich mit einem Rheintaler Maisbier aus dem Reinheitsgebot vor.

Die Fährte zur Poesie

Steile Serpentinen oder die rote Appenzellerbahn führen hinauf in das dramatisch gefaltete Hinterland des Rorschacher Bergs mit seinen stattlichen Appenzeller Dorfplätzen. Zwischen *Heiden* und dem *Gupf* bei Rehetobel bieten sich Wanderern immer wieder spektakuläre Fernblicke auf Alpstein, Arlberg und den fast 700 m tiefer gelegenen Bodensee.

Szenenwechsel: Durch die «Eselschwanz» genannte *Höchster Rheinschleife* mit ihren Kohlfeldern und die lagunare Flachlandschaft der Altenrheinmündung tuckern Fischerboote vorbei an Campingplätzen. Zum Industriestandort und Verkehrsknotenpunkt *Rorschach* paßt die Rakete. Das Wasserglace mit Schokospitz wird seit der Mondlandung 1969 im hiesigen Werk von Nestlé-Frisco produziert – seit 2009 endlich ohne künstliche Farbstoffe. Der ideale Platz, um an diesem Schweizer Eis-Lolly zu schlecken, ist die hölzerne *Rorschacher Badhütte* von 1924. Bademeisterin Marialuisa Togni bäckt als Alternative selbstgemachte Früchtekuchen.

Zu Gast beim Glasbläser – *Im Büdeli, Berneck*

BÜDELI – Berneck. Geht's noch individueller? *Urs Zünd* hat seine Glasbläserwerkstatt in einem alten Bauernhaus in der Ortsmitte in ein Gasthaus verwandelt, das fast wie eine Privatwohnung wirkt. Man sitzt nach Reservierung in der Holzstube mit blitzblanker Nostalgieküche oder im verschlungen angelegten Kräutergarten und speist ganz wie bei einer Einladung, was Hausherrin *Theresa Zünd* für den Abend vorgesehen oder Urs Zünd gesammelt hat. Zu auf Holzfeuer gegrilltem Kalbskotelett oder Bisonfleisch aus Thal kommen selbstgesuchte Pilze auf den Tisch: Krause Glucke, braunkappige Trompetenpfifferlinge. Und wann degustiert man schon aus mundgeblasenem Kelch Bernecker Blauburgunder?

OCHSEN – Berneck. Neben der reformierten Kirche an der Hauptstrasse residiert eine der besten Metzgereien des Bodensees. Fränklischonend und abwechslungsreich die Kuttelgerichte, Siedfleischsalat und Hirschwurst in der Dorfbeiz rechts vom Laden. Im der Trätzlistube und im Garten setzt Familie Kast auf ausgefallene Wildrezepte wie gebeizter

Weiße Pause – *Paul's, Widnau*

Gamspfeffer oder Fasanenessenz mit Trüffelklösschen unter der Blätterteighaube. Metzgerkunst verrät das opulente Schweinskotelett und das helvetisch mit Cognac angemachte Tatar. Dazu kredenzt Frau Kast Trätzler aus der Eigenlage am Bernecker Rosenberg. Frisch zubereitete schaumig-heiße Madeleine-Törtlis sind die 20-minütige Wartezeit wert.

PAUL'S – Widnau. Adresse: bei der Viscose-Straße im grenznahen Industriegebiet. Ein cooler Kontrast zur Stubentümelei der üblichen Bodenseegastronomie. Denn neben dem Fabriksgelände erwartet den Gast eine schmucke Fabrikantenvilla mit Garten, die bis vor kurzem als Werkskantine diente. Nur die Geräumigkeit des licht durchfensterten Gastraums erinnert an diese spartanische Nutzung. Der Akzentname mag demodé sein, das Interieur ist es absolut nicht. Innenarchitektin *Evelyn Kaspar* ist mit sparsamem Einsatz gedeckter Grau- und Brauntöne und Karaffenkollagen eine weltläufige Speise-Lounge gelungen – auch wenn man sich zur Essenszeit eine Abschaltung der lästigen Musikberieselung wünschen

Appenzellerfassade im Blumenschmuck I – *Reutegg, Oberegg*

würde. Beliebt sind die günstigen Mittagsmenüs, zum Bauernhuhn mit Riebelmais werden Rheintaler Rotweine ausgeschenkt.

LITERATURBEIZLI REUTEGG – **Oberegg**. Bitterer Abgang in Maienfeld, Cezanne in Zürich, Rätselhafter Tod in Zähringen! Ein bißchen konnte man ja durch die friedlich im Vorgarten grasenden Polyesterkühe des Balgacher Bildhauers *Jürg Jenny* ahnen, daß das keine Wirtschaft wie jede andere ist.

Werner Bucher und *Irene Bosshar*t haben den Traum vom gepflegten Aussteigen wahrgemacht, und 2006 den Sitz des in Zürich gegründeten *orte*-Verlags in eine seit 30 Jahren leerstehende Bergbeiz verlegt. Der Wanderer kann signierte Krimis, Lyrikbände oder den kultigen Ostschweizer Beizenführer Urwaldhus, Tierhag, Ochsenhütte & Co. erwerben.

Wenn er das wohltuend unausgeschilderte Literarturbeizli findet. Parkplätze gibt es nur für Invaliden und Notfälle, sonst strebt man am einfachsten vom Ortteil St. Anton (Alpen-

Appenzellerfassade im Blumenschmuck II – *Gupf, Rehetobel*

blick ins Rheintal) vorbei an alten Linden über dramatisch gewellte Wiesen dem Gastgarten zu. Ein Bijou der niedrige Innenraum: Mischung aus Schenke mit originaler Jukebox, Alpstobete mit Kuhglocken und Verlags-Showroom mit Luginsland auf Heiden und Bodensee. Zum Vesper reicht Frau Bosshart Appenzeller Knobli-Pantli (eine Art Landjäger), Käsefladen und hausgemachten Holunderblütensirup. Mini-Kühe als Bierfilzhalter spielen mit Alpin-Klischees. Und weil es viel zu *hämelig* ist, genehmigen wir uns noch ein Zweierli Buechberger Ochsentorkel aus Thal und lesen uns in der Literaturzeitschrift orte bei Themen wie «Meeranschluß für die Schweiz» oder «Literatur aus Liechtenstein» fest.

GUPF – **Rehetobel.** Geschnitzte lebensgroße Kühe, geschnitzte lebensgroße Appenzeller. Das mehrstöckige Bauernhaus auf dem 1083 m hohen Gupf versucht, dem Adlerblick auf den Bodensee Freiluftfolklore entgegenzusetzen, entpuppt sich aber im opulent getäfelten Inneren als Relais des gehobenen Lebensstils. Der Weinkeller gehört mit 25000 Flaschen

Im Öko-Schloss – *Schloss Warteck, Rorschacher Berg*

zu den bestsortierten der Schweiz und beherbergt die größte Weinflasche der Welt: eine eigene Homepage (www.480l.com) beschreibt, welche technischen Anforderungen für die 32 Nebukadnezars bzw. 480 l fassende, 2,40 große Riesenflasche, die mit Burgenländer Trockenbeerenauslese gefüllt ist, nötig waren.

Doch hinter diesem künstlich wirkenden Ambiente verbirgt sich bäuerliche Qualität. Eine Pächterfamilie pflegt und mäht die 11 ha, die zum Gupf gehören, läßt Kälbern, Rindern, ja Schweinen freien Auslauf. Man schmeckt es den langsam gegarten sonntäglichen Braten zum Familienpreis an, die neben internationaler Kreativität zum Repertoire des Patrons Walter Klose zählen.

SCHLOSS WARTEGG – Rorschacher Berg. So stylish kann bio sein. Graue Servietten, steingraue Holztische, Champagne de St. Gall. Von nobler Autarkie künden bunte Blattsalate mit Blüten und Kräutern aus dem Schloßgarten – im weitläufigen Park-Areal werden Zucchetti und Kürbisse, Kohlraben und

Kefen (Zuckererbsen) kultiviert. Das 1558 errichtete Anwesen, das Majestäten wie die letzte österreichische Kaiserin Zita und bourbonische Diplomaten beherbergt hat, wurde von den jetzigen Besitzern in ein Seminarhotel mit Restaurant

Im Büdeli, CH-9442 Berneck, Talstrasse 2, Tel. 0041 (0)71 744 39 25. Nach Reservierung Mi-Sa ab 19 Uhr. Laden 9-12, 13.30-18, Sa 9-16 Uhr. www.urszuend.ch. Preise: Mittel/Gehoben.

Gasthaus Ochsen, CH-9442 Berneck, Neugasse 8, Tel. 0041 (0)71 747 47 21. Mo bis Mi 8-23 Uhr, Fr, Sa 8-24 Uhr, So 11-16 Uhr. (Warme Küche 11.30-13.30, 18-21.30 Uhr, So 11.30-14 Uhr). www.ochsen-berneck.ch. Preise: Günstig/Mittel

Vinothek Weinbau-Genossenschaft Berneck, CH-9442 Berneck, Rathausplatz 7a, Tel. 0041 (0)71 744 24 13. Mo bis Fr 17-20, Sa 9–12 Uhr. Aperobar mit schickem Zink und feinen Happen. www.wein.berneck.ch

Paul's, CH-9443 Widnau, Parkstr. 1, Tel. 0041 (0)71 599 59 59. Mo-Fr 11-14, 17-24, Sa 17-24 Uhr. www.restaurant-pauls.ch. Preise: Mittel/Gehoben

↗ **Bad Balgach**, CH-9436 Balgach, Hauptstraße 73. Tel. 0041 (0)71 727 10 10. www.hotelbadbalgach.ch. EZ 115 CHF, DZ 145 CHF. Minimalistisches Fengshui-Outfit oder bürgerlich traditionell im Badehotel mit modernem Gourmetrestaurant.

Mosterei Kobelt, CH-9437 Marbach, Staatsstr. 21, Tel. 0041 (0)71 777 12 20. Mo-Fr 7.30-12, 13.30-18, Sa 8.30-12 Uhr. www.mosterei-kobelt.ch. Sekte und Weine von alten Sorten wie Blauacher Apfel und Bergamottebirne.

Literaturbeizli Reutegg, CH-9413 Oberegg, Reutegg 278, Tel. 0041 (0)71 888 15 56. Fr bis Mo 9-18 Uhr, Sommer bis 20 Uhr. www.orteverlag.ch. Preise: Günstig.

Gasthaus zum Gupf, CH-9038 Rehetobel, Gupf 21, Tel. 0041 (0)71 877 11 10. Mi-So 11.30-15, 18-24 Uhr. www.gupf.ch. Preise: Mittel/Gehoben

↗ 10 Zimmer. Stil: Edelhütte oder Kaminsuite. EZ 180 CHF, DZ 250 CHF

Schloß Wartegg, CH-9404 Rorschacherberg, Von-Blarer-Weg, Tel. 0041 (0)71 858 62 62. www.wartegg.ch. Preise: Mittel/Gehoben

↗ Park mit malerischen Sitzecken, Art-Deco-Pool, teilweise Atelierzimmer mit japanischen Futons. EZ 105-155 CHF, DZ 140-270 CHF.

Badhütte Rorschach, CH-9400 Rorschach, Tel. 0041 (0)71 841 16 84, Mitte Mai-Mitte Juni 9-19, Mitte Juni bis Mitte Aug. 8-20, Mitte Aug.

14 Bei den Sennen des Säntis

Das Land hat mich immer sonntäglich angemutet
HERMANN HESSE über Appenzell

Ca. 70000 Säntisblicke listet Google auf – fast alle befinden sich am deutschen Bodenseeufer. Der markante 2502 m hohe Gipfel mit dem Funkturm beherrscht die Ufersilhouette. Eine Sehnsuchtslandschaft, die mit den Waggons der roten Appenzeller Bahn und mit der Seilbahn von der Schwägalp aus erstürmt werden kann. Doch wer die Direttissima auf den Gipfel wählt, beraubt sich eines einzigartigen alpinen Kulturerlebnisses.

Die eindrücklichere Sensation ist, daß der Bergstock des Alpsteins zu Füßen dieses touristischen Magneten einer archaischen bäuerlichen Lebenswelt Raum bietet. Wer nach atemberaubenden Aufstiegen und Alpseeblicken in einer Sennalpe rastet und mit einem veritablen Sennermenu aus Ziegenmilch und Schafsjoghurt, mit Molketrunk und Manteserli-Käsen gelabt wird, dem muß hier alles wie ein bukolisches Paradies auf Erden erscheinen – auch wenn Knochenarbeit und Frühaufstehen dahinter steckt. Knappe 120 Tage im Sommer werden die Alpen bestoßen. Die Sennerfamilien kümmern sich um Braunvieh und Herden, werden zu Selbstversorgern und versuchen, durch Vermietung von Schlafplätzen und Käseverkauf an Wanderer ihre karge Kasse aufzubessern. Wenn man oberbayerische Skihütten gewohnt ist, wo ein Glas Milch fast schon zur Rarität geworden ist (und allenfalls aus der Tüte der Großmolkerei kommt), wähnt man sich am Säntis auf einem anderen Planeten. Eine Zeitwanderung in die Urform der Käse- und Milchwirtschaft zu unternehmen, ist ein Stück kulinarischer Bildung.

Frischer Frischkäse

An die 30 Berggasthäuser bieten zwischen *Wasserauen* und *Ebenalp, Fählensee* und dem sommerlichen Senndorf *Meglisalp* mehr als bloße Verproviantierung. Die Wirte sind für die Wegpflege mitverantwortlich, viele ziehen am gemeinsamen ökologischen Strang, verwöhnen die zumeist helvetischen Wanderer mit selbstgebackenen «Schlorzifladen», frischgeriebener Rösti oder Forellen aus dem Alpsee. Nur die Bärentatzen mit «Salätlein von Alpenkräutern» aus SCHEFFELS «Ekkehard» (der gebrochenen Herzens Säntiseinsiedler im Wildkirchli wurde), gibt es nicht mehr. Zu den Appenzeller Bildern, die in der durstigen Seele hängenbleiben, gehören steinerne Brunnen vor vertrauensvollen Hütten, wo im mit Felswasser gekühlten Trögli braune Bierbügelflaschen dem Öffnen entgegendümpeln.

Nach Touren zu *Rotstein* und *Zwinglipaß*, zu *Saxerlücke* und *Ageteplatte*, nach Nächten im Heu oder im Wasserauener Touristenlager mit Duvet kann man sich stadtfein für *Appenzell*, die Metropole des Halbkantons Innerrhoden machen.

Würziger Duft von Alpenpflanzen umströmte sie
da blühte Mannstreu und Knabenkraut und blauer Eisenhut)
SCHEFFEL EKKEHARD

Die Fassaden mit ihren Kastenfensterreihen sehen wirklich so buntbemalt aus wie im Kinderbuchklassiker *Albertli*. Gerichtlicher Bundeszwang hat 1990 das Frauenwahlrecht auf kantonaler Ebene verfügt, seitdem dürfen die Innerrhoderinnen am Landsgemeindeplatz direkt mitreden und «Landsgmend-Chrempfli» mitverspeisen. Auch sonst trifft touristische Neugierde auf einen ganz eigenen gastrolinguistischen Kosmos. Im Café *Drei Könige* kann man Baumnußgipfeli à discrétion frühstücken, an Totenbeinli, Speckmokken oder Biberli mit Bärenprägung nagen. Käsehandlungen verkaufen «rässen» Appenzeller, Metzgereien eingedostes Schwieni, luftgetrocknete Chnobli-Pantlis oder Siedwurst. Dazu paßt einer der sperrigsten Weine Europas, ein grundehrlicher, steinig bitterer RieslingxSylvaner vom «Büriswilener Katzenmoos»(oberhalb Berneck), dem einzigen Weinberg Innerrhodens.

Frühstück mit Aussicht

ALTENALP – **Schwende**. Zmorge auf der Altenalp, geweckt vom Glockengebimmel der Herden, vom Duft des Bergheus, vom Geklapper der Milchkannen ...Nach dem ersten Blick auf die Altenalptürme eine Auswahl, die manches Schlemmerfrühstück in den Schatten stellt: Noch warme Molke, Buttermilch, Entscheidung zwischen kalter und warmer Kuhmilch oder Ziegenmilch, «Manteserli» genannter Vollmilchziger, junger Alpkäse und zum Vergleich gereifter Bergkäse vom Talbetrieb. Eine Appenzeller Delikatesse ist Schwieni von eigenen mit Molke gefütterten Alpschweinen. Dazu Bauernbrot im Stoffsäckli, Kaffee aus einem mit Kühen verzierten Pott und für die Gesundheitsbewußten selbstangesetzter Joghurt, für die, die sich Kondition anfuttern wollen, eine Portion frischgekirnter Schlagrahm. Variatio delectat!

Iconographia Helvetica

AESCHER-WILDKIRCHLI – **Weissbad-Ebenalp**. Der Chef kocht vaterländisch und gut, steht auf dem Untersetzer. Bei einem kurzen Spechten in die Küche kann man sich davon überzeugen, daß da nicht dick aufgetragen wird. Familie Knechtle hat sechs gigantische Röstipfannen simultan im Einsatz! Wenn die Nationalspeise, dann hier, scheinen sich die vielen Schweizer Familien zu denken, die glücklich einen Platz in der gemütlich verschachtelten Hütte gefunden haben. Da staunt der Tourengeher: Eine der meistfotografierten Almhütten der Alpen, wie ein byzantinisches Mönchskloster an die schwindelnd steile Felswand geklemmt, und „trotzdem" diese Qualitätsküche. Begehrte Metzgete mit Hausschlachtung im Herbst. Guter Cheli im Glas – Kaffeefertig mit Träsch oder Pflümli.

Letzte Labung vorm Säntissturm

SCHÄFLER – **Schwende**. Letzte Einkehr vor dem Säntis-Gipfelsturm übers Öhrli, bis 1969 mit Maultieren versorgt. Der Blick läßt nichts zu wünschen übrig, die jeden Morgen frisch gebackenen Schlorzifladen mit Dörrbirnenmus und Rahmguss sind ein Traum. Währschafte Chäshörnli mit Siedwurst und Apfelmus und Marschtee für 3 Franken. Gekocht wird mit Holz oder Gas.

CAFÉ KONDITOREI DREI KÖNIGE – **Appenzell**. Lebendiges Café, in dem auch Appenzellerisch an den Tischen zu hören ist. Lüften wir die Geheimnisse – Speckmocken sind ein eingekerbtes mit Baumnussschichten gefülltes süßes Blätterteiggebäck, das optisch an Maserung von durchwachsenem Speck erinnert. *Appenzeller Biberli* gehen (wie deutsche Pfefferkuchen) auf die mittelalterliche Verwendung des Wortes «Pfeffer» zurück – lateinisch PIPER war praktisch ein Sammelbegriff für alle Gewürze. «Totenbeinli» dürften katholischen

Händchen für Garzeiten: *Silvia Manser*

Schleckermäulern aus Tessin und Sizilien als *Ossa dei morti* zu Allerseelen vertraut sein – die Appenzeller Variante basiert auf harter Haselnußmeringue und schmeckt fast wie cantuccini. Dagegen wirkt das Dörrfrüchtebrot Berewegge fast schon normal. Guter Käse-Zwiebelkuchen.

TRUUBE – **Gais**. Wer den totalen Szenenwechsel sucht, könnte im einstigen Molkekurort *Gais* in der Traube einkehren. Die Quartiersbeiz, die nicht am stattlichen Hauptplatz liegt, hat sich viel vorgenommen. *Silvia Mansers* Schmorfleischravioli setzen Maßstäbe, schließlich sind sie mit Weide-Angus vom eigenen Bauernhof gefüllt. Zu Involtini vom Rehbock mundet der in 800-Liter-Fässern ausgebaute Pinot Noir vom Weinfeldener «Schlossgut Bachtobel».

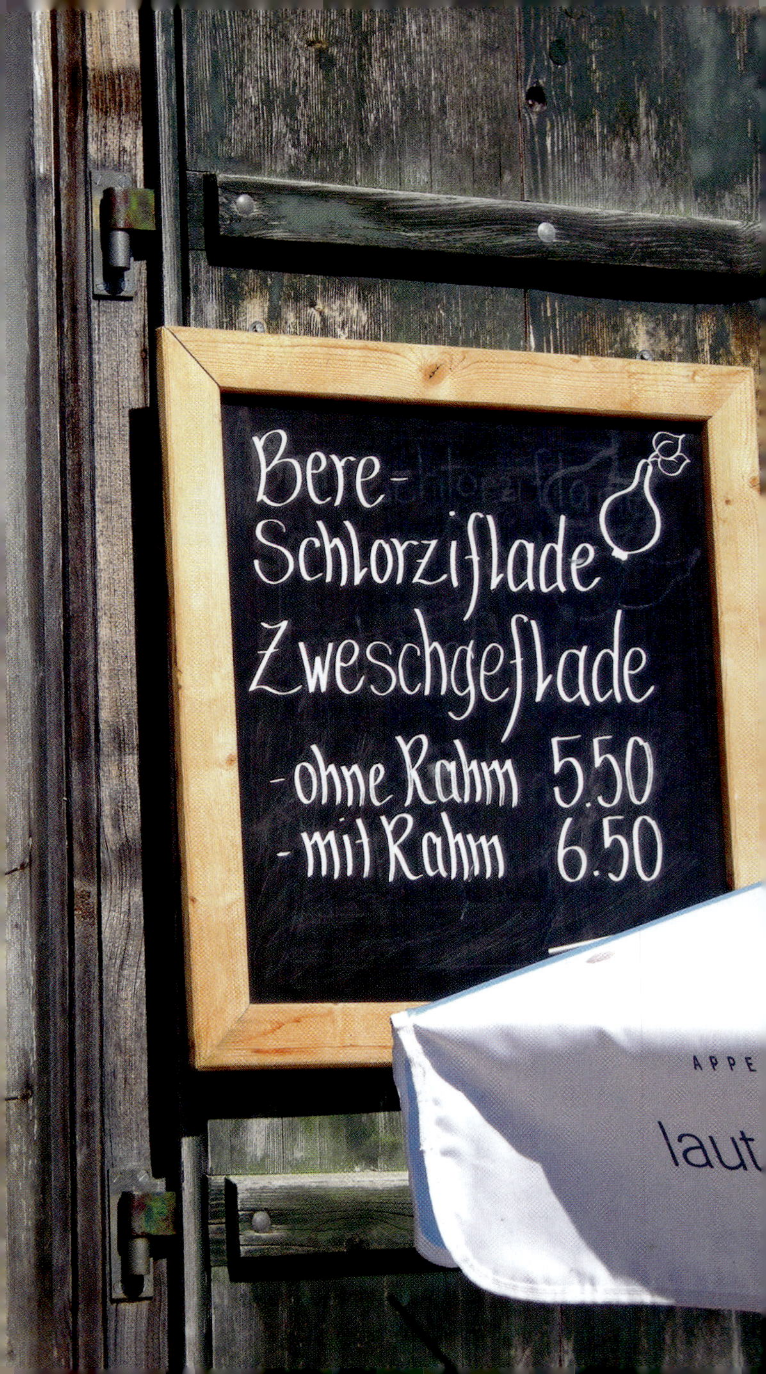

Bere-Schlorziflade
Schlorziflade
Zweschgeflade

- ohne Rahm   5.50
- mit Rahm   6.50

APPE

laut

Altenalp, 1595 m ü.M., CH-9057 Schwende, Natel 0041 (0)794063669. Mitte Juni bis Anfang Sept. Bruno und Gerlinde Neff verkaufen Alpbutter im Mödeli zum mitnehmen, mittags gibt's warme Heusuppe.

✄ 4 Betten, Heulager für 25 Personen

Berggasthaus Aescher-Wildkirchli, 1454 m ü. M. (Familie Beny & Claudia Knechtle-Wyss), CH-9057 Weissbad-Ebenalp, Tel. 0041 (0)71 7991142. Mai-Okt. www.aescher-ai.ch

✄ 40 Touristenlager mit Daunendecken. 35-40 CHF.

Berggasthaus Schäfler, 1924 m ü.M., CH-9057 Schwende, Tel. 0041 (0)71 7991144. Ende Mai-Okt. www.schaefler.ch

✄ Kajütenbettzimmer, Lager und Waschkrugzimmer Anno 1914. Ab 32 CHF.

Berggasthaus Mesmer, 1613 m ü.M. (Familie Hehli-Raess), CH-9057 Wasserauen, Tel. 0041 (0)71 7991255. Ab Ende März (Ski-wochenenden)-Okt. www.mesmer-ai.ch. Früh schattig, aber sehr gute Pfannenrösti.

✄ 7 Betten, 40 Lager. Ab 32 CHF.

Hotel Wasserauen, CH-9057 Wasserauen, Bahnhof, Tel. 0041 (0)71 7991155. www.hotelwasserauen.ch.

✄ Zimmer und geschmackvolle Matratzenlager an der Endstation der Appenzeller Bahn. Treffpunkt von Paraglidern der Flugschule. Ab 40 CHF.

Berggasthaus Staubern, 1751 m u.M. CH-9467 Frümsen, Tel./Fax 0041 (0)81 7572424. Mitte April-Okt. www.staubern.ch. Der rebellischste Briefkasten der Schweiz. Seilbahn von Frümsen im Rheintal.

✄ Lager und Zimmer. 35-65 CHF

Café Drei Könige – CH-9050 Appenzell, Hauptgasse 26, Tel. 0041 (0)71 271124. Mi-Mo. www.drei-koenig.ch

Appenzeller Alpenbitter, CH-9050 Appenzell, Weissbadstraße 27. Tel. 0041 (0)71 7883788. Führung: April bis Okt. Mi. 10 Uhr. www.appenzeller.com

Truube, CH-9056 Gais, Rotenwies 9, Tel. 0041 (0)71 7931180. Do bis Mo 11.30-14, 18-24 Uhr. www.truube.ch. Preise: Gehoben.

Der Hl. Gallus teilt mit einem Bären sein Bürli

15 Erststockbeizlis und St. Galler Bratwürste

D Brodwoorscht vo Sanggalle isch di bichanntischti vor Schwiiz und
d Sanggaller halte si sicherlich für di bescht wältwiit.
ALEMANNISCHE WIKIPEDIA SANGGALE

Ein kulinarischer Deal steht am Anfang des St. Galler Grün-
dungsmythos. Im Jahre 612, so behauptet eine Plakette an
der Talstation der *Mühleggbahn* in der Steinachschlucht, sei
der irische Einsiedler GALLUS beim Feuermachen plötzlich
einem Bären gegenübergestanden. Beherzt habe er der Bestie
befohlen, Holz ins Feuer zu werfen und ihr ein Brot über-
reicht, unter der Bedingung, sich fortan nicht mehr blicken
zu lassen. Der Bär trollte sich gehorsam davon – und ist fortan
allgegenwärtig: Als Wappentier des Kantons St. Gallen, als
Lebkuchenmodel, aber auch in den CODICES der Buchmalerei
und dem berühmten Elfenbeinrelief TUTILOS, das um 890 die
Brotspende zeigt.

202

Faux pas: *St. Galler Bratwurst mit Senf*

War das Brot des HL. GALLUS das Ur-Bürli, die Urform des zartkrumigen, knusprig leichten, perfekt gewölbten Riesenbrötchen-Paars, das jeden Biß zum vollendeten Genuß werden läßt? Vor allem, wenn es dazu die feinabgestimmte schiere Kalbsbratwurst gibt, die unter dem Messelogo OLMA-Bratwurst verkauft wird, aber von mittelalterlicher Metzgerkunst zeugt. Schweiz, Du hast es besser, zumindest was *Street-food* angeht! Es stimmt den deutschen, an Pappsemmeln und Currywurstkleister gewohnten Gaumen schon nachdenklich bis deprimiert, wenn einheimische Wurstesser leicht pikiert darauf hinweisen, daß angesichts der puren Bürli- und Bratwurstqualität das Verlangen nach Senf oder – horribile dictu – Ketchup an Barbarei grenzt. Immerhin, *bad taste* gibt's auch in St. Gallen. Die historische Gaststätte «National» am Gallusplatz wird seit kurzem durch Animierfotos einer Dirndl-Blondine, die aus einer fetten Plastiktube Senf auf eine Wurst drückt, verunziert.

Bonbonbunt: *Erststockerker mit Fruchtgirlanden*

Die Stadt des Reformators VADIAN bietet weit mehr als das kulinarische Entree des Marktplatzes mit seinen Blumen- und Obstständen und dem freitäglichen Bauernmarkt. Nach der Besichtigung der Rokoko-Basilika des Vorarlbergers PETER THUMB mit ihren gespenstisch wirkenden Kuppelfresken wird der Besucher der Stiftsbibliothek unweigerlich auf den St. Galler Klosterplan treffen. Das Dokument von 830 beweist, daß Mönchsgemeinschaften auch die Versorgungfrage lösen mußten. Schließlich wurde hier mit Großbauernhof, Darre und Brauerei ein ganzes Dorf unterhalten – in den Riesen-backofen paßten bis zu 1000 Brote auf einmal.

Michelle Obama trug bei der Amtseinführung ihres Gatten ein Kleid aus *St. Galler* Spitzen – daran mag man denken, wenn man durch Modeboutiquen streift und gelegentlich den Blick zu den mit Fruchtkörben geschmückten Prachterkern im ersten Stock erhebt. Residierte hier einer der Leinwand-junker, der durch seine Tuchmanufaktur reich wurde? Nach Einkaufsbummel über Metzger- oder Multergasse und einem

Bade- und Picknickoase Dreilinden

appetitanregenden Spaziergang zu der entzückenden Nostalgiebadelandschaft der *drei Weieren* (Dreilinden), wartet eine gastronomische Institution von seltener Behaglichkeit: Das *Erststockbeizli*.

St. Gallen ist auf Torf und Eichenpfählen gebaut – oft war das Erdgeschoß feucht. Zudem liebten Patrizier und Verbindungen die abgeschottete Honoratioren- und Zechatmosphäre im ersten Stock – viele Gaststätten werden von Akademikerkorps verpachtet und mit Kommersfarben und Altherrenfotos geschmückt. Wenn auch manche Traditionskneipe in Büros oder Wohnungen verwandelt wurde, so hat doch ein gutes Dutzend dieser wahrhaft urgemütlichen Stuben überlebt.

Welches Prestige die Einkehr im ersten Stock hat, beweist ein vergilbter Bescheid der kantonalen Baubehörde von 1985, der im Flur der Genossenschaftsbeiz *Schwarzer Engel* hängt und die Umwidmung des ersten Stocks in einen Speisesaal untersagt. Offensichtlich hatte auch die selbstverwaltete Kooperative nichts Eiligeres zu tun, als sich lokalpatriotisch

Integrierter Hellene

in ein Erststockbeizli zu verwandeln. Heute zeigen die Gastrorebellen Flagge, indem sie Schützengarten aus der ältesten Schweizer Brauerei auf weißem werbefreiem Bierfilz servieren.

CONFISERIE ROGGWILER – **St. Gallen**. *Tout Saint Gall* trifft sich zwischen 9 und 10 Uhr in der samtroten Café-Schatulle dieser entzückenden Konditorei, deren Schaufenster schon mal mit Schoko-Natels oder weihnachtlichen *Grittibänzen* kitschige bis folkloristische Akzente setzen. Das elegant bis extravagant gekleidete Publikum blättert im St. Gallener Tagblatt und läßt sich von den Serviererinnen in roten Streifenblusen eine der individuellen Kaffeehausspezialitäten servieren: heller Milchcafé wird wie Capuccino verkehrt als heiße Tasse geschäumter Milch mit Mini-Silberkännchen Kaffee zum Selbstdosieren gereicht, beliebt ist auch Café Doppel-creme oder koffeinfreier Roggi-Kaffee. Dazu nimmt man sich à discrétion Gipfeli aus dem Tischkörbchen oder wählt zwischen kleinen Köstlichkeiten wie *Haselnußblättli, Mandeltuille, Luxemburgerli, Souwaroff* bzw. *Parmesanfischli* oder *Milkenpastetli* – die in Deutschland praktisch ausgestorbene Variante der echten Königinpastete mit Kalbsbries.

PRALINÉ SCHERRER – St. Gallen. Deutsche und Deutschschweizer trennt bekanntlich auch die gemeinsame Sprache – besonders verführerisch manifestiert sich dieses Phänomen in der Patisserie. Eine Wunderwelt geheimnisvoller Namen und Gebäcke tut sich in *Vittoria Hengartners* 1939 eröffneter Confiserie auf. Aprikotierte giftgrüne *Caracs, Nonpareilles* mit Zucker oder *Mini-Prussiens:* Die Preußen stehen wie in Neapel für Blätterteig-Schweineohren! Stolz ist das kleine Café auch auf seine Zuger Kirsch- und die mandelreiche St. Galler Klostertorte.

TRAITEUR RIETMANN – St. Gallen. Der gutsortierte Delikatessenladen direkt am Markt bietet neben Hagebutten-Latwerge und Rohmilchkäsen ein breites Spektrum heimischer Charcuterie – so z.B. mit Aspik überzogenen Fleischkäse als Gourmettöpfli. Neben Wienerli, Frankfurterli und winziger pikanter *Chipolata* hat der Kunde die Wahl zwischen Appenzeller *Siedwurst, Schützenwurst, Schüblig* und *St. Gallener Stumpen.* Doch am begehrtesten auch hier die OLMA-Bratwurst in der appetitlichen Manschette, die mit knusprigen Bürlis im Straßenverkauf zu 6 Euro gereicht wird. Auf Wunsch Senf ohne Aufpreis!

METZGEREI SCHMID – St. Gallen. Metzgermeister *Oscar Peter* – fast vis-à-vis der Schüga-Brauerei – gilt als Gralshüter der St. Galler Bratwurst. Persönlich ißt er sie lieber gebraten, selbstverständlich ohne Senf. Seine Bratwurst wird in drei Größen zum Imbiß angeboten: Kuriosererweise ist die währschafteste mit 220 g als Kinderbratwurst bekannt – die hungrigen Knaben, die beim 1824 begründeten St. Gallener Kinderfest früher auch Waffenübungen zum Besten gaben, brauchten wohl eine Extraportion. Der Geschmack aus geschlegeltem Kalbfleisch, feingewiegtem Speck, Pfeffer und Macisblüte ist eine Symbiose aus der Eleganz einer Münchner Weißwurst (von der sie sich durch Zugabe von Milch und Fehlen von Petersilie unterscheidet) und dem Grillaroma einer Rostbratwurst – erlesen!

BÄUMLI – St. Gallen. Wenige Schritte von der Stiftskirche entfernt: Das authentischste Erststockbeizli wird von Einheimischen bevölkert. Zu ebener Erde eine kleine, spartanische Trinkstube, in der Schnappteller mit Appenzeller Mostbröckli oder Sbrinz zu einer kleinen Auswahl offener Weine gereicht werden. Leider ist das Haus außer Epesses aus Chasselas-Reben, rotem Maienfelder und einem Cüpli Tessiner Spumante etwas knauserig mit Schweizer Tropfen.

Kult ist es, einen Sitzplatz in der schiefgezogenen Stube im ersten Stock mit dem weißgekachelten Kamin und den eingekerbten Zechernamen der Mittelschulverbindung Minerva zu ergattern. Hausherrin Andrea Schirmer und die gestandene Jungköchin Melanie Zürcher sorgen für schnörkellose Beizli-Kost – *Soulfood* für St. Galler Gaumen. Kutteln in Weißweinsauce werden außer mit Kümmel wenig traktiert, dafür aber mit exzellenten Salzkartoffeln gereicht – ein schlichter Genuß, der in deutschen Landen selten geworden ist. Hausgemachter Hackbraten mit Rüebli und Hörnli-Nudeln oder Top-Rösti mit Kalbsleber wird kundenfreundlich auch in kleinen Portionen serviert. Hier beherrscht man die Kunst der Bescheidung.

SCHLÖSSLI – St. Gallen. Wer nicht im Schlössli war, hat die St. Galler Küche in ihrer kantonalen Vielfalt nicht erlebt. Radikal regional statt Rösti: Patron *Ambros Wirth* hat mit engagierter Recherche sein gepflegtes Erststockrestaurant mit den histori-

Ambros Wirth, Ambassadeur der St. Galler Küche

schen Festsälen in eine Schatzkammer ausgesuchter Genüsse verwandelt. Ein Eyecatcher ist das violette Süppli aus blauen Sankt Galler Kartoffeln. Die erste Schweizer Erdäpfelzüchtung wird als Tris verkostet: das Küchli erstaunt durch seinen lila Anschnitt, als bäuerlichen Kontrast gibt's Edelbrand von der raren Sorte und Speck-Chip. Forellen aus dem 1000 m hohen Weisstannental sind als *Ceviche* mariniert, Sülze vom mit Molke genährten Toggenburger Alpschwein vermittelt die bergige Topographie des Hinterlandes. Deliziöse Rheintaler Ribelmaispoularde wird auf Bramata mit Toggenburger Blauschimmelkäse gereicht – knusprige Plätzli, mit Heublumenkäse überbackene Schnitten oder Ribel-Panna-Cotta mit Mirabellen vom Rorschacher Berg offenbaren eine enorme Variationsbreite der Maisbeilagen, ohne elitär abgedreht zu wirken.

Die Weinkarte mit ihren Winzerporträts durchschmökert man wie eine «Prosopographie» der kleinteiligen kantonalen Winzerwelt. Ein sensorisches Erlebnis ist der nach dem Rö-

Fasnacht im ersten Stock: *Goldenes Schäfli*

merpaß PORTA ROMANA benannte *Portaser* aus Pfäfers – die Mitte Oktober gewimmelte Auslese vom höchsten Ostschweizer Weinberg (bis 720 m) erschließt dem Müller-Thurgau neue Dimensionen. Auch bei den Desserts bleibt das Haus seinem Ruf als kulinarische Botschaft St. Gallens treu: Pfefferkuchenparfait von Biberli bis zu eingemachten Wildmuser-Birnen und Mirabellen vom Rorschacher Berg oder Creme Brulée mit Alpenheu. Kein Wunder, daß ein Gastgeber wie Ambros Wirth auch für Caterings der UNESCO-Weltkulturerbestadt in der «weißen Kathedrale», dem von Santiago Calatravas gestalteten Pfalzkeller, begehrt ist.

GOLDENES SCHÄFLI – St. Gallen. Die Metzgerei im Erdgeschoß ist stylish in eine Bar mit viel Metall verwandelt worden, aber die schiefgezogene Holzdecke läßt ahnen, daß den Gast im ersten Stock Historisches erwartet. Im niedrigen Speisesaal der Metzgerzunft kann man sich für einen Moment wie in einer schwankenden Kajüte fühlen, so von den Zeiten krummgezogen scheint die Holzdiele, ja der ganze Raum.

Familie *Schudel* setzt auf «Spezialitäten aus Großmutters Küche» und hält den Genius loci mit einem breiten Angebot an Innereien hoch. Für Lactose-Unverträgliche gibt's Leberli, Nierli und Milken (Bries) sogar in Olivenöl. Ein urchiger Rahmen, um wie die Einheimischen eine Olma-Bratwurst mit gebratenen Zwiebeln und Rösti zu kombinieren.

Confiserie Roggwiller, CH-9000 St. Gallen, Multergasse 17, Tel. 0041 (0)71 222 50 92. Mo 10.30-18, Di-Fr 8.30-18, Sa 8.30-17 Uhr. www.roggwiller.ch.

Praliné Scherrer, CH-9000 St. Gallen, Marktgasse 28, Tel. 0041 (0)71 222 18 52. Di-Fr 8.30-18.30, Sa 8.30-17 Uhr. www.praline-scherrer.com

Weinstube zum Bäumli, CH-9000 St. Gallen, Schmiedgasse 18, Tel. 0041 (0)71 222 11 74. Di-Sa ab 10 Uhr. www.weinstube-baeumli.ch

Goldenes Schäfli, CH-9000 St. Gallen, Metzgergasse 5, Tel. 0041 (0)71 223 37 37. Mo-Sa. www.zumgoldenenschaefli.ch

Schlössli, CH-9000 St. Gallen, Zeughausgasse 17, Tel. 0041 (0)71 222 12 56. Mo-Fr mittag und abend. www.schloessli-sg.ch

Metzgerei Schmid, CH-9000 St. Gallen, St. Jakob-Strasse 48, Tel. 0041 (0)71 244 81 32. Mo-Do 7-12.30, 15-18.30 Uhr, Fr 7-12.30, 14-18.30, Sa 7-16 Uhr. www.metzgereischmid.ch

Traiteur Rietmann, CH-9000 St. Gallen, Marktgasse 3, Tel. 0041 (0)71 222 15 51

Schwarzer Engel, CH-9000 St. Gallen, Engelgasse 22, Tel. 0041 (0)71 223 35 75. Mo, Di, Do 11.30-24, Mi 11.30-14, Fr 11.30-01, Sa 14-01, So 11-24 Uhr. www.schwarzerengel.ch

↶ **Restaurant Papagei,** CH-9000 St. Gallen, Hinterlauben 4, Tel. 0041 (0)71 222 24 66. www.papagei-stgallen.ch. Das bierfreudige Verbindungshaus der Burschenschaften der Bodanler und Corönler vermietet zwei kleine moderne Studios im Dachgeschoß mitten in der Altstadt. EZ 89 CHF, DZ 109 CHF (ohne Frühstück).

16 In und um Arbon – Thurgauer Streifzüge

O Land, das der Thurstrom sich windend durchfliesst,
dem herrlich der Obstbaum, der Weinstock entspriesst.
O Land mit den blühenden Wiesen besät,
Wo lieblich das Kornfeld der Abendwind bläht.
LANDESHYMNE THURGAU

«**Mostindien**» – der Spitzname des Thurgaus erschließt sich nicht nur im Museum der Großmosterei *Möhl*, das am Ortsrand der hübschen Hafenstadt Arbon mit ihren auf die Stadtmauer gebauten Riegelhäusern liegt. Hunderte von Streuobstbäumen mit Namensschildern blühen im frei zugänglichen Sortengarten der Roggwiler Gemarkung *Hofen*. Ein gepflanztes Obstlexikon: Baumnüsse und Pflaumen, Äpfel und Kirschen – wer kennt *Belle de Paris* und *Schöne von Löwen*, *Jakobi-Apfel* und *Hallauer Aemli-Kirsche*? Oder in einer Beiz mit angeschlossener Imkerei wie dem Landhaus in *Betenwil*, deren Flur von Arbeitsstiefeln abgewetzt ist. Durch

Roggwiler Riegelfassade

Rote Wangen, hartes Holz

die niedrigen Fenster blickt man weit ins Apfelland, Nieder-stammspaliere und hohe Streuobstbäume bis zum Horizont. Überhaupt die Bienenvölker: Für sie ist die Vielfalt alter Obst-sorten überlebenswichtig – denn nur so zieht sich die honig-seimspendende Blütezeit über mehrere Monate hin. Auf der Kuppe des Ruggisbergs mit seiner vom internationalen Rat für Denkmalspflege Icomos prämiierten Wirtschaft liegt dem Gast der Bodenseebalkon des Thurgaus zu Füßen.

MICHELAS ILGE – **Arbon**. Es muß einen Grund haben, wenn ein Altstadtlokal am See gesteckt voll mit Einheimischen ist. Oder mehrere: *Michela Abbandolo* hat mit ein paar gelun-genen Handgriffen der «Lilien»-Beiz trattoriamäßigen Pfiff verliehen, ohne die gewachsene Behaglickeit zu zerstören. An den Wänden hängen Fotografien von Rösti und Risotto, von mediterranen Gemüsen und Genüssen: Sie spiegeln die Bandbreite der jungen Wirtin wieder. In Arbon geboren, hat sie das campanische Erbe ihrer Eltern, die aus dem Wein-schlaraffenland von *Avellino* kommen, bewahrt. Schweizer

Michela Abbandolo: *La Padrona*

Solidität und süditalienische Kreativität gehen in dem hübsch
weiß und erbsgrün getünchten Gastraum mit dem terrazzo-
artigen Linoleum aufs beste zusammen.

Schnäppchenpreis von 16.50 CHF für frischgekochte Mittagsmenus: Suppe, Salat und knuspriges Berner Rösti mit
Spiegeleiern, selbstgemachte Panzerotti, Siedfleischsalat
oder Stockfischsuppe. Abends wird festlicher eingedeckt und
Simmentaler Hochrückensteak oder Kalbszunge mit Kapern-
vinaigrette aufgefahren. Tessiner Italianità strahlt die Man-
darinen-*Gassosa* aus, die aperol-orange in der Bügelflasche
funkelt. *Complimenti* für das hübsche Gedeck im Holzkäst-
chen und die erfrischende Selbstverständlichkeit, mit der hier
gut gekocht wird.

RÖMERHOF – Arbon. «Friandises» – steht als Schlußakkord
auf der Menu-Karte. Naschwerk, Pralinen. Doch eigentlich ist
das gesamte Gourmet-Menu von *August Minkus* ein einziges
vernaschtes Stakkato von Amuse-Bouche, Pralinenküche auf

höchstem Niveau, tänzelndes Teller-Rokoko. Symptomatisch, daß die Ouvertüre mit zweimaligem Gruß aus der Küche einsetzt, pastellbunt wie die Ölgemälde des auf der Stadtmauer thronenden Römerhofs. Überraschungsbonbons wie die in Kokosraspeln getauchte Kugel aus Kaninchenfilet oder das Kuskus-Konfetti im Kohlblattbeutel überzeugen durch Aromenspiel und einen Hauch Asien, den sich der weitgereiste Patron erlaubt. Halbrohe Thunfischscheibe im Sesammantel und Salzbüffet, Hummersüppchen in der Cappuccinotasse und getrüffelter Erdäpfelstock im Wasserglas spielen die Standards moderner Häppchenküche durch. Doch die Türmchen und Gläschen, die bunten Perlen unter der Butter-Cloche, sehen nicht nur wie beim *Foodfotoshooting* aus, sie wissen durch handwerkliche Akribie und Aromenspannbreite zu überraschen. Fast jeder Gang dekliniert alle Geschmacksrichtungen durch – eine Reminiszenz an chinesische Rezeptprinzipien? Da behaupten sich schneeweiße Zanderröllchen gegen ein süß konzentriertes Tomatenconfit – da unterfüttert ein säuerliches Birnenchutney Hacktäschli vom Simmentaler Rind.

Es gehört ja mittlerweile zum guten Ton, über affektierte Prestige-Kreativität zu lästern. Doch von so einem Könner, der seine Erfahrungen als Chef in Hongkong, Manila und Sydney einfließen läßt, macht liebevolle Fusionsküche wirklich Spaß. Hier rennt keiner den Moden hinterher, sondern beherrscht sie aus dem Effeff. Zumal auch regionale Akzente aufblitzen. Toggenburger Bergfichtenkäse mit Appenzeller Schlorzi-Tarte - patissiermäßig wie Prinzregententorte geschichtet - ergibt mit trockenen Datteln eine nicht nur optisch elegante Trias von alpiner Kargheit.

SEEHAUS / ÖSKIS FISCHBEIZ – **Steinach.** Versteckter Treff für Kartenklopfer mit Traumblick auf die Hafenkulisse von Arbon. Das Seehaus ist mit Platanengarten, roten Plastiksesseln und eher rauhem Service eins der letzten echten Fischbeizlis, die

Denkmalgeschütztes Gasthaus Ruggisberg

nicht in ein Restaurant verwandelt wurden. Die bosnische Pächterfamilie serviert auch nachmittags frische Fischchnusperli, die aus langen Filetstücken geschnitzt und leicht paniert werden, dazu im Adriastil rassiges *Ajvar*. Spannende Alternative: geschmorte Felchenleberli. Fair, daß die Karte zugibt, daß nicht immer aller Fisch vom Bodensee stammt.

WIRTSCHAFT RUGGISBERG – Lömmenschwil. Säntis- und Bodenseeblick – das würde schon reichen, um zufrieden zu stimmen. Aber das altrosa geschindelte Berggasthaus, das für seine (bis hin zu den sanitären Anlagen) stilsichere Restaurierung für die «Erhaltung eines traditionellen Landgasthofes im denkmalpflegerischen Sinn» ausgezeichnet wurde, bietet viel mehr. Hier wird kulinarisch ein stimmiger Einklang mit der Umgebung hergestellt, werden wenige, aber dafür desto schmackhaftere Speisen auf den Tisch gebracht. *Werner Nöckl* zaubert eine unverschämt würzige Leberspätzlesuppe mit einem Fond intensiv wie Wildbrühe. Reh mit seinem Hack-

Wassergraben inmitten der Apfelhügel: Schloss Hagenwil

täschli und bunten Rüben steht für saisonale Verfeinerung. Wenn eins der beiden Hochlandrinder, die vor dem Haus grasen, geschlachtet wird, gibt's mürbes Brasato oder Hartwurst zu gutem Brot. Eigenbrand von «Vieilles Prunes» bleibt in köstlicher Erinnerung.

Der Ruggisberg lädt zu Spaziergängen: Familie *Angehrn* vertreibt in ihrem nach Äpfeln duftenden Hofladen bei der Marienkapelle selbstgemachten Löwenzahnblüten- und Tannenwipfelhonig, in der Obst-Dörrerei *Oeler-Eggmann* werden über 20 verschiedene Sorten Birnen wie «Gute Luise», «Conference» oder «Kaiser Alexander» in verschiedenen Trockengraden gedarrt – unverzichtbare Ingredienz für Birnbrot oder Appenzeller Schlorzifladen.

SCHLOSS HAGENWIL – Hagenwil bei Amriswil. Das 1264 erstmals erwähnte Wasserschloß liegt spektakulär in einer überraschend tiefen Senke im sanften Hügelland südlich von Amriswil und wird in der siebten Generation von Familie *Angehrn* geführt, bzw. gemanagt. Historienfilmreife Stuben und die Burgbar im rohen Gemäuer dienen als Party-und Theater-Location, ohne daß der Anspruch der Küche darunter leidet. Müller-Thurgau-Suppe, Appenzeller Älplermakkaroni mit Bölleschweissi (gemehlte Schmorzwiebeln), originales Zürcher Geschnetzeltes mit Nierli oder Chateaubriand vom Kreuzlinger Schrofenhof verraten regionales Engagement.

Mosterei Möhl, CH-9320 Arbon St.Gallerstrasse 213, Tel. 0041 (0)71 447 40 74. Museum und Laden Mo-Fr 8-12, 13.30-18.30, Sa 8-17 Uhr. www.moehl.ch

Obstsortensammlung Roggwil, CH-9325 Hofen. Führungen H. Daepp (Tel. 0041 (0)71 455 11 53), U. Heinzelmann (Tel. 0041 (0)71 455 15 68). www.obstsortensammlung.ch

Landhaus, CH-9325 Roggwil, Betenwil 9, Tel. 0041 (0)71 455 12 21. Di-So

Michelas Ilge, CH-9320 Arbon, Kapellgasse 6, Tel. 0041 (0)71 440 47 48. Di-Sa 8.30-23.30 Uhr. www.michelasilge.ch

Römerhof, CH-9320 Arbon, Freiheitsgasse 3, Tel. 0041 (0)71 447 30 30. Di-Sa. www.roemerhof-arbon.ch

🛏 10 Zimmer, Parkett und gehobene Ausstattung. EZ 120, DZ 180-200 CHF

Seehof/Öskis Fischbeiz, CH-9323 Steinach, Seestr. 10, Tel. 0041 (0)71 446 19 77

Wirtschaft Ruggisberg, CH-9308 Lömmenschwil, Ruggisberg, Tel. 0041 (0)71 298 54 64. Mi-Sa 11-23, So 10-17 Uhr. www.ruggisberg.ch

Obst-Dörrerei Oeler-Eggmann, CH-9308 Lömmenschwil, Hinterberg 637, Tel. 0041 (0)71 290 09 89

Familie Angehrn, CH-9308 Lömmenschwil, Ruggisberg, Tel. 0041 (0)71 298 53 70.

Wasserschloss Hagenwil, CH-8580 Hagenwil bei Amriswil, Schloss-Str. 1, Tel. 0041 (0)71 411 19 13. Mo, Do-Sa 10-24, Di 10-14, So 9-22 Uhr. Burgbar jeden Mi ab 20 Uhr; erster Fr ab 20 Uhr. www.schloss-hagenwil.ch

Junge Regionalität am Hafen: *Das Schiff in Kesswil*

17 Schiff und Schäfli

Gegensätze bereichern. Das Schiff in Kesswil und das Schäfli in Altnau könnten vom Konzept kaum konträrer sein. «Bratenrockgemütlichkeit mit Backpfeife» notierte *Wolfram Siebeck* in seiner unnachahmlichen Art über das Altnauer Refugium von *Urs Wilhelm*. Ein großer Koch, ein kulinarisches Schwergewicht, ein Meister am Herd, der Klassikern seinen individuellen Effet gibt. Geheimnisvolle Gourmet-Ambiance, die wie die silberne Cloche das Rezeptresultat spannend verhüllt. Kurzum Grande cuisine mit nostalgischem Anhauch.

Der Tempel öffnet sich, der Gourmettempel auch. Das «Schiff» ist ein Paradebeispiel für das radikale Qualitätsbewußtsein, mit dem junge Leute an die Kochkunst herangehen. Hier steht das motivierte Team im Vordergrund. Das 2010 eröffnete Gasthaus am Kesswiler Hafen sieht sich als Ausbildungsbetrieb, der Heranwachsenden aus benachteiligten Familien mehr als frustrierende Hilfsarbeit anbietet, sondern

«Brunoise» in Brühe

vermittels einer Service- oder Kochausbildung neue Sinn-welten erschließt. Ein Konzept, das seinerzeit *Padre Eligio* im toskanischen *Cetona* mit «drogati» inszenierte und das *Jamie Oliver* mit dem Londoner «Fifteen» populär machte. Das besondere an der Thurgauer Umsetzung ist ein Gespür für das avantgardistische Potential des Regionalen und die demonstrative Transparenz der Produkte. Kochen ist einfach – wenn man sich die richtigen Zutaten besorgt. Yes we can! Die heimischen Produzenten lösen den Hohepriester in der Küche ab.

SEEGASTHOF SCHIFF – **Kesswil**. Wertvoll mit Bodenhaftung – das ehrliche Motto findet Anklang, wenn man die Fülle Schweizer Automobile ansieht, die sich an dem einsamen Hafenbecken mit seinen hübschen Holzhäusern einfinden. Die Gäste freuen sich nicht nur an einem Fachwerkbau aus dem 17. Jh., sondern auch an einer Seeterrasse mit der Ästhe-tik des rohen Tischs und der gelungenen Stahlimitation eines Schweizer Dorfbrunnens.

Die preiswürdige Speisekarte nennt jede Provenienz, erzählt dadurch indirekt kleine Geschichten, kündet vom Respekt vor bäuerlicher Kultur. Der lauwarme Brotsalat mit Kürbiskernen und Nüsslisalat wird in einen Katalog der Verlockungen aufgefächert: Brot vom *Seidenhof Güttingen*. Salate vom *Ziegelhof* Tägerwilen. Kürbiskerne von der Familie *Willi Götsch Sulgen*. Hausdressing: Rapsöl der Familie *Kressibucher-Lanzenneuform* und Apfelessig der alten Sorte «Berner Rosenapfel» von der *Öpfelfarm Steinebrunn*. Thurgau-Konzentrat auf dem Teller!

Viele anregende aparte Ideen, mit denen Gängiges ohne Firlefanz veredelt wird. Mostbröckli werden mit in Apfelbalsam eingelegten Zwetschen serviert, mouthwatering wie selten das vegetarische Angebot – Randen-Pastinakensuppe mit frittierter Petersilie oder Kürbis-Cordon-Bleu gefüllt mit Geisskäse an Honig-Salbeisauce.

Selbst banal Klingendes wie Pouletschenkel mit Gemüse erweist sich als köstlicher Mittagsteller. Man schmeckt eben den Unterschied, wenn Rheintaler Ribelemaisgeflügel gebraten wird, wenn die kleinen aromatischen Kartoffeln in der Schale gegart werden, wenn die Küche aus Feldfrüchten wie Karotten, Stangensellerie und Kürbisschnitzen ein Feuerwerk intensiver Gemüsegenüsse zaubern kann.

Bleibt der Hinweis auf einen Thurgauer Nachtisch, der selten so fruchtig säuerlich und apfelaromatisch intensiv gelingt: die «Mostcreme» muß man probiert haben!

URS WILHELMS RESTAURANT – **Altnau**. Wistaria und wildes Rosengerank, grüne Plastikstühle und kitschige Bilder – von aussen gleicht das Schäfli einem verwunschenen Märchenhaus. Innen ein Holzstübli, das auf den ersten Blick so wirkt, als ob es seit dem Sonderbundkrieg nicht mehr renoviert wurde – *Urs Wilhelms* Wirkungsstätte.

Seine handgeschriebene Speisekarte (nicht immer ganz leicht zu entziffern, was uns ausgesprochen imponiert) setzt

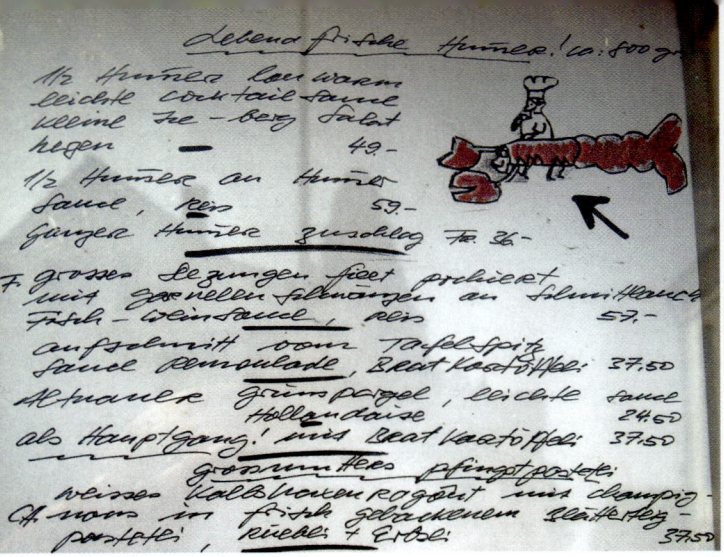

Die Handschrift des Kochs

auf Klassisches in verfeinerter Vollendung. Sein gemischter Salat mit «süchtigmachender Sauce» dürfte einer der teuersten Europas sein, aber er ist, wenn auch ziemlich tief in die Kräuterkiste gelangt wird, seine 21 Franken und 50 Rappen wert – besonders gut haben uns die ebenso knackigen wie zarten Salatherzen gefallen und die weise Beschränkung auf allerlei grüne Blätter. Herr Wilhelm, was ist in der narkotisierenden sahnig-leichten Salatsauce?

Nachher ein edles krokantes *fritto misto* aus schneeigen Eglifilets mit ausgelösten Salzwassergarnelen – dazu wieder eine *Sauce Tartare* der alten Schule. Und wer beherrscht noch die Kunst einer königlichen Königinpastete, gefüllt mit Kalbsmilken?

WIRTSCHAFT ZUM SCHWANEN – Altnau. Rossfahrten, Schafzucht und Bauernspezialitäten: Familie *Mazenauer* betreibt in vierter Generation auf ihrem Bauernhof eine urchige Beiz, in der noch nach frommer Altvätersitte zur Suppe das Maggigedeck auf den Tisch gestellt wird. Die Rösti werden aus Thurgauer Kartoffeln gerieben, der geräucherte Speck ist einen Vesperstop wert, die Hausmacherkost aus Lammfleisch und frischem Gemüse ebenfalls.

Seegasthof Schiff, CH-8593 Kesswil, Hafenstr. 28. Mi-Sa 9-23, So 9-22 Uhr (Juni bis Aug. auch Mo). www.seegasthofschiff.ch. Preise: Mittel

↩ Schöne schlichte Zimmer mit Balkendecken und meist Seeblick. EZ 70-110, DZ 110-180 CHF (nur Übernachtung).

Urs Wilhelm's Restaurant, CH-8595 Altnau, Kaffeegasse 1, Tel. 0041 (0)71 6951847. Fr-Di ab 16 Uhr. www.urswilhelm.ch. Preise: Gehoben.

↩ 4 Gästezimmer, Gabelfrühstück für Spätaufsteher. EZ 95, DZ 180-220 CHF (nur Übernachtung)

Wirtschaft zum Schwanen, CH-8595 Altnau, Tel. 0041 (0)71 6951816, Do-Di (Erster So im Monat geschl.). Preise: Niedrig.

↩ **Cornelia und Peter Widmer**, CH-8595 Altnau, Seezelgstr. 19, Tel. 0041 (0)71 695 22 29, Natel 079 748 16 34. FW und Zimmer im idyllischen Riegelhaus. DZ 80-110 CHF.

Zweiländerblick am Rhein

18 Hype und Hüppen

**Hideaway am Schwanenhals. Wo der «deutsche Rhein"
noch ganz jung ist (und nur bis zur Flußmitte deutsch),
versteckt sich in Sichtweite des Konstanzer Münster-
turms der Thurgauer Weiler Gottlieben.**

Wer die gestutzten Platanen an der Fährstation sieht, glaubt
in einem französischen Landstädtchen zu sein, wären da
nicht die uralten Fachwerkpaläste. **Gottlieben**, mit 300 Ein-
wohnern eine der kleinsten Gemeinden der Eidgenossenschaft, kann mit geschlossenem Ortsbild, Literaturhaus und
mondäner Gastronomie punkten. Und sich in der Aura zweier
Doyennes sonnen. *Rosa Tschudi*, Innereienspezialistin und
«dienstälteste Spitzenköchin der Schweiz» führte 1968-81 das
«Romantikhotel Krone» am Rheinufer.

«Die Kleine wird eines Tages meine Arabella sein» – die
Gottlieber Schlossherrin *Lisa della Casa* wurde von RICHARD

STRAUSS persönlich entdeckt. Die betagte Diva stammt aus einer Tessiner Arzt- und Gastronomenfamilie: 1892 eröffneten die Eltern der Sopranistin das bis heute begehrte «Della Casa» in Bern, eins der frühesten italienischen Restaurants im deutschen Sprachraum. Noch bekannter sind unter Schweizer Leckermäulern die *Hüppen* der 1928 gegründeten Gottlieber Manufaktur.

Aufwendiger ists, im laut GAULT MILLAU «kulinarisch verschlafenen» **Kreuzlingen** fündig zu werden. Die Schweizer Zwillingsgemeinde von Konstanz hat ihre Hummer- und Crevettentempel, ihre stylishen Italiener und Hafenrestaurants, ihre Weindepots und ihre Tägerwilener Gemüsebauern – aber wonach der aus Kreuzlingen Nord (sprich Konstanz) übergewechselte Besucher lange fahnden muß, ist Schweizer Kost mit regionaler Bodenhaftung. Es sei denn, er sucht nicht nach warmen Mahlzeiten sondern steuert zielstrebig den Fabrikverkauf von *Chocolat Bernrain* an. Dafür kann der Foodscout bei Uferspaziergängen die Wollschweininsel fotografieren, sich im Kornhaus über die technischen Kniffe des Fischfangs informieren oder an der Marina im nahen Bottighofen eine der schicksten Seeterrassen testen.

HOTEL KRONE – **Gottlieben**. Weiße Regisseurklappsessel, weiße Tische, weißes Tuch, weiße Sonnenschirme ohne Werbeaufdruck und eine gewandte Kellnerbrigade in Schwarz mit beigen Schürzen. Ein idealer Ort, um abgeschirmt von gestutzten Buchsbaumhecken das Treiben auf dem Rhein direttissimo zu beobachten, die Linienschiffe, Yachten, Kanus und Schwimmer, die sich im Fluß treiben lassen. In die Ferne gleitet der Blick zur Pappelallee des Reichenau-Damms, um wieder zur Gästeschar zurückzukehren, die neben untadeligem weißen Seglerdress meistens ein paar Ladies umfasst, die noch wissen, wie man Hut und Perlenkette in der Öffentlichkeit trägt. Ein dezidiert eleganter, aber nicht überkandidelter Platz.

Krone im Herbst

Der Berner *Raphael Lüthy* kombiniert leichte Küche mit traditionellen Garmethoden und ist selbstbewußt genug, auch ein paar Originalrezepte von *Rosa Tschudi* wie die Eglifilets auf die Karte zu setzen. Besonders beliebt ist das dreigängige Mittagsmenu mit Preisen um die 50 Franken: Geräucherte Entenbrust mit Pfirsichchutney auf Salatblättchen aus dem Tägermoos, gefolgt von auf der Haut gebratenen Zanderstücken auf Duftreisrisotto, dem blanchierte Stückchen von Bodenseepaprika und Champagnerschaum sommerliche Frische spendeten.

Wem diese beschwingt-feine Küche noch nicht genug ist, der kann sich an die Gourmet-Menues im Erststockrestaurant «Schwarzer Schwan» wagen: 30 Stunden gegarte Kalbshaxe, Tartar und Carpaccio vom Rindsfilet oder klassisch zelebriertes Chateubriand vom Kreuzlinger *Schrofenhof*. Das Interieur des Hauses, das sich einen eigenen Grafiker leistet, zieht den Betrachter durch schwarzes Parkett und rohe Holzdecke, monumentale Kronleuchter, auf Riesenleinwände gescannte

Seecafé im Sommer

Monarchengemälde und geknöpften Pouf im Pompadour-zimmer in den Bann.

SEECAFÉ – Gottlieben. Buttercremes gehören zu den Genüssen, die der moderne Gourmet eher meidet – zu fett, zu üppig. Es sei denn, sie haben die Qualität, die in den «Gottlieber Hüppen» steckt. Die Waffelmanufaktur kam 1938 auf die Idee, die gerollten gaufrettes oder Hohlhippen mit Praliné, Mocca oder Gianduja-Nougat zu füllen – und wurde so schweizweit zum Begriff. Für die kleinste Hüppe im konfettibunten Stanniol muß man 80 Rappen investieren – ein köstliches Sünd-chen, nach dem man sich im loftartigen Coffeeroom direkt am Rhein einen Schümli genehmigen darf.

BESMER – Kreuzlingen. Nebenan werden Neubauten hoch-gezogen, aber bei Familie *Hartmann* im «Besmer» scheint die Zeit stehengeblieben. Im niedrigen Stübli gibt's keine Musik, aber dafür Winterthurer Haldengut-Bier aus Flaschen, Kalbsgeschnetzeltes mit Rösti und Thurgauer Tageszeitungen.

Warten auf die Schweizerinnen

Im Bauernhofgarten sitzt man auf einfacher Holzbank und erspäht den Saum des Sees.

SCHLÖSSLI – **Bottighofen**. Schöne Schweizerinnen, spitze Pumps und gutgeschnittene Anzuge – ohne Zweifel, das Schlössli am Yachthafen hat den Metropolitan-Flair, den so viele Tourismus-Werber herbeireden wollen. Hier steht der Lago di Costanza dem Lago di Como oder Maggiore an Eleganz nichts nach – Bikern, die nicht reserviert haben, raten wir, die Kleidung zu wechseln.

Dafür aber an Speisequalität – das internationale Bedienungspersonal weiß nicht, was der auf der Karte angepriesene Schlössli Royal («irgendein Apero mit Champagner") ist. Die Bouillabaisse von Bodenseefischen schmeckt zwieblig scharf – warum nicht passender Balkan-Fischsuppe nennen? Und wenn der regionale Lockvogel Ormalinger Spanferkelschulter sich als aufgewärmtes Stück mit halb angesengter Schwarte und nicht entfernten Borsten entpuppt, das auf eine WG-Mischung aus Nüssli-Salat, Joghurt und geschälten Orangenspalten gebettet wird, so ist das angesichts stolzer 46 CHF entweder ein Ausrutscher oder eine Dreistigkeit. Solch aufgewärmtes Wabbelfleisch, pardon für den Ländervergleich, kriegt man in Münchner 08 / 15-Biergärten schon ab Fünfeuroneunzig.

Freilich ohne den Seeblick, ohne die schönen Schweizerinnen. Die sind meist auch klug genug zu essen, was das Haus wirklich kann – Pasta mit Meeresfrüchten oder Langusten. Oder die elefantenohrgroßen Wiener Schnitzel mit Kartoffel-Gurkensalat für 44 CHF. Bleibt ein kulinarisches Geheimnis – wie kommen die Königsberger Klöpse mit Randen auf die Speisekarte?

Krone, CH-8274 Gottlieben, Seestr. 11, Tel. 0041 (0)71 666 80 60. Terrasse im Sommer tgl. 8-24 Uhr. www.hoteldiekrone.ch. Preise: Gehoben.

↰ Schlafen Sie lieber bei den Grimaldis oder den Stuarts? Moderne Fürstenzimmer und Hauskino. EZ 109-230, DZ 145-410 CHF

Gottlieber Seecafé, CH-8274 Gottlieben, Espenstr. 9, Tel. 0041 (0)71 667 01 77, Juni-Sept. tgl. 9-20, Okt.-Mai Mo-Fr 9-17, Sa, So 10-16 Uhr. www.gottlieber.ch

Chocolat Bernrain, CH-8280 Kreuzlingen, Bündtstr. 12, Tel. 0041 (0)71 677 97 77. Mo-Fr 9-12, 13.30-17.30. www.bernrain.ch. Fairtrade, kosher, cru und Gewürzschokoladen

Gasthaus Besmer, CH-8280 Kreuzlingen, Besmerstr. 49, Tel. 0041 (0)71 688 18 10, So bis Fr. Preise: Günstig.

Seemuseum, CH-8280 Kreuzlingen, Seeweg 3, Tel. 0041 (0)71 688 52 42. Juli-Sept Di-So 11-17, April-Juni, Okt Mi, Sa, So 14-17, Nov-März So 14-17 Uhr. www.seemuseum.ch

Schlössli, CH-8598 Bottighofen, Seestrasse, Tel. 0041 (0)71 688 90 92. April bis Okt tgl., Nov bis März Mo-Sa ab 11 Uhr. www.wirtschaftamschloessli.ch. Preise: Gehoben.

Gemüsefluren *am Untersee*

19 Fischbeizlis und Fischerwy

Historische Hafenstädtchen mit buntbemalten Fassaden, geduckte schmucke Fischerhäuser mit blumenübersäten Vorgärten, steile Weinbergsparzellen, naturbelassene Badis und dazu der privilegierte Blick auf den pappelbestandenen Reichenaudamm und die Kirchtürme der Höri.

Die Thurgauer Gestade zwischen Kreuzlingen und Stein am Rhein gehören zu den lieblichsten Landschaften des Schweizer Bodensees. Positiv macht sich bemerkbar, daß der Fernverkehr Richtung Zürich und Basel fern vom Ufer dahinrauscht – Spaziergänger, Radfahrer, ja selbst Autofahrer können hier den Untersee immer wieder fast mit Händen greifen.

Niedrig, aber schmuck: *bemaltes Fischerhaus in Ermatingen*

Ermatingen, Berlingen, Steckborn, so heißen die Perlen dieses Landstrichs – und jeder dieser Hafenorte hat sein eigenes Profil. Schilfmonster und die Fischmaske König *Gropp* tollen am *Sonntag Laetare* durch das Fischerdorf Ermatingen. Der späteste Karneval der Welt (drei Wochen vor Ostern!) geht – so die griffigste Legende – auf den Gegenpapst JOHANNES XXIII. zurück. 1415 aus Konstanz geflohen, gestand er als Dank für Unterschlupf und Fastenkost den Ermatingern eine eigene Groppenfasnacht zu.

Der Dorfteil *Staad* mit seinen niedrigen Häusern, deren Fensterläden mit Trüschen, Hechten und Eglis bemalt sind, stellt ein einzigartiges Ensemble alemannischer Fischerkultur dar. An betulichen Restaurants herrscht kein Mangel – und doch, seit – selbst von der NEUEN ZÜRICHER ZEITUNG beklagt – das legendäre «Trischli» im Herbst 2009 geschlossen hat, fehlt endgültig etwas, mit dem immer noch Werbung gemacht wird. Das echte schlichte Fischbeizli, das sich auf selbstgefangenen Fisch konzentriert und ihn in authentisch

Trüschen und Chretzer: *Trauer um ein Fischerbeizli*

rustikaler Atmosphäre serviert. Nichts gegen die Kochleistung der örtlichen Gastronomie, die nach wie vor meist fangfrische Chretzer, Chnusperli und Hechte aber eben auch immer mehr Jakobsmuscheln und EU-konforme Doraden auftischt – aber ein klein bißchen ist das, als ob man in Italien die Trattorien abschaffen bzw. allesamt in Restaurants verwandeln würde.

Nun ja, das Thurgauer Seeufer ist bei allen denkmalsgeschützten pittoresken Riegelfassaden eben auch Schauplatz eines Immobilienbooms – immer mehr begüterte Prominente und ausländische Investoren drängen an dieses beschauliche deutschlandnahe Ufer, da hat Bescheidenheit einen schweren Stand.

Requiem auf ein Fischbeizli – Trischli in Ermatingen. Wie es Indizien gibt, die auf den ersten Blick verraten, daß ein Lokal wahrscheinlich nicht gut ist, so gibt es auch Details, die auf den ersten Blick Vertrauen erwecken. Im Fischbeizli mit dem kleinen Vorgarten zur Dorfstraße sind das die schon etwas

Fischer hat Ruh – *Winterstimmung am Untersee*

verbeulten Alpaka-Silber-Hauben, unter denen laufend ganze Fische serviert und warmgehalten wurden. «30 Jahre Trischli seit 1972» steht auf den kleinen Weinfestglasern, in denen der duftige Ermatinger Fischerwy gereicht wird – auch das Jubiläum ist schon in die Jahre gekommen. Und genau das ist der Reiz der von Familie *Läubli* geführten Wirtschaft.

Wer hier einkehrt – und angesichts der Kohorten Züricher und schwäbischer Stammgäste empfiehlt sich dringend eine Reservierung – der vollzieht ein Ritual des Fischessens, das oft weit in die eigene Kindheit zurückreicht. Grüner Salat von den Tägerwilener Gemüsebauern, gottlob nicht mit Aceto Balsamico verpantscht, und dann fangfrischer Fisch in puristischer Zubereitung. Nicht neuschweizerisch catch of the

day, sondern schlichtweg das, was Patron und Fischer *Kurt
Läubli* jeden Nachmittag im Untersee erbeutet hat. «Heute
gibt es keinen Hecht» raunt die Chefin zu, dafür gehören die
gebackenen Chretzer zu den besten des Sees. Wer eine «frit-
tura di paranza» oder griechische «marides» aus Kleinfischen
zu schätzen weiß, der kommt hier voll auf seine Kosten. Die
Hand zu Hilfe zu nehmen ist ebenso genußvoll wie stilsicher – Fischgourmets verschmähen ähnlich wie bei fränki-
schen Meerfischli sogar das knusprig-krachende Köpfchen
des Fischleins mit den widerborstigen Rückengräten nicht.
Dazu gibts seit 1972 kanonisch Sauce Tartare und – extra zu
bestellen, weitgerühmte klassische Salzkartoffeln. Viel mehr
braucht es nicht, um glücklich zu sein, zumal auch die Wein-

Napoléonische Perspektive: *Schloßpark Arenenberg*

auswahl einen schönen Querschnitt durch die örtliche Müller-Thurgau- und Rosé-Produktion bietet.

Schon früher in großem Stil lebte HORTENSE DE BEAUHARNAIS, Stieftochter Napoléons, Ex-Königin von Holland und Mutter des späteren Kaisers Napoléon III. Die Jahre des Exils 1815-1837 bis zu ihrem Tode verbrachte die Musikbegeisterte zumeist auf SCHLOSS ARENENBERG oberhalb *Mannenbach* und hielt auch kulinarischen Salon. Nicht nur der wildromantische Landschaftspark mit Grotten, Wasserspielen und Eiskeller, an dessen Gestaltung der Eisbomben-Fürst HERMANN PÜCKLER-MUSKAU mitwirkte, lockt. Heute beherbergt das Schlossterrain neben einem Museum auch die Thurgauer Landwirtschaftsschule, die sich önologisch verdient macht.

Vorbei an Mannenbach, das eine Solarfähre mit der Gemüseinsel Reichenau verbindet, rollen wir nach *Berlingen*. Der Ort mit dem wasserblauen Wappen entzückt durch eine besonders verträumte, vom Autoverkehr abgeschottete Uferpromenade. Die eher kleinbürgerlich wirkenden Gaststätten im

Nautische Perspektive: *Die Seefassade von Steckborn*

kunterbunten Plastikwerbeoutfit bestechen trotz klingender
althelvetischer Namen eher durch Seegärten als ihre fritten-
und trutengesättigten Standardspeisekarten.

Immerhin, die *Metzgerei Albrecht,* die auch den Hirschen
betreibt, verkauft eine Rarität: Thurgauer Apfelwurst – eine Art
Olmakalbsbratwurst mit Apfelstückchen. Südlich der Hauptstrasse steigen Rebhügel an – mehrere Kleinstertragswinzer
produzieren den duftigen Fischerwy aus Müller-Thurgau.

Der Thurgauer Rebwanderweg, der am Geburtshaus von
Hermann Müller im Gemüseort *Tägerwilen* beginnt, endet
in *Steckborn*. Das historische Städtchen, Heimat der Berni-
na-Nähmaschine, wendet seine schönste Seite dem See zu:
Es ist ein Vergnügen, vom Kai aus den Renaissance-Block des
Turmhofs, einst für Zollinspektoren der Reichenauer Äbte er-
baut, zu fotografieren und dann durch die historische Altstadt
Richtung der Parkanlagen am Yachthafen zu schlendern.

Kretzer in Bierteig

KRONE – **Ermatingen.** Ein Frischfischfanatiker wie *Guido Baumann* setzt am ehesten die Ermatinger Tradition des Fischbeizlis fort – sein guter Ruf bei Einheimischen spricht für ihn. Origineller als im Garten mit der campingartigen Pergola sitzt man in der altmodisch eingedeckten Gaststube des engagiert geführten Hafengasthauses. Die traditionelle Karte beweist – hier geht's ohne Schnickschnack um Fisch satt. Und eigentlich bestimmt sowieso der Tagesfang das Angebot: *Hecht, Kretzer, Zander, Seeforelle, Trischli...* Der schneeig-jodierte, den Bruchteil einer Sekunde leicht am Zahn haftende Eigengeschmack toppfrischer Fische bleibt unter dem Backteig durchschmeckbar, dazu auffallend aromatische Salzkartoffeln, *Sauce tartare*, eventuell ein grüner Salat.

Felchenfilet mit Steinpilzen gilt schon als exzentrisch. Dafür wird beim Plattenservice eifrig mit metallener Tellercloche hantiert – schön, hier zweimal vorgelegt zu bekommen. So solls sein.

Und sie holen in weitem Bogen die Netze ein

ADLER – Ermatingen. Wer könnte dem lockenden Aquamarinkolorit der figurenreichen Fassadenmalereien des Adlers widerstehen? 1926 schuf der Spanier *José Manuel Sanz y Arizmendi* Fresken von Hochzeitstafeln und Groppenfischern auf «Segenen-Booten» (Segis) und gab damit dem altehrwürdigen Riegelhaus, das als älteste Herberge des Kantons Thurgau gilt, einen Art-Déco-Anstrich im Stile FERDINAND HODLERS.

Doch wenn man die altehrwürdigen Räume betritt und bis auf die Schützenstuben im ersten Stock auf die Stickigkeit pseudobarocker Teppichböden blickt, beschleicht einen das Gefühl, daß hier historisch mit altbacken verwechselt wird. Das gilt auch für die Küche, die bei soliden Grundleistungen doch tief in die Mottenkiste greift. Zum Bürli wird in Plastik abgepackte Frühstücksbutter gereicht, Cracker mit Avocadocreme erinnern ebenso wie die klare Knoblauchsuppe mit Croutons an die lukullische Experimentierfreude von WG-Parties der 1970er. Wenn sich die Tellerdeko zeitgeistig gibt, dann leistet sie sich mit scharfen Peperoncini und Spritzern

Kommt ein alter Hecht daher...

des *Bodensee-Maggis* Aceto Balsamico einen völligen Fehlgriff zu gebackenen Chretzern.

Schade auch, daß außer ein paar in Vitrinen präsentierten Zimelien die literarische Tradition des Hauses eher Stoff für Prospekte als Herzensanliegen zu sein scheint: 1936 las THOMAS MANN vor sieben Zuhörern in der Wirtinnenstube Kapitel aus seinem fast fertigen Roman «Joseph und seine Brüder». GOETHE und die Gebrüder JÜNGER haben sich hier ebenso gelabt wie der Arenenberger Nachbarssohn CHARLES LOUIS und spätere KAISER NAPOLÉON III.

HECHT – **Ermatingen.** Kein Anglerlatein. Die Barockmalereien bezeugen mit Inschriften, welche kolossalen Hechte und Welse die Ermatinger Fischer einst aus dem Untersee gezogen haben. Es ist das ichthyologisch-anheimelnde Ambiente der ausgemalten Stube, das den Gast in das ein paar Schritte vom See entfernte Wirtshaus lockt. Die Küche bleibt im Rahmen. Die mächtige Fischsuppe mit Dotter, Butter, Mehlschwitze, Safranfäden und eigentlich zu viel Pernod erinnert an lang

Verwunschene Beiz – *Seegarten in Ermatingen*

aus der Mode gekommene Frankreichschwärmerei. Wer sich auf die aus gebackenen Chretzer beschränkt, kann nichts falsch machen.

SEEGARTEN – Ermatingen. Verwunschen wie ein irisches Cottage – bunte Holzstühle im verträumten Blumenvorgarten. Am westlichen Dorfrand lädt dieses Vesperstübli ein, bei entspannter Zvieri in die Sonne zu blinzeln. Wirt *Walter Ribi* schenkt glasweise lokalen Wein oder Most aus, dazu gibt's Speckteller, Rohmilchkäse oder Leberwurstbrot.

BADBEIZLI – Seebad Ermatingen. 2003 wurde am westlichen Dorfrand das neue Naturstrandbad mit aufgeschüttetem Sandstrand und weiter Rasenfläche eröffnet. Besonders erfreulich: Bei der skandinavisch wirkenden Anlage wurde konsequent auf Beton verzichtet – sauber verfugte Holzlatten zitieren die klassischen Badeanstalten, als die Männer noch Schwimmanzüge trugen.

Der Selbstbedienungs-Kiosk mit hübschen Seeblicktischen

Louis trank gern Bodenseebier...

gehört eindeutig zu den besserbestückten, so daß auch oft Nichtwasserratten und seeumrundende Velozipedisten einkehren. Im Sommer kann die Schlange lang werden, denn die Betreiber lassen sich in ihrem Qualitätskonzept nicht aus der Ruhe bringen. Zwar wird auch die Frittenfraktion befriedigt, doch daneben gibt es richtig gute Imbisse mit regionalem Touch: geräuchertes Felchenfilet mit knusprigem Bürli und dazu offener Ermatinger Rosé, *Olma*-Bratwurst mit Appenzeller-Alpenwasserbier, hausgemachte Gerstensuppe. Ein Platz zum Verweilen.

BISTRO LOUIS NAPOLÉON – **Arenenberg.** Das kantonseigene Bildungs- und Beratungszentrum Arenenberg verköstigt Personal, Tagungsteilnehmer, Schloßmuseumsbesucher und sonstige Gäste im kantinenartigen Bistrosaal – charmanter sitzt man im blumenbestandenen Brunnenhof. Standardimbiß und warme Küche mit Pastagerichten, dazu Gelegenheit, die hauseigenen Tropfen der Staatsdomäne glasweise durch-

Die Farben des Weins

zuprobieren: *Kerner, Müller Thurgau*, ein angenehm leichter *Pinot Noir*, der auch als federweisser *Blanc de Noir* ausgebaut wird sowie die *Cuvée Bonaparte*. Ein Spaziergang führt zum Schulrebgarten, in dem 50 verschiedene Traubenvarietäten gehegt werden.

THURGAUWY – Berlingen. Das hat gefehlt: Eine Initiative, die die außerhalb des Kantons weitgehend unbekannte Vielfalt der Unterseeweine erschließt und auch Kleinsterzeugern ein Forum gibt. Das 2009 gegründete Lädeli erweist sich als Fundgrube rarer Etiketten und Sorten wie *Elbling* und *Kernling* – 33 Thurgauer Reblüt liefern an die 180 verschiedene Qualitätsweine ein. Meist lassen sich verschiedene Tropfen offen verkosten.

Als lokaler Geheimtipp sei das Berlinger Weingut *Jakob Meier* genannt, das auf 4,1 ha und 15 Parzellen eine erstaunliche Vielfalt verschiedener Reben selbst keltert, darunter duftig-herben Riesling-Sylvaner und Pinot Gris.

Frohsinn in Berlingen

SEERESTAURANT HOTEL FROHSINN – **Steckborn**. Auch außerhalb der Badesaison viele Schweizer in der picobello rausgeputzen Stube mit Seeblick, draußen auf der Rebenterrasse direkt am Wasser wettergegerbte mintgrüne Plastikstühle, die designmäßig aussehen, als ob sie für eine Seeserenade *Vico Torrianis* angeschafft wurden. Am hauseigenen Bootssteg flattert patriotisch die Schweizer Flagge. Das ist das Frohsinn.

Kulinarisch ist der Familienbetrieb kein Überflieger, aber regionales Bemühen ist erkennbar: eine leicht aufgerahmte Bodensee-Fischsuppe mit Gemüse steht neben banalem Crevettensalat. Mostbröckli-Carpaccio wird mit Thurgauer Emmentaler und Kürbiskernöl angerichtet. Thurgauer Rieslingsuppe stellt eine gute Grundlage für Eglifilets mit guten Kartoffeln dar. Süßmostcreme mit Gravensteinerschnitzen variiert klassisches *Chaudeau* ins mostindische Milieu. Eine verläßliche Adresse.

GELEGENHEITSWIRTSCHAFT JOCHENTAL – Steckborn. Wie von einem Altan schweift der Blick hinunter auf den spiegelnden Untersee zur Horner Landzunge auf der Höri – Lohn einer reizvollen Wanderung oder Fahrradtour vorbei an Schafherden, Rebbergen und Streuobstwiesen.

Auch wenn die Gelegenheitswirtschaft eher wie eine moderne Holzbaude aussieht, schaffen es die umkomplizierte Gastlichkeit der Familie *Lampert-Jenny* und die wohlschmekkenden Eigenprodukte schnell, daß man sich willkommen fühlt. Zur preisgünstigen Stärkung gibt's für sieben Franken und fünfzig Rappen schon mal Substantielles wie den Schweizer Armee-Eintopf Spatz mit Rindfleisch, Wirsing, Rübli, Kartoffeln und Nüdeli. 100 cl (mithin 1 Liter) Quellwasser aus Eigenversorgung werden um einen Franken weniger kredenzt. Zu den ausgezeichneten Hauswürstli vom Schafffleisch erfrischt eigener Apfelsaft oder Chlöpf-Most, vulgo Eigenbau-Cidre. Müller-Thurgau, Pinot Gris, Blanc de Noir, angenehm leichter Blauburgunder sowie eine Cuvée aus Regent / Zweigelt stehen für eine veritable Degustation Jochentaler Weine zur Verfügung.

Restaurant Krone, CH-8272 Ermatingen, Untere Seestrasse 3, Tel. 0041 (0)71 6641744. Fr-Di. Preise: Mittel.

Hotel Adler, CH-8272 Ermatingen, Fruthwilerstr. 2/4, Tel. 0041 (0)71 6641133. Mi-Sa 9-23 Uhr. www.adler-ermatingen.ch. Preise: Mittel.

Restaurant Hecht, CH-8272 Ermatingen, Schiffländestraße, Tel. 0041 (0)71 6641615. Fr-Di 10-24 Uhr. www.hotelhecht-ermatingen.ch. Preise: Mittel.

Seegarten, CH-8272 Ermatingen, Untere Seestrasse 39, Tel. 0041 (0)71 6642757.

Badbeizli Ermatingen, CH-8272 Ermatingen, Strandbad, Tel. 0041 (0)71 6600439.

Vinorama, CH-8272 Ermatingen. Hauptstrasse 62, Tel. 0041 (0)71 6600101. Fr-So (Nov.-April nur Sa, So 14-17 Uhr). www.vinorama-ermatingen.ch. Mehr als ein Heimatmuseum. Die Sammlung erzählt anschaulich die Geschichte des Thurgauer Weinbaus und pflegt den Rebwanderweg.

Bistro Louis Napoléon, BBZ Arenenberg, CH-8268 Salenstein, Tel. 0041 (0)71 6633165 oder 0041 (0)71 6633333. April-Okt. Mo-Fr 11-18, Sa, So 10-18 Uhr. www.lbbz.tg.ch, www.arenenberg.ch. Preise: Günstig/Mittel.

⤴ Spartanische Tagungszimmer. EZ 70-80 CHF, DZ 130-140 CHF

ThurgauWy, CH-8267 Berlingen, Seestrasse 71, Tel. 0041 (0)52 7702822, Mobil 079 3463848. Mo, Di, Do, Fr 10–12, 14-18; Sa 10–13 Uhr. www.thurgauwy.ch

Seerestaurant Frohsinn, CH-8266 Steckborn, Seestr. 62. Tel. 0041 (0)52 7611161. Fr bis Di (im Sommer auch Do). Preise: Mittel. www.frohsinn-steckborn.de

⤴ 10 Zimmer im Familienhotel direkt am Ufer – teilweise mit Seeblick. Eigener Bootssteg. EZ 90 CHF, 135-170 CHF.

Gelegenheitswirtschaft Jochental, CH-8266 Steckborn, Seehaldenstraße, Tel. 0041 (0)52 7611570. Mai bis Sept. Mo bis Sa ab 12, So 10-17 Uhr. www.jochental.ch. Preise: Günstig.

20 Mammerner Güggeli

Alle schwärmen sie einhellig von Mammern. Der Schweizer Gourmet und seine schlanke Frau, die die teuersten Restaurants Helvetiens durchprobiert haben, das schwäbische Ehepaar, das im Benz von Sindelfingen herübergekommen ist, die Genußradler, die ihre Tagesetappe von Konstanz exakt zum Mittagessen geplant haben.

Vierkant-Pavillion am Wasser

Was macht das Faszinosum des stillsten und kleinsten Schweizer Unterseeortes aus? Für einige sicher die verträumten naturbelassenen Badiplätze oder auch die angesehene Reha-Klinik im Schloß, die der über 1100-jährigen Gemeinde das Image eines Kurorts verleiht. Für andere vielleicht die Wein- und Waldwanderwege, die atemberaubende Blicke auf den sich fjordartig Richtung Hochrhein verjüngenden Untersee und die Höri gewähren.

Aber für die meisten sind es die Güggeli. Die Generationen Wienerwald und Putenbrust haben es sich ja schon lang abgewöhnt, Hühnchen für etwas Feineres zu halten. Und das arme Massentierhaltungsturbogeschöpf, daß zumeist alternativlos in deutschen Landen auf den Grill kommt, schmeckt ja auch nach mit Gewürzmischungen hochgeputschtem laschem Quälfleisch.

Hier in Mammern ist alles anders. Gleich zwei Traditionsgasthöfe haben sich auf Aufzucht und Zubereitung von *Poulet* der edelsten Art spezialisiert. Die Küken haben Auslauf im Grü-

Schlüssellochperspektive auf den Kurpark

nen, werden mit frischem Grün und Riebelemais gemästet und mit wenig mehr als Salz im Backofen zubereitet. Selbst die Fritten, ja die Fritten im Korkenzieherdesign erinnern hier nicht an Fastfood, sondern an die fernen Zeiten, als Pommes in Schloßhotels elitäre Beilage zu Luxushappen wie Chateaubriand waren.

In Gesprächen mit Einheimischen wird immer wieder begeistert betont, daß es hier noch so wie früher sei und schmecke. Nun ist kulinarische Schlafmützigkeit nicht per se ein Vorteil, aber in einer Welt sich schnell wandelnder Eßsitten, Gerichte und vor allem zunehmenden Mißtrauens gegenüber Produkten stellt es eine beachtliche Leistung und Flexibilität dar, nichts zu verändern. Denn oft kann man das, was es früher gab, in dieser Qualität gar nicht mehr kaufen. Man muß es selbst herstellen, und diese kulinarische Autarkie verlangt viel Aktivität und beharrlichen Kraftaufwand .

Lädine unter vollen Segeln

GASTHOF ZUM SCHIFF – **Mammern.** Familie Meier bzw. Schmid-Meier, die das Riegelhaus seit dem 18. Jh. führt, ist das ganz unaufgeregt gelungen. Der Gast (dem Reservierung dringend empfohlen sei), hat die Wahl zwischen einer behaglichen stilechten Stube und dem Garten mit einer offenen hölzernen Windschutzlaube. Schön fürs Auge die zart karierten Leinentischtücher, ein bäuerlich gasthausartiger Akzent, der zur souveränen Schlichtheit des Hauses paßt. Vom Schweizer Stilempfinden könnten sich deutsche Wirte, die die Typologie des Gasthauses für gewöhnlich entweder mit weißem Damast aufzuwerten oder mit Papier und Plastik zu vergröbern oder mit Trachtenkitsch zu verdirndeln suchen, gerne eine Scheibe abschneiden.

Die meisten Gäste wissen vorher, was sie ordern – die Auswahl bleibt bewußt kanonisch knapp. Der Tagesfang von gebackenem Fisch mit Sauce Tartare oder Mistkratzerli? Schaffen Sie ein ganzes (37 CHF), das in zwei Gängen serviert wird, oder ein halbes (28 CHF)? Dazu Pommes Frites aus Thurgauer

Wertkonservativ und werbefrei: *Gastgarten im Schiff*

Kartoffeln. Wer sich den vollen Ritus zutraut, kann vorher noch Güggeli-Leberli mit Omelette oder Nüssli-Salat aus dem eigenen Garten ordern – die rosa-zart geröstete Innerei erweist sich als Leckerbissen im Stile eines *fegato alla veneziana.* Als Getränk empfiehlt sich Gontenbader Mineralwasser und filigraner eigener Mammerner Weißwein. Selten erlebt man Huhn so als Delikatesse – knusprige Haut, saftig zarte Textur, aromatischer Duft, die Schweizer Kunst, ganz einfache Speisen durch minimalistische Konzentration aufs Produkt zu veredeln, in Vollendung!

«Sind Sie bedient?» fragt die Kellnerin – ja merci, bestens! Denn hier kann man sich bei superber Qualität vom Diktat der kreativen Küche erholen. Oder um mit *Wolfgang Abel* zu sprechen: »Im ‹Schiff› gibt es nicht dies und das, sondern ein kulinarisches Kammerspiel, fehlerfrei präsentiert. Zur trendfreien Karte paßt ein Publikum, das die Aufgeregtheiten des Statuskonsums gerne den nachdrängenden Kreisen überläßt. Kleines Glück in Mammern am Untersee.»

Fischadler bewacht Riegelfassade

ADLER – **Mammern.** Etwas weniger Kult als das Schiff – schließlich ist das Haus mit der schmucken Riegelfassade auch »erst« seit 1854 in Familienbesitz und Patron Christian Schaefer macht kein Hehl daraus, daß er seine Mammerner Gattin Esther Meier im noblen Waldhaus in Sils-Maria kennengelernt hat, aber eigentlich aus Norddeutschland stammt. Dafür sitzt man hier im Sommer noch schöner, wenn man einen Platz im entzückenden Gartensalettl ergattert – bei soviel Blumenpracht ißt das Auge beim Güggelischmaus mit!

Die Küche geriert sich bei aller helvetischen Bodenständigkeit vorsichtig kreativer: so gibt's zur Güggeli-Leber Apfel-Rübli-Confit und das selbstgezogene Mistkratzerli auch gebacken oder mit Kartoffelecken. Extralob, daß ganz im Sinne haushälterischer Resteverwertung Flädlisuppe mit Güggelimägen angeboten wird. Auch sonst legt das Wirtsehepaar Wert auf hausgebackenes Sauerteigbrot, lokales Lammfleisch und frische Fische, die auch im ganzen pochiert zubereitet werden. Vorzüglich mundet dazu ein Halbliterfläschli des

Reduktion der Komplexität: *Weinkarte im Café Sternen*

Adler-Wys, gezogen von den eigenen Riesling-Sylvaner-Reben vor der Haustür.

CAFE ZUM STERNEN – **Mammern.** Solche herrlich altmodischen Bäckereien ohne nervenden Firlefanz gibt's nur in der Eidgenossenschaft, denkt man sich, wenn man den Verkaufsraum des Sternen betritt. Auf Holzregalen und dem Verkaufstisch liegt Weniges aber Gutes aus: Amaretti sind ebenso eine Spezialität wie das altvordere, in den 1830ern von dem amerikanischen Pfarrer und Enthaltsamkeitsapostel Sylvester Graham entwickelte ungebleichte Grahambrot. Wer sich in die winzige Gaststube links vom Laden begeben will, wird gebeten, erst sein Baumnußgipfeli oder seine Birnenwähe zu zahlen und den Kuchenteller mitzunehmen – ein Umstand der sich lohnt. Denn der niedrige getäfelte Raum mit uralter Weinpreistafel, der wie eine Mischung aus Berghütte und Kajüte wirkt, ist ein idealer Platz, um bei einem Kafi oder einem Einerli oder Zweierli das seltene Gefühl auszukosten, daß die Zeit stehengeblieben ist.

Erst kraulen, dann Rüblitorte: *Seebadi Mammern*

KIOSK SEEBADI – **Mammern.** »Bijoux am Untersee: Gute Aussichten auf einen idyllischen Badplatz... Unterhalb der Durchgangsstraße wieder ein Schmuckkästchen-Dorfkern, idyllisch gerahmt vom Untersee-Obstland – auffallend üppige Rosenstauden zieren die Bauerngärten. Vor so viel Wohlstand könnte man den feinen Badplatz unten am See fast übersehen, kein Schild weist den Weg, es soll eben beim lokalen Badi-Treff bleiben. Der schmale Moosackerweg führt runter in Richtung Seeufer, Parkmöglichkeit auf der gemähten Wiese vor einem kleinen, etwas versteckten Strandbad. Falls der Spätsommer noch einmal durchstartet, wäre hier ein Vesperplatz zum zweiten Kaffee. Das erste Fallobst ist schon so weit, Äpfel liegen im taunassen Gras, das erst gegen Mittag abtrocknet. Dafür kann man jetzt wieder in der Sonne liegen, ohne zu verblöden.

Und die Spätsommerfarben in der Badi von Mammern wären für Landschaftsmaler ein Reisemotiv. Allein die kolossale Pappel vorne am See, dann das Panorama aufs deutsche Ufer, Oberstaat, Schloß Kattenhorn, meine Güte, ist das schön! Im

Himmelskönigin mit Zwiebeltürmchen

sorgfältig bestückten Kiosk gibt's frisches Bircher Müsli, bei Hochdruckwetter sorgt die freundliche Pächterin für selbstgebackenen Zwetschgenkuchen. Der Café Creme hat Klasse. – Klasse im Badi-Kiosk.» (Zitiert m.frdl. G. nach dem Oaseband «Badplätze» von Wolfgang Abel)

KLINGENZELLERHOF – **Eschenz.** Es riecht schon ein wenig nach Alm und Voralpen, wenn man auf steilen Wanderwegen vorbei an friedlich auf Matten grasenden Rindern den Klingenzellerhof erklimmt. Oben angelangt, bietet sich die erzkatholische Kombination von Wallfahrtskapelle und Wirtshaus, auch wenn einen die Adlerperspektive auf Stein am Rhein zunächst von geistlichen und leiblichen Genüssen ablenkt.

«Maria von Klingenzell», schmerzensgekrönt/ mach', daß alle Schweizer mit Jesus versöhnt» heißt es im «Muttergotteslied der Eidgenossen» über das mittelalterliche Gnadenbild der Sieben Schmerzen Mariä. Heute ist die 1704 neugebaute Kapelle mit den buntgefaßten Heiligenstatuen beliebt als Hochzeitskirche.

Rösti nach der Radtour

Der Klingenzellerhof, halb Almhütte halb Ausflugslokal mit eher schäbigen Plastikstühlen entpuppt sich als lupenreiner Selbstversorger. Auch wenn manchmal Busgruppen den traumhaften Stein-Blick zelebrieren, gilt das Versprechen, möglichst Salate aus dem eigenen Garten und Fleisch von eigenen Tieren zuzubereiten. Angenehm für hungrige Sportler, daß es durchgehend warme Küche gibt, neben selbstgemachter Gerstensuppe oder Schaffhauser Riesling-Schaumsuppe erfreut sich der Röstiplausch allgemeiner Beliebtheit.

Zünftige Ehrensache der Preisunterschied: Bauernspeck am Stück kostet 10.50 CHF, geschnitten 12 CHF. Dazu paßt ein Eigenbrand von Quitte oder Gravensteiner. Der durstige aber abstinente Wandervogel kann sich an «Tröpfel» laben, einem alkoholfreien Apfel-Trauben-Cidre, den die Klingenzellerbäuerin *Patricia Dähler-Kraus* zusammen mit Adlerwirtin *Esther Schaefer-Meier* aus Mammerner Früchten in den Geschmacksrichtungen «brut» und «demisec» vergären läßt.

Gasthof zum Schiff, CH-8265 Mammern, Seestr. 3, Tel. 0041 (0)52 741 24 44. Di-So 8.30-24 (Küche 11.30-14, 17-21 Uhr). www.schiff-mammern.ch. Preise: Mittel

↩ Ruhige geschmackvolle Zimmer im Nebengebäude, eigener Badestrand mit Liegewiese. EZ 130 CHF, DZ 190 CHF.

Gasthof Adler, CH-8265 Mammern, Hauptstr. 4, Tel. 0041 (0)52 741 29 29. Mi-So (Juni-Aug auch Mo). www.adler-mammern.ch. Preise: Mittel

↩ Gästezimmer mit Blick auf den hauseigenen Weinberg. EZ 90 CHF, DZ 130-140 CHF.

Cafe zum Sternen, CH-8265 Mammern, Seestr. 2, Tel. 0041 (0)52 741 24 76. Mi-So 8-12, 13.30-19, Mo 8-12 Uhr.

Kiosk Seebadi Mammern, CH-8265 Mammern, Moosackerstrasse, Tel. 0041 (0)76 488 80 28. Bei sonnigem Wetter, Juni Sonntag 11-19.00, Mi-nachmittag, Juli/Aug. tgl. 11-ca. 19 Uhr. (Badi Ostern-September)

Klingenzellerhof, CH 8264 Eschenz-Mammern, Klingenzell oberhalb Mammern, Tel. 0041 (0)52 741 24 52. Okt. Sa-Mi 9-19; Nov.-Febr. Sa, So 9-19, Mo 9-17, März auch Di, Mi 9-17: April bis Sept. Sa-Mi 9-20.30 Uhr. www.klingenzellerhof.ch. Preise: Günstig

21 Genussoasen am Hochrhein

«Grün und frisch zieht der Rhein vorbei»
Werbebroschüre Stein am Rhein

»Wie es so lustig war darynn,
Dann sie lag zunächst am Rhyn,
So wird verglichet sie dem Paradies,
Denn darin fint man alle Spys,
Was doch der Mensch begehren tut,
Das fint man da fürwar alls Gut.«

Lobpreis der Stadt Stain, um 1575

Hecht blau, Schleie blau

Eigen, daß der Hochrhein, wo er noch ganz blutjung ist, im Steiner Szenario schon alle Ingredienzien einer altväterlich wirkenden Rheinweinseligkeit und Schwärmerei vereint, freilich ohne die deutschnationalen Untertöne, die uns heute meist unangenehm aufstossen.

Eine romantische Burg mit Aussichtslaube wie Hohenklingen, thronend über an den Hang gekrallten Rebhügeln, ein geheimnisvolles Kloster voller Landsknechtsmalereien, festgefügte Gasthäuser mit schmiedeeisernen Schildern, buntbemalte Weinstuben mit angedunkelter Möblierung.

Überhaupt die Fresken, die Stein das ganze Jahr zur Märlistadt, zum aufgeschlagenen Bilderbuch machen. Bei genauerem Hinsehen erschließt sich der helvetische Akzent ihrer lüftlmalerischen Ikonographie. Im reformatorischen Klima der Renaissance stellten Künstler *all'italiana* Boccacio-Novellen, aber eben auch fromme Bibelillustrationen und Wappentiere dar.

Alkohol und Kater: *Wandmalerei von Alois Carigiet*

Und mancher einheimische Gast wird sich an seine Kindheit erinnert fühlen, wenn er neben einer aufmerksamen Katze Humpen, Hummer und Hecht an der Schaufront des Schwarzen Adlers erblickt. ALOIS CARIGIET, Illustrator von heißgeliebten Kinderbuchklassikern wie dem Engadiner Schellenursli, hat sich hier 1956 im Auftrag der Schaffhauser FALKENBRAUEREI am größeren Format versucht.

Wenn man in den frühen Morgenstunden oder in den Wintermonaten durch die trutzig-schmucke Stadt mit ihren Gassen, Lauben und Stadttoren schnürt, dann scheint es, als ob einzig der Fluß weiterrausche, die Zeit hingegen festgefroren sei – LITHOPOLIS, die steinern festgefügte Stadt, nannten die Züricher den einstmals wichtigsten Handelshafen ihres Kantons.

Dafür wimmelt es in der Saison von Urlaubern – nicht nur die Schweizer Landsleute haben das pittoreske Ensemble mit Preisen überhäuft, Touristen aus der ganzen Welt fotografieren um die Wette dieses Konzentrat der Swissness. An

Swissness statt Sushi

den Postkartenständen sind Souvenirs von der Toblerone bis zum Taschenmesser leichter zu finden als die Neue Züricher oder die Weltwoche.

Swissness ist auch fürs Essen angesagt. Das heißt nicht, daß man automatisch in einen tiefen Röstigraben fällt, wenn man in Stein einkehrt. Dafür gibt es zu viele gute lokale Produkte, vom Steiner Blauburgunder bis zur begehrten Rheinäsche. Wer sich in Stein kulinarisch ein bißchen umsieht, findet neben den üblichen Schweinsplätzli und vorgefertigten Felchenchnusperli einen Käseaffineur, der keine Wünsche offenläßt, lokale Steillagenauslesen wie die Klingenberger Pinots des Weinguts Florin (der einzigen Steiner Eigenkelterei), und Gaststätten, die noch immer ihre Ehre darein setzen, nicht ganz billigen frisch gefangenen Süßwasserfisch zu servieren.

Die Urlauberscharen in Shorts und Flip-Flops fühlen es. Die erregendere Attraktion ist der Fluß, der schnell dahinströmende, trinkwassersaubere Rhein. Wer sich auf ihm weitertreiben

Romanik inmitten der Reben – *Galluskapelle in Stammheim*

läßt, per Kanu, per Stocherkahn oder ganz kühn wie die Einheimischen schwimmend, der wird unfaßbar naturbelassene Sonnenbadewiesen und Genußoasen entdecken. Etwa Diessenhofen mit seinen blumengeschmückten Steinbrunnen und seiner Pfahljochbrücke, die trotz amerikanischer Bombenschäden immer noch ganz mittelalterlich wirkt oder die Deutschschweizer Exklave Büsingen.

Wem der Tourismusmagnet zu trubelig wird, der kann auch eine Eskapade ins *Züribiet* unternehmen. Keine 10 km südlich von Stein erstreckt sich das hüglige Stammheimer Hopfen- und Weinland. In der größten Reblage des Kantons ist seit Anno 834 Rebbau nachgewiesen – romanische Kapellen, Wanderpfade und ungewöhnlich schöne Ensembles nicht zu sehr aufgeputzter Riegelhäuser bilden eine idyllische Alternative zum Rheintreiben.

Unter Fresken zechen

ZUM ROTHEN OCHSEN – **Stein am Rhein.** 1446 als Gasthaus verbrieft, 1615 mit dem antrabenden Roten Ochsen bemalt. Es grenzt an ein Wunder, daß in der touristischen Pole Position des Rathausplatzes ein so geschichtsschwangeres Lokal jahrelang als verträumter literarischer Treffpunkt, ja Lesestube geführt wurde. Nun, seit 2010 gibt's neue Pächter. Die haben den Trinkspruch «Zum Wohl» in allen potentiellen Besuchersprachen auf die Homepage plaziert, aber auch versprochen, den Ochsen als Treffpunkt der Einheimischen zu erhalten. Jedenfalls setzt man jetzt mehr auf gepflegte Speisegaststätte: Die Fonduemischung kommt vom Käsespezialisten vis-à-vis und auch das Rösti mit Kalbsläberli versöhnt. Patriotisch weltläufig kann man mit Coupe Nesselrode schließen – die üppigen Maroni-Vermicelles mit Glace und Meringue werden offenbar nur in der Schweiz nach dem zaristischen Kanzler und Diplomaten KARL ROBERT GRAF VON NESSELRODE (1780-1862) benannt.

Unverändert geblieben sind die ergötzlichen rheinweinseligen Stubenbemalungen von 1913. Mit männerbündleri-

Warum ist es in Stein am Rhein so schön?

schem Akzent rufen sie die altgermanische Macho-Maxime in Erinnerung, daß nur gestandene Zecher auch «dapfere Mannen» sind.

RHEINFELS – Stein am Rhein. Die kulinarische Wacht am Rhein? Jedenfalls wirkt das mächtige Gebäude mit seiner altanartigen Speiseterrasse über dem Fluß wie eine Bastion. Und die war es auch, schließlich wurde hier direkt an der Brücke Zoll eingetrieben. Auch als «Gredhaus» (Kontor), Salzstapel, Rathaus und Knabenschule diente der Koloss, bevor Ende 19. Jh. das Gastgewerbe einzog.

Familie *Schwegler* führt das Hotel seit 1954. Mit seinen Lichterweiblein und Erinnerungsstücken wirkt das Etablissement pompös eingefärbt und etwas in die Jahre gekommen, was aber der Küche nicht schaden muß. Der Patron ist Mitglied der «Tafelgesellschaft zum Goldenen Fisch» und bemüht sich um eine breite Palette an Fischspezialitäten – so gibt es auch Seltenes wie *Wels Grenobloise* mit Kapernbutter oder *Fritto Misto* von Fischfilets mit Aioli. Schweizerisch fair, daß die

Speisekarte Klartext spricht. Für Rheinäschen und Hechte ist der Fang aus dem Bodensee garantiert, für die anderen Fische kann bei Bedarf auch Auslandware verarbeitet werden. In bester helvetischer Tradition hat der Gast die Wahl zwischen Portion mit Nachschlag und Tellergericht.

Spezialität zum Mitnehmen im Keramiktöpfchen ist La terrine de rillette au queue de veau au poivre vert. Faseriges Muskelfleisch und feingewiegte bißfeste Knorpel sorgen, auch wenn das verpönt klingen mag, für die Bißfestigkeit dieser grüngepfefferten Köstlichkeit aus Kalbsschwanz. *Grande cuisine!* Kalbskopf, Nüsslisalat mit hausgeräucherten Kalbsmilken (Bries) oder Wildschinken beweisen, daß hier ein Altmeister sein Handwerk beherrscht.

CHÄS GRAF – Stein am Rhein. Es duftet fein nach Asche und Trüffel, nach Waldboden und Rahm – wie es eben nur in den besten Käsegeschäften der Welt riecht, die nicht eingeschweißten kastrierten, pardon pasteurisierten Allerweltskäse vertreiben, sondern sich der individuellen Aromenvielfalt handwerklich erzeugter Rohmilchkäse verschrieben haben. Das Angebot reicht von der Geheimwaffe *Belper Knolle* bis zu vierjährig gereiftem *Sbrinz*, von *Urnäscher Alpkäse* bis zum weingeschmierten *Steiner Ratsherrenkäse*. Faszinierend, wie *Werner Knöpfli* im hauseigenen Käsekeller die Laibe pflegt und reifen läßt – nach Vorbestellung ist ein Apéro beim Affineur mit Degustation und Steiner Weinen möglich.

KAFI RHYWEG 4 – Eschenz. Auf dem Holzsteg zur Franziskanerinsel Werd stehenbleiben und hinuntersehen, wie ausgewachsene Brachsmen in der Strömung stehen und sich die Sonne auf ihren silbrigen Rücken scheinen lassen, als warteten sie auf eine Fischpredigt. Es sind solche Impressionen einer frischen überquellenden Natur, die verstehen lassen, warum sich die iroschottischen Missionare im fischreichen Bodenseeraum fast wie zu Hause fühlten. Der Hl. Otmar,

Rüblisaft und mehr...

Gründer und erster Abt des Klosters St. Gallens, starb auf dieser Klosterinsel 759 in der Verbannung, obwohl er so großherzig gewesen sein soll, daß er sein Weinfässlein für jeden Armen anzapfte – und es, oh Wunder, ob solcher Mildtätigkeit nie versiegte... Auf der winzigen Rheininsel blühen Blumenrabatten und ein Pflanzenlabyrinth. Die Franziskanergemeinschaft unterhält Gewächshäuser und eine Kapelle für die seelische Einkehr.

Wer sich nachher leiblich stärken möchte, der findet an Land, wenige Schritte Richtung Zentrum, seit 2010 ein einfaches Kafi. Die charmante Patronne preßt frische Fruchtsäfte, bäckt Rüblitorte, Herzli-Guetzli und Pasteten. Ein Platz fernab vom großen Rummel, der in seiner geschmackvollen Einfachheit gut in die Nähe der frommen Insel paßt.

KRONE – Diessenhofen. Appenzeller Gitzi und Rheinäsche steht in Kreide auf der Schiefertafel – allein das ein Grund, wenige Meter vor der Diessenhofener Holzbrücke zu stoppen und bei *Franz* und *Gudrun Oberholzer* einzukehren.

Stoppen für Gitzi

Ihre Mitgliedschaft in der Tafelgesellschaft zum Goldenen Fisch dient nicht bloß, um sich eine honorige Plakette anzustecken, sondern spiegelt echte Passion und Kennerschaft wieder. Faszinierend, mit dem Patron über Rheinäschen und Seeforellen, Fischtechniken, Fangzeiten und auch das gehört dazu, Umweltschutz und Laichgründe zu fachsimpeln. Überhaupt hat man hier das Gefühl, daß höchst individuell auf die Wünsche der Gäste eingegangen wird, ja teilweise sogar die Zubereitung der Fische im persönlichen Gespräch abgestimmt wird. Etwas brav allerdings die brokkoli-lastigen Gemüsebeigaben, dafür werden im Herbst selbstgesuchte Pilze serviert und auch die handverlesenen Toggenburger Käsesorten aus kleinen Sennereien verdienen Lob.

Herzliche Gastfreundschaft und die Zimmer mit privilegiertem Rheinblick machen die Krone zu einer der individuellsten Adressen am Hochrhein.

Die Tafelmusik der Wellen

ALTE RHEINMÜHLE – **Büsingen.** Büsingen im Landkreis Konstanz ist ein völkerrechtliches Kuriosum. Seit dem Pressburger Frieden 1805 gehört die von Schweizer Territorium umgebene Rheingemeinde trotz ihrer starken Bande an Schaffhausen zu Württemberg bzw. später Baden und Deutschland, ist aber zollrechtlich dem Schweizer Inland gleichgestellt. Das führt zu Skurrilitäten wie doppelten Telefonzellen und Postleitzahlen, ja doppelter Polizeipräsenz sowie einem eigenen Autokennzeichen BÜS. Den kulinarischen Reisenden könnte motivieren, daß er hier nur den niedrigeren Schweizer Mehrwertsteuersatz von 8% auf Konsumation und 3,8% auf Übernachtungen entrichtet.

Aber die wahre Verlockung stellen ein paar blaulackierte Tische direkt am Rheinufer dar. Sie gehören zur 1674 erbauten «Rhymülli», die, heute in Gemeindebesitz, wieder ein Hotel mit prestigereichem Restaurant beherbergt. Der stattliche Fachwerkbau verliert im Inneren durch Tagungsatmosphäre etwas von seinem Charme. Aber unter mächtigen Kastanien

entspannt auf blauen Gartenstühlen zu rasten, dem Plätschern des Flusses, vorbeipaddelnden Kajaks, ja hin- und wieder prustenden Tauchern zu lauschen, gehört zu den entspannendsten Impressionen der Bodenseeregion. Und stilvoller kann man ein Vesper kaum arrangieren, wie den Appenzellerkäse mit Rotwein-Silber-Zwiebeln und knusprigem Brot, das im bäuerlichem Leintuch eingeschlagen ist. Und wann probiert man schon einmal Büsinger Riesling oder Blauburgunder? Vielleicht gibt's ja demnächst eine Cuvée *Gérard Depardieu*. Denn der beleibte Weingutsbesitzer dreht hier 2011 zusammen mit *Isabelle Huppert* Episoden für den Film «Noces de cristal» (Kristallhochzeit).

HIRSCHEN – **Oberstammheim.** Geschichte zum Anfassen, ja Nächtigen. Übrigens: Natürlich können Sie Ihr Pferd mitbringen. Stall vorhanden.

1684 wurde der stattliche Riegelbau von *Johannes Wehrli* für sich und seine Gattin, die Steiner Bürgermeisterstochter *Maria Magdalena Etzwiler* errichtet. Heute ist er nach 150 Jahren Unterbrechung wieder in Familienbesitz. Historische Kachelöfen, bemalte Türen und kuschelig getäfelte Schlafzimmer wie aus dem Historienfilm machen einen Aufenthalt im Haus ebenso zum ästhetischen Erlebnis wie die sensiblen Schwarzweißfotos *Theo Freys* (1908-1997), des Kamerachronisten der eidgenössischen bäuerlichen Arbeitswelt.

Dazu paßt die feine regionalbewußte Küche von *Petra* und *Mirco Schuhmacher*. Das Thurgau-Appenzeller Paar serviert Wild und Stammer Grünspargeln, Forelle in Hopfensenfsauce, Guntalinger Artischocken und eine erfreuliche Auswahl lokaler Alkoholika: Stammheimer Bier mit einheimischem Hopfen oder spritziger Weißwein von der autochthonen Rebsorte Räuschling, die fast völlig durch Müller-Thurgau verdrängt wurde. Zum Dessert gibt's köstliche «Urchuchi»: *Brönnti Creme* ist im Gegensatz zu *Crème brulée* oder *burnt cream* nicht überkrustete sondern gerührte Karamelcreme.

Darum schmeckt es am Rhein so gut

Appetit holen kann man sich bei einem schönen Panoramaspaziergang hinauf zum weingesäumten Chilebückli mit der romanischen Galluskapelle, deren Fresken an die manessische Handschrift erinnern.

Weinstube zum rothen Ochsen, CH-8260 Stein am Rhein, Rathausplatz 9, Tel. 0041 (0)52 741 2328. Mi bis Mo ab 10 Uhr. www.rother-ochsen.ch. Preise: Mittel

Hotel Rheinfels, CH-8260 Stein am Rhein, Tel. 0041 (0)52 741 21 44. Do-Di (Juli/ August tgl., Jan.-Mitte März geschl.). www.rheinfels.ch. Preise: Gehoben

↘ Zimmer mit Rheinblick. EZ 139 CHF, DZ 198 CHF

Chäs Graf, CH-8260 Stein am Rhein, Oberstadt 1, Mai-Okt. Tel. 0041 (0)52 741 22 61. Mo-Fr 8-18.30, Sa 8-16, So 9-16, Nov.-April 8.30-12, 14-18, Sa 8-16 Uhr. www.chaes-paradies.ch.
Besichtigung Käsekeller (ab 5 Personen) Dauer ca. 1 Std. (nur mit Voranmeldung 24 Std. vorher bei Werner Knöpfli, Tel. 0041 (0)52 747 2174, Natel 079 6500406)

Wiilädeli zum Raben, CH-8260 Stein am Rhein, Unterstadt 9, Mi-Fr 14-18, Sa 10-17, So 13-17, Winter Fr 14-18, Sa 10-17. Tel. 0041 (0)77 440 45 57. www.wiilaedeli.ch.

Ca. 25 örtliche Weinbauern haben sich mit Weinfreunden zu einer Kooperative zusammengetan, die auch Weinproben in der Altstadt veranstaltet.

Rhyweg 4, Bistro & Galerie, CH-8264 Eschenz, Tel. 0041 (0)52 741 972.

Hotel Krone, CH-8253 Diessenhofen, Tel. 0041 (0)52 657 30 70. Mi-So 9-14, 17-23, So 9-22 Uhr. www.krone-diessenhofen.ch. Preise: Mittel/Gehoben.

↘ 6 individuell renovierte Zimmer mit Rheinblick. EZ ab 120 CHF, DZ ab 180 CHF.

Alte Rheinmühle, D-78266 bzw. CH-8238 Büsingen, Junkerstr. 93, Tel. 0041 (0)52 625 25 50 bzw. 0049 (0)7734 931990. Tgl. geöffnet. www.alte-rheinmühle.ch. Preise: Mittel/Gehoben

Gasthof zum Hirschen, CH-8477 Oberstammheim, Tel. 0041 (0)52 745 11 24, Mi-Sa 9-24, So 9-21 Uhr. www.hirschenstammheim.ch. Preise: Mittel/ Gehoben.

↘ Drei historische Traumzimmer im ersten Stock, drei moderne im Grafenhaus. EZ 70 CHF DZ 120 CHF.

Gold vom Schlossberg

Riesling x Sylvaner 2008

Dieser fruchtige Tropfen aus alten
Reben besitzt eine ausgeprägte Muscat-
Note. Hervorragend geeignet zum
Apéritiv, zu Käse, Spargeln und Fisch.
Ausschanktemperatur: 8 bis 12 °C.

12,8 % Vol.   Inhalt 50cl.
Fam. Schüpbach, Laufen, 8447 Dachsen

22 Schaffhauser Glücksfälle

«Glarner und Appenzeller Butter nebst ober dem Rheinfall wachsenden Wein und Brod waren unsere einfache Freiheitskost» – so schwärmt der Carlsschüler und spätere Wasserfallmaler Josef Anton Koch im Tagebuch seiner Reise an den Bodensee von 1791.

Wein ist in der Kantonalmetropole heute mehr denn je ein Thema. Wenn auch nicht mehr einfacher. Denn die Schaffhausener Tropfen aus dem «Blauburgunderland» haben in den letzten Jahren eine gewaltige Aufwertung erfahren. *Reblüt* aus Thayngen und Hallau, aus Uhwiesen und von den Stadtrebgärten haben mit sauberer Vinifizierung und ambitionierten Cuvées dafür gesorgt, daß das Verdikt «dä suure chaib chasch ja nid trinke» demodé ist und Namen wie *Aagne vom Schopf* oder *Thomas Stamm* unter Schweizer Weinkennern zum Begriff geworden sind.

Emblematisch, daß die steilen Treppenwege, die zur kreisrunden Renaissancefestung *Munot* aufsteigen, von stadteigenen Blauburgunder und Pinot Gris-Reben gesäumt werden. Beim *Zinnenwirtbistro* im Burghof kann man an groben Holzbänken ganz wie in Berlin die Currywurst mit Edlem hinunterspülen: Ein Fläschchen «Munötler» gibt's um 25 Franken.

Doch Schaffhausen ist nicht nur Idylle. Als die aufkommenden Eisenbahntrassen die mühevollen Pferdetransporte zu Seiten des Rheinfalls unlukrativ machten, setzte man auf Industrie. Werksanlagen versus bürgerliche Erkerhäuser, auf denen Schnitzreliefs und fromme Sprüche prangen. Das Janusgesichtige prägt die Stadt, die sogar – friendly fire? - 1944 amerikanische Fliegerbomben abbekam, die ausgerechnet eine Waffenfabrik demolierten.

Ein buntfunkelnder bis an die Zähne gerüsteter *Landsknecht* weist den Weg durch die Einkaufsschneisen der Alt-

stadt – zu Füßen des *Mohrejoggel*, seines schwarzhäutigen Brunnenkollegen, schöpfen stilbewußte Fahrradfahrer gerne Trinkwasser. Und besorgen sich als Proviant nachher in einer der ortsansässigen Metzgereien eine gekümmelte, jawohl gekümmelte Hallauer Schinkenwurst.

Ausgefallenere Gewürze und Kräuter und vor allem mehr Ruhe warten auf den Stadtflaneur, der im versteckten Klostergarten der romanischen *Abtei Allerheiligen* Zuflucht sucht. Bereits 1938 wiederangelegt (lange vor dem Strabogarten der Reichenau), umfaßt er Küchen- und Apothekenpflanzen vom Mädesüss und Käslikraut bis zur Ochsenzunge, von Verveine bis Apfelminze und italienischem Peterli.

Bleibt zum Schluß noch ein kulinarisches Muß – die «Schaffhauserzungen». Eine Art Meringue-Mandel-Haselnuß-Katzenzungen, absolut mehlfrei und gefüllt mit lockerer Buttercreme. Am besten, Sie erwerben das Original (oder ziehen es im Automaten) des *Café Reber*, das leider durch Modernisierung und Monströsitäten wie einen Fitnesssalattrolley seinen Kaffeehauscharakter verloren hat und geniessen es an einem der Lieblingsplätze der Einheimischen – im *Rhybadi* von 1870, das einen nach Überquerung der verkehrsumdonnerten Hauptstraße in eine Welt entführt, in der es «noch wie damals, nach altem Holz, heißer Haut und Kokos-Sonnenmilch duftet» (Aus: «Badplätze», Wolfgang Abel, Oase Verlag).

ZUM FRIEDEN – **Schaffhausen.** Großkörnige Abzüge von Schwarzweißphotos wettergegerbter Weinbauern, die mit ihrer Kiepe steile Rebhügel erklimmen. Mit stilsicheren Akzenten nimmt das junge Wirtsehepaar *Heidi* und *Fabrice Bischoff* der altehrwürdigen Wirtschaft zum Frieden die historische Schwere. Das niedrigste Haus am Herrenacker hat seit seiner frühestesten Erwähnung anno 1445 Herrgottsschnitzer, Bürgermeister und Metzger zu seinen Besitzern gezählt. Auch Eidgenossen brauchen nachbarlichen Zwist: Bis ins 18. Jh. hieß das Anwesen «Zum Streit»!

Heute trifft sich Schaffhausener Bürgertum in der feinen Erststockstube, im entzückenden Wystübli mit grünem Kachelofen oder im intimen Garten mit seiner Glyzinienpergola, um die verfeinerte Küche zu genießen: hohe vegetarische Kompetenz beweist der lauwarme Blumenkohlsalat mit gerösteten Haselnüssen, die einen kernigen Kontrast zu den bißfesten Röschen in senfiger Vinaigrette ergeben.

VINOPIUM/FISCHERZUNFT – **Schaffhausen.** *André Jaeger* gehört mit seiner asiatisch inspirierten «cuisine du bonheur» zu den bestbewerteten Köchen der Schweiz. Angenehm, daß er in seinem RELAIS & CHATEAUX-Hotel neben dem Gourmettempel auch im erschwinglicheren Bistro VinOpium kulinarisch neugierige Gäste bewirtet.

Man sitzt im opulenten Innenraum, der ein bißchen nach Suzie Wong aussieht oder direkt am Rheinfußweg, getrennt durch orange Petunien von den Pedaltretern und bewacht von zwei Chinoiserie-Fabelhunden. Auch hier läßt der Aargauer seine Hongkonger Vergangenheit im Peninsula Hotel durchblitzen. Die *Dim-Sum* mit hausgemachten Saucen deklinieren sauber Typen wie Vierfreuden-Jiaozi, Shaomai oder Baozi durch und schmecken um Welten authentischer als die Tiefkühlware normaler Chinesen in deutschsprachigen Landen, wenn sie auch verglichen mit ihrer Heimat oder der New Yorker Chinatown eher im soliden Mittelmaß verbleiben. Das Eglifilet mit dem allmählich inflationären Accessoire des Blütenschmucks bleibt blaß, der kulinarische Mehrwert der *Kwan-Tung*-Butter nicht nachzuvollziehen. Bodenständige Alternativen sind Kalbsbacke oder Backhändl mit Remoulade und Blumenkohlgratin. Vorzüglich mundet zu den Asiatica die hauseigene Rivaner-Selection, langweilig, daß es nur EVIAN und S. PELLEGRINO gibt. Für den ganz großen Auftritt, wo der Maestro mit kühnem crossover wie jasmingeräuchertem Forellenfilet und Äsche mit *Pak Tsoi* eine andere Tastatur anschlägt, muß man wohl doch in die Fischerzunft selbst wechseln.

Wes das Herz voll ist des redet der Mund

WII AM RII – **Schaffhausen.** «S'schönste Beizli vo de Welt»
– nennt sich das *Wii am Rii*. Welch helvetische Anmaßung,
denkt man zunächst und wird doch schnell eines besseren
belehrt. Schon der knappe selbstbewußt-herzliche Speisekar-
tenersatz in purem Schaffhauserdütsch weckt Neugierde, im
Antechambre wartet wie in einem Walliser Carnozet knupri-
ges Bauernbrot und eine Auswahl Edelsalze und Öle und im
Innenraum mit wenigen Tisch wird das realisiert, was Traum
aller reifen Gourmets ist. Eine Vollblutköchin, die bestimmt,
was gegessen wird.

Bei der präzisen Küche von *Gabi*, die keine handwerkliche
Mühe scheut, ein Vergnügen. Denn hier wird neben gelun-
genen Ausritten ins italienische wie Wildsau mit Pappardelle
vor allem an lokalem Soulfood getüftelt. *Gschmoorti Chalbs-
bäggli* und *Härdöpfelschtock* setzen Maßstäbe, obwohl die
Bäckchen ja mittlerweile fast zum Must jedes ambitionierten
Kochs avanciert sind. Aber wie sie hier in einem nächtelang
geköchelten Portweinfond löffelweich geschmort werden,

bleibt ziemlich einzigartig. Selbst einem scheinbar ausgeleierten Mövenpick-Klassiker wie *Riz Casimir* (kommt das von Kaschmir?) gewinnt die Küche mit augenzwinkerndem Patriotismus interessante Facetten ab – besser machen statt abschaffen heißt die Devise...

Dazu kommt *Uelis* profunde Kenntnis der Etiketten des Blauburgunderlandes und ein gastfreundliches Detail wie die ungefragt auf den Tisch gestellte Hahnenwasserkaraffe. Herbst 2010 wurde im *Wii am Rii* mit Schaffhausener Rieslingsuppe das SLOW FOOD CONVIVIUM Schaffhausen begründet – das italienische Ideal der convivialità, des heiteren Zusammenschmausens, ist bei Ueli und Gabi in besten Händen. Wer wie die beiden im Sommer im Rhein zur Arbeit schwimmt, ist eben einfach gut drauf.

SOMMERLUST – **Schaffhausen.** Die «Sommerlust», welch verführerischer Name für eine klassizistische Gartenvilla am Rheinufer! Und auch die Speisekarte wirbt mit verlockend leichten Aromen: Mesclunsalat mit Spinat, Mangold, Rucola oder Rindsfilet an green tea & honey-Marinade auf affigem Stachelbeerrisotto. Dazu kommt ein erfrischendes Lippenbekenntnis zum Schaffhauser Wein. Das reicht von der kanonischen Schaffhausener RieslingxSylvaner-Suppe bis zu einer sorgfältigen und repräsentativen Auswahl, die auch Kultweine wie den Zwaa umfaßt, eine Blauburgunder-Barrique-Mischung aus kiesigen und lehmigen Böden der Winzer *Ruedi Baumann* aus Oberhallau und *Michael Meyer* aus Osterfingen.

Umso größer die Enttäuschung, was zu edlem Wein auf den Tisch kam. Das Tatar war tomatig-süß angematscht und wurde von zuviel Salat, Oliven und Kapernbeeren erdrückt. Die Rösti entpuppten sich als vegetarischer Wackerstein. Von der Konsistenz erinnerten sie eher an schweren, fetten frittierten Kartoffelbrei als an gebratenen Erddäpfelrieb – da haben wir selbst an deutschen MÖVENPICK-Raststätten das Schweizer

Käsehändler und Internetversender Beat Hofstetter

Nationalgericht schmackhafter zubereitet bekommen. Der üppig-süßliche Avocado-Birnensalat riß es ebensowenig heraus wie der überforderte Service.

So erweist sich sich die Sommerlust als kulinarischer Reinfall – man entschuldige den dämlichen Kalauer. Am besten man genießt bei einem Kelch Wein das Ambiente.

KERZE – **Schaffhausen.** Kultige Erststock-Weinbeiz im Schaffhausener Bermudadreieck. Abgewetzte Stübli-Patina mit Gitarren an der Wand, die zwischen Alpenraum, Irish Pub und *roaring seventies* oszilliert. Die Stammgäste trinken Falkenbräu oder achtbare Schaffhausener Weine, die auch deziliterweise ausgeschenkt werden. Seit Jahrzehnten eine Institution in der lokalen Musikszene.

CHÄS-MARILI – **Schaffhausen.** *Beat Hofstetters* Laden gilt mit 120 Sorten als bestsortierter Internetversender für Käse in der Schweiz. Sein Großvater *Emil* hatte 1926 mit einem Lädeli begonnen und die Laibe, Milch und Butter zunächst noch per Hundewagen zugestellt.

Doch wer Online ordert, wird nicht die olfaktorische Verführung spüren, die der Besucher beim Betreten des Ladengeschäfts erlebt. Legen Sie einen Moment kulinarischer Meditation ein, schließen Sie die Augen für eine Schnupperpause und atmen Sie den unverwechselbaren Duft nach Asche und Edelpilzen ein, bevor Sie sich vom Chef oder seinen kundigen Assistentinnen beraten lassen.

Zu den Trouvaillen gehört der waadtländische Kultkäse *Etivaz*, der im Kupferkessel über offenem Holzfeuer gerührt wird (und meist von französischen Gourmets weggekauft wird), dreijähriger *Cironé*, dem die Milbenreifung ein trüffeliges Aroma verleiht, *Chaux d'Abel* aus dem Berner Jura oder der trotz seines verwitterten Aussehens verblüffend milde Ziegenblauschimmelkäse *Blaue Geiss*. Wer den Imbiß mit den luftigen intensiv nach Alpkäse schmeckenden Chäs-Chüechli verpaßt, kann als Mitbringsel vakuumierte erwerben.

KOCH & KELLNER – Neuhausen am Rheinfall. Restaurants von Hotelfachschulen sind weltweit ein Geheimtipp – denn meistens speist man bestens zu relativ geringem Preis und sollten wirklich kleine Imperfektionen im Service auftreten, so werden diese durch den jugendlichen Elan schnell ausgeglichen. In Neuhausen am Rheinfall gibt es in der alten Rosenburg etwas ähnliches. Allerdings verdankt sich das 1. Lehrlingsrestaurant der Schweiz der privaten Initiative des Schlössli-Wörth-Wirtes *Daniel Ciapponi*, der, den Rheinfall zum Greifen nah, eine Logenplatz-Lounge führt, in der sich *James Bond* sofort zu Hause fühlen würde. Der »Quärdenker«, der als Hobby GASTronomie mit groß geschriebenem Gast angibt, engagiert sich gegen den erschreckenden Verfall kulinarischer Allgemeinbildung: »Aus der Seele gesprochen: jeder Trottel kann einen GOLF von einem VECTRA unterscheiden, kennt die Fussball-Regeln auswendig und die Resultate der

La tradizione continua

letzten 12 Spiele. Er weiß aber nicht Poulet von Poularde oder Hecht von Forelle zu unterscheiden.»

«Keep it simple» – ganz im Stile *Jamie Olivers* die jungen Leute vorschieben, einen Gastraum schaffen, der weniger betuchten Junggourmets ermöglicht, die Rituale und Raffinessen einer produktbewußten Küche kennenzulernen, das ist sein philanthropisches Konzept.

Hingucker in der alten Gaststube ist ein klassisches Grand-Hotel-Photo – schließlich sollen die Eleven sehen, daß ihr Beruf auch in mondäne Höhen führen kann.

Doch in der Küche geht's antipompös zu. Zündende Idee: Das Hauptgericht abschaffen und damit der behäbigen Schweizer Schüsselschwere, die oftmals bis zu zwei Nachschläge reicht, entrinnen. Statt dessen gibt's eine übersichtliche Preisstruktur, die zum Probieren anregt: Starter wie Kürbissuppe mit Baumnüssen, Honig und Zimt à 7 Franken, Leckereien wie Karotten-Orangensalat mit Ingwervinaigrette und *Peter Rubli's* bestem Dachsener Rohschinken oder

Schnitzel vom Schweizer Kalb mit Streichholzkartoffeln zu 15, Süssigkeiten wie Schaffhausener Weissweinküchlein mit hausgemachtem Holunderblütensorbet und frischen Erdbeeren aus dem Nohl zu 8 Franken. Hohes Lob verdient auch das Konzept, möglichst viele Schweizer Weine glasweise auszuschenken – learning by tasting zum fairen Preis von 4, 5 oder 7 Franken pro Einerli. Merci vielmals, *Signor Ciapponi!*

BESENBEIZ NOHLBUCK – **Nohl.** Geodäten und Grenzschützer müßte dieses «Dreiländereck» eigentlich entzücken. Man sitzt im Kanton Zürich auf luftiger Terrasse hoch über dem Rheintal, blickt zum Becken des Rheinfalls, doch falls man draußen auf dem Kinderspielplatz eine Runde dreht, kann es passieren, daß man nach wenigen Schritten in den Kanton Schaffhausen oder den deutschen Jestetter Zipfel tappt.

Der schönste Anweg: Zu Fuß vom Rheinfall ca. 10 Min. am rechten Ufer flußabwärts spazieren, bis vor der Nohler Brücke der Fußpfad steil nach oben führt. Die Nohler Straße überqueren, durch Obstgärten aufsteigen und ankommen.

Familie *Nohl* serviert in *Nohl* in der Besenbeiz *Nohlbuck* Nohler Gschwellti aus dem eigenen Garten mit Käse und Kräutersauce, Erdbeerwein aus eigenen Früchten und bemüht sich auch sonst um lokalen Einkauf. Zum Vesperplättli gibt's Freitags Bauernbrot vom Nachbarhof und im Glas funkelt Räuschling oder Schiller aus zusammengekelterten roten und weißen Reben.

Wirtschaft zum Frieden, CH-8201 Schaffhausen, Herrenacker 11, Tel. 0041 (0)52 6254767. Di-Fr 11-14.30, Sa 10-23.30 Uhr. www.wirtschaft-frieden.ch. Preise: Mittel/ Gehoben.

Wii am Rii, CH-8200 Schaffhausen, Fischerhäuserstrasse 57 . Natel Ueli 079 2599247, Natel Gabi 079 4640347 (nid vor de 10i aalüüte mier sind noh müed!). Di-Sa ab 16 Uhr. www.wiiamrii.ch. Preise: Mittel.

VinOpium / Fischerzunft, CH-8200 Schaffhausen, Rheinquai 8, Tel. 0041 (0)52 632 05 05. Mi-So. www.vinopium.ch, www.fischerzunft.ch Preise: Mittel/ Gehoben

✍ West meets eats – Laura Ashley-Style mit Tuschezeichnungen kombiniert. EZ 210-330 CHF, DZ 295-460 CHF.

Sommerlust, CH-8200 Schaffhausen, Rheinhaldenstr. 8, Tel. 0041 (0)52 630 00 60. www.sommerlust.ch Tgl. geöffnet. Preise: Mittel/Gehoben.

Gaststube zur Kerze, CH-8200 Schaffhausen, Stadthausgasse 17, Tel. 0041 (0)52 6259787

Chäs Marili, CH-8200 Schaffhausen, Fronwagplatz 9, Tel. 0041 (0)52 625 16 37. Mo 8-12, 13.30-18.30; Di-Fr 8-18.30; Sa 8-16 Uhr. www.chäs-marili.ch

Confiserie Reber, CH-8201 Schaffhausen, Vordergasse 21. Zungenautomat tgl. 0-24 Uhr. www.schaffhauserzungen.ch

✍ **Bed & Breakfast Schaffhausen,** CH-8200 Schaffhausen, Sandackerstr. 26, Tel. 0041 (0)52 62561 oder 079 539 58 47. Beat und Diana Hofstetter-Herger verwöhnen in ihrer Gartenpension die Gäste mit einem Frühstück der Extraklasse – der Hausherr führt das Marili! EZ 55-90 CHF, DZ 100-150 CHF. www.bnb-schaffhausen.ch

✍ **Hotel zum Sittich**. Die kauzige Fischerbeiz in der Fußgängerzone vermietet in die Jahre gekommene Zimmer – Attraktion ist Nr. 8 mit Münsterblickterrasse. CH-8200 Schaffhausen, Vordergasse 43, Tel. 0041 (0)52 627 13 72. EZ 110 CHF, DZ 160 CHF.

Koch & Kellner, CH-8212 Neuhausen, Schaffhauserstr. 27, Tel. 076 5722421. Do-Sa 10-22 Uhr (während der Schulferien des Kantons Schaffhausen geschl.). www.kochundkellner.ch. Preise: Günstig.

Besenbeiz Nohlbuck, CH-8212 Nohl, Nohlbuck, Tel. 079 3135513 oder 078 8186766. Do, Fr ab 18, Sa ab 14 Uhr, So ab 11 Uhr (Jan, Febr geschl.). www.taverne-nohlbuck.ch

23 Höribülle und Fischpäpste

Beinahe wichtiger als das Haus wurde mir der Garten...
wir hatten damals die Erdbeeren und Himbeeren,
den Blumenkohl, die Erbsen und den Salat im Überflüß...
mindestens 10 Jahre habe ich... allein und eigenhändig
meine Gemüse und Blumen gepflanzt, meine Beete ge-
düngt und begossen, die Wege von Unkraut befreit...
HERMANN HESSE

Hügliger wird die Fahrradtour, die Straßen enger und kurven-
reicher. Die buchtenreiche Höri mit ihren romanischen Kir-
chen und ihren beschaulichen Fischerdörfern, das bedeutet
auch das Erlebnis des weitgehend unerschlossenen Untersees
abseits der Fernverkehrsströme.

Die kleinteilige Landschaft zwischen Radolfzell und Stein am
Rhein zu Füßen des waldreichen Schienerbergs überrascht
immer wieder durch neue Uferveduten und die Vielfalt der
Pflanzen und Obstbäume.

Im schilfumrandeten Flachland des Zeller Sees zwischen
Moos und Iznang bauen Kleinbauern auf schmalen Feldern
Gurken, Artischocken, Kürbisse und die hochgeschätzte Höri-
bülle an, die wohl schon im 8. Jh. für Reichenauer Mönche auf
der Höri gezogen wurde. Diese milde Zwiebel, wahrscheinlich
verwandt mit der «süßen» kalabresischen *cipolla di Tropea*, ist
von SLOW FOOD als bisher einziger Bodenseekandidat in die
Arche schützenswerter Produkte aufgenommen worden. (Angesichts ihrer Seltenheit bleibt sie mit Kilopreisen ab 2 Euro
auf dem Bauernmarkt recht erschwinglich.)

Pflichttermin zum genußvollen Zwiebelstudium: Am 1.
Oktobersonntag wird in Moos das *Büllefest* gefeiert. Allerlei nicht ganz kitschfreie Zwiebeltiere tollen auf dem Markt
herum, Gärtner und Gastronomen bieten auf ihren Ständen
Zwiebelzöpfe und gesteckte Gebilde, Büllesuppe und den

Das Wachsen der Tomaten: *Hesses Eden*

Salat, Krutt, Riebe, dicke Bölle
alles wa de magsch
Epfel, Pflumme, Kehl und Bölle,
ganze Schoche Höribölle
meh as d ässe magsch
Bruno Epple, Uf em Markt

heimlichen Lieblingsimbiß des Sees an: Frisch gebackene Dünnele mit echter Hörizwiebel, kurz «Bülledünne». Ein Riesenunterschied zum kulinarischen Angebot der hiesigen Strandbäder, die um die leckerste Tiefkühlpizza zu wetteifern scheinen.

Besser frische Früchte: In Gundholzen und den Nachbarorten haben immer Obstbauern ihre Stände aufgeschlagen und verkaufen Birnen und Beeren, selbstgebranntes *Cöxle* oder Obstler von ihren Streuobstwiesen.

Aussteiger würde man sie heute nennen, die vielen Künstler und Dichter, die sich von der Höri inspirieren ließen.

HERMANN HESSE nervte seine frischangetraute Frau *Mia Bernoulli*, die natürlich das Curry nicht so authentisch indisch zuzubereiten wußte, wie er das von seinen Missionarseltern in Calw gewöhnt war und stattdessen den grummelnden Gatten mit Sauerampferpudding aus einheimischen Wildkräutern zu besänftigen suchte. 1904 hatte der Jungdichter in Gaienhofen ein Bauernhaus gemietet, um dort «ein ländlich, einfach-aufrichtiges, natürliches und unmodernes Leben zu führen» und 1907 ein eigenes Haus gebaut. «Die Landschaft des Untersees wird mir zeitlebens fehlen» wird er 1912 nach seiner Übersiedelung in die Schweiz klagen.

Die Landschaft des Untersees – auch die Maler fingen immer wieder die Blautöne der leicht gekräuselten Goschenwellen ein, kopierten die Horner Landzunge zu allen Jahreszeiten. ERICH HECKEL drapierte Birnen und Zinnteller zum altdeutsch-expressionistischen Stilleben und der als entartet verfemte OTTO DIX zog 1936 nach Hemmenhofen, wo er trotzig als «König von Thule» mit Goldbecher posierte. Hoffen wir, daß das Kunstmuseum Stuttgart als neuer Träger des DIX-Museums eine geheime Oase erhält – in den weißen Rohrstühlen auf der Atelier-Terrasse ein Kännchen Tee zu Seeblick und selbstgebackenen Pflaumenkuchen zu genießen, gehörte bisher zu den überirdischen Genüssen des Lago.

Streng blickt der Glasfenster-Fischer, den Dix für die evange-lische Petruskirche in Kattenhorn schuf – fast wie an der Côte d'Azur, wo Künstler wie Cocteau auch ihre Fischerkapelle ausgemalt haben. Aber eigentlich sind die schilfigen, vogelrei-chen Untersee-Ufer der Höri besonders ergiebige Fanggründe – im flachen Untersee mit seinen »Reisen« (ein Fisch-Unter-schlupf aus Reisern und Steinen) fängt man neben Felchen eben auch leichter Raubfische wie Wels, Trüsche oder Schlei-en. Auch deswegen gilt Moos mit den beiden Lokalen der Gebrüder *Neidhart* als Pilgerstätte der Bodenseefischküche.

Unwiederbringlich verschollen scheint hingegen die land-jüdische Färbung der Höriküche. Wangen, wo heute im Museum Fischerhaus versteinerte Pfahlbauernkost ausge-stellt wird, war bis zur Verfolgung des Nationalsozialismus ein Zentrum des deutschen Landjudentums. Jacob Picard (»Bodenseele«), der in die USA emigrierte Chronist dieser aussterbenden Kultur, hat in seinem Fischergedicht vollendet die Winterstimmung der Höri eingefangen.

Da wir müd vom Fischen heimwärts kehren,
Feuchte Netze hängen über Bord,
Hören wir verhüllt nur da und dort
Andre, die die Winterboote teeren.
Denn im Nebel loschen allzufrüh
Häuser, Kirche und bebuschte Ufer.
Keiner überhört den dunkeln Rufer
Der in jedem von uns mahnt: verglüh.

Otto Dix: *Der Fischzug des Petrus*   295

Der Ritt auf dem Bodensee-Fisch: *Klaus Neidhart*

GOTTFRIED – **Moos.** 26 Pfund, ein kapitaler Hecht! Fragt man den Fischer, was er damit macht, dann erhält man wahrscheinlich die Antwort, daß er in ein Restaurant in Moos geliefert werde, das sich bei etwas Nachbohren als das GOTTFRIED entpuppt.

Seit 40 Jahren kocht *Klaus Neidhart* nun passioniert und bei allen Kochbüchern und saisonalen Kreationen bleibt sein grundlegendes Verdienst, daß es in ganz Deutschland kein vergleichbares Lokal gibt, das sich mit solcher Intensität der Palette der Süßwasserfischküche hingibt. Wenn einer das Recht hat, sich als Neptun auf Felchen reitend fotografieren zu lassen, dann der bärtige Patron mit den strammen Radlerwaden. Mancher auf Lotte- und Loup de Mer-Variationen eingeschworene Restauranttester hat hier zum erstenmal erfahren, daß es eine Delikatesse wie «Trüschenleber» überhaupt gibt.

Das Vergnügen beginnt schon mit der Lektüre der wohl spannendsten Speisekarte am See. Heutiger Fang: *Hecht, Trü-*

26 Pfund: *Kapitaler Hecht*

sche, Aal, Zander, Egli, Wels, Saibling ist da lapidar notiert. Mancher Kenner läßt sich seinen Lieblingsfisch hier ganz zubereiten, so wird eine schwach nach Thymian duftende gebratene Rheinäsche mit Butterkartoffeln zum perfekten puristischen Fischerlebnis. Doch auch die Fischpotpourries klingen und schmecken anregend: Zander mit Mönchspfeffer gebraten, Aal und Kalbskopf im Fischsuppenfond oder ganz light Seesaibling konfiert in Limonen-Olivenöl. Eine funkelnde Aromenvielfalt, die es schafft, den Eigengeschmack jedes Fisches herauszukitzeln – vom Gourmetstandpunkt aus zu kritisieren wäre bei so vielen Gängen allenfalls eine leichte Tendenz zu immer noch zu üppigen Beilagen. So ist Risotto, in deutschen Küchen sowieso fast nie verstanden, in seiner pappigen Konsistenz nun einmal keine ideale Beilage zu gebratenem Fisch (allenfalls zu zerpflücktem Kochfisch).

Es soll glückliche Gäste geben, die so regelmäßig im Walnußgarten des *Gottfried* speisen, daß sie auch zu den Fleischgerichten vordringen – 4 Wochen am Knochen gereifter Rinderrücken, Salenhoflamm in der Kaffeekruste mit Urkarotten oder Pot au feu vom Reh mit Waldpilzen verheißen auch hier höchste Kompetenz. Oder als Einstieg für 16 Euro das samstagmittägliche Bollito Misto: Tafelspitz, Schienerberg-Gockel, flaches Bugstück, Bouillonkartoffeln, Höri-Wurzelgemüse, Rote Beete, Apfel-Meerrettich, Preißelbeeren, grüne Sauce?

In Kochkursen gibt der kräuterkundige Maestro gern seine Kunst weiter, vom Felchenfilet im Weckglas bis zum Hecht mit Salbei. Höhepunkt für die Kochschüler ist meistens eine kulinarische Solarbootfahrt im Zellersee mit Reichenaublick und Fisch-Apero.

GRÜNER BAUM – **Moos.** Gutes Brot, sehr gutes Brot. Hell, fest und doch knusprig, aus Emmer und Dinkel gebacken. *Hubert Neidhart* ist ein Zutatenfanatiker und das ist auch gut so. Das geht so weit, daß er im Winter auf in Mieten konserviertes Gemüse besteht. Vor allem ist er ein Streiter für den Erhalt der kleinen, blaßvioletten und zartscharfen Höribülle – ein geflochtener Kranz dieses «Archeprodukts» hängt über dem Tresen und wer die Küche passiert, kann sich anhand von Zeitungsausschnitten in das Thema einlesen.

Vegan feldfrisch könnte man beginnen mit einer Höriartischocke mit Vinaigrette von der Höri-Bülle und bunten Tomaten. Die beliebtere Vorspeisenvariante ist die Fischsuppe mit selbstgemachter Rouille und Reibekäse, deren Grundfond auch verkauft wird. Hubert Neidhart hat diese bretonische soupe de poisson im Atlantikbad La Baule erlernt und verrät voll Stolz das Rezept, das – klassisch-üppig wie eine *Bisque* – Kalbsfond, Weißwein, Eigelb, Sahne, Ricard und Brunoise von weißer Hörizwiebel umfaßt.

Der Grüne Baum ist auch eins der wenigen Restaurants, die bewußt ganze Fische auf die Speisekarte setzen. Interessante Alternativen sind die ebenfalls an französische Hochküche erinnernden Hechtklößchen mit Mangold, gebratener Aal mit grünem Pfeffer oder die Vorspeisenvariationen auf dem

Rettet die echte Höri-Zwiebel!

VON
GABRIELE RENZ

Die Bülle

Der Anbau

Der Geschmack

Die Arche

Hubert Neidhart schneidet Höribülle

buffetmäßig überladenen Teller. Und mit viel viel Glück kann man während der Entenjagdzeit auch einmal geschmortes Belchenbrüstchen erwischen.

Perfekt abgeschmeckt der Mostbraten vom fettarmen kurzfasrigen «Ursauler Rind» (Kreuzung aus Limousin und Hereford) – der süßsaure Grundton der Sauce wurde durch eingelegten »Aprikosenkürbis», gelbe Sultaninen, getrocknete Marillen und Mandelsplitter aufs köstlichste ergänzt – eine fast adventliche Sauerbratenvariante der edel-regionalen Art.

Schlapper Espresso kommt in Deutschland selbst bei Italienern vor. Wir empfehlen lieber Filterkaffee mit Sahne. Der paßt auch besser zu einer Wiederentdeckung Hubert Neidharts wie Kaiserschmarrn mit eingelegten *Zibaten* (kleinen Wildpflaumen).

Anlaufpunkt in Gaienhofen – *Gasthaus Hirschen*

HIRSCHEN – **Gaienhofen.** Einheimische und Busladungen lieben die donnerstäglichen Musikabende, bei denen die Wirtin gern selbst mitmischt. Denn das schmucke Wirtshaus spielt ein bißchen den touristischen Platzhirsch, der es vielen recht macht. Hübsch, wenn auch nicht romantisch, sitzts sich im Gastgarten – bei eingetopften Zitronen, Oliven, Palmen kommt etwas von der gernbeschworenen Lago-Stimmung auf. Urgemütlich sind die Stuben laut Prospekt, doch um »ur« zu sein, sind sie viel zu sehr mit edlem hellen Holz herausgeputzt – gehobener Landhausstil eben. Eigene Metzgerei – das klingt verläßlich. Und genau daran sollte man sich halten – hausgemachte Kalbsbratwurst oder Schweinshaxen oder noch besser Montags und Dienstags Kalbsleberle und Nierle und dazu ein frischgezapftes Wurmlinger Hirschbräu zischen.

SCHTÄGEFÄSSLE – **Horn.** Das Fernsehen war schon da, um diese «volkstümlichen» Location einzufangen. Familie *Peters* setzt bei der Einrichtung auf einen unermüdlichen Sammel-

Glyzinien-Pergola im Falkengarten

trieb und das Prinzip Kraut und Rüben. Hier paßt wie in
einem irischen Pub zusammen, was eigentlich nicht paßt –
Quetschen, Bilder pickender Hühner, Blechwerbeplaketten.
So gemütlich schräg, daß es schon deswegen einen Besuch
wert ist. «Hier kann man sich satt essen aber nie satt sehen»
– der Slogan des Vesperstübles mit Nostalgie-Museum und
«Flohmarktambiente» bezieht sich auf die hausgefertigten
dünnen Dünnele aus Hefeteig und die sättigen schneller, als
man den Mostkrug leeren kann.

FALCONERA – **Schienen.** Schön, sehr schön, fast wie auf
einer englischen garden party, sitzt man unter der Glyzinienpergola im Garten der ehemaligen Falknerei am Schiener
Berg und nippt an frischen Limettendrinks. Im Sommer ist
es nicht leicht, ohne Vorbestellung einen Platz zu ergattern.
Auch wenn einige Produkte aus der Gegend kommen, so
mißt sich die Küche *Johannes Wuhrers* doch eher an französischen Idealen – z. B. im Rohr mit Zitronenfüllung gebratenes
Schwarzfederhuhn aus der Bresse.

Exzellenter Start das Brotkörbchen mit Epis, Schwarzbrot und Käsegebäck zu frischgemörsertem Pesto mit Pinienkernen. Mit diesem italienischen Akzent kontrastiert witzig süddeutsch saurer Kartoffelgurkensalat mit Wachtel-Ei – makelloser Wohlgeschmack, puristisch perfekt – hier kann man nichts mehr weglassen.

Umso verstörender die additiven Kombinationen der nächsten Gerichte: Die Kaninchenteigtaschen wären für sich alleine köstlich, daß ausgerechnet Allerweltsgeschmäcker wie suppige Kaninchenleber in Balsamico-Essig und Tomaten darauf gepackt werden, reduzierte das ganze auf die biederdeutsche Formel Nudeln mit Bratensauce. Der Saibling war völlig unmotiviert von Fastfood wie gebackenen Garnelen übertürmt (und wenn schon, dann passen zu diesem Duo nicht mehr die auf der Karte verschwiegenen Salzkartoffeln). Und warum der ziemlich durchgegarte Lammrücken angesichts Hegauer Schäfereien nicht einheimisch ist, läßt sich wohl nur mit den Sachzwängen einer Zuliefererküche erklären. Braunes Honigsößle dazu, brav geschnitztes Mini-Gemüse, wie das einst Bocuse vorgemacht hat, das ist schon sehr konservativ, holt nichts Ungewöhnliches heraus, da nützen darübergestreute Blüten oder die Speisekartenlyrik von »einer leichten Melange Noir Pfefferjus« nichts. Kurzum, Ambiente und die glänzend formulierte Speisekarte evozieren Aromen einer Imponierküche, die nicht immer eingelöst werden.

S'LÄDELE – **Schienen.** Stirbt das Dorfwirtshaus, schließt der Dorfladen, dann bricht auch eine ganze Sozialstruktur zusammen – und die Menschen setzen sich ins Auto, um in der Shopping Mall auf der grünen Wiese aus der ganzen Welt herangekarrte Convenience-Produkte zu kaufen.

In Schienen haben die Bürger gegengesteuert und 2006 im früheren Milchhäusle einen Genossenschafts-Laden gegründet. «Produkte der Halbinsel Höri» prangt selbstbewußt über der gestreiften Markise, die blaue Pflaumen und feuerrote Mangoldstiele, gelbe Kürbisblüten und schwarze Schwarz-

Tante Emma auf der Höri

wurzeln vor dem grellen Sonnenlicht schützt. Die Medien waren begeistert, Feinschmecker und Fernsehen berichteten über die Initiative, die sich vorgenommen hat, mindestens 50 % des Umsatzes mit lokalen Produkten zu erzielen – hier kennt man jedenfalls die ca. 20 zuliefernden Imker, Fischer, Bäcker und Lammzüchter persönlich. Eine Bürgschaft für lokale Qualität, die hoffentlich auch durchziehende Biker und Wandergruppen verlockt, sich im Lädele sozialverträglich zu verproviantieren.

HOF RIEDERN – **Schienen.** Köche sind so gut wie die Produzenten, die sie auswählen. Wer das Hinterland der Höri und den heidelbeerreichen Schiener Berg besser kennenlernen will, sollte sich per pedes, Rad oder Auto zum abgelegenen Bauernhof von *Pirmin Neidhart*, wenige Meter von der Schweizer Grenze entfernt, durchfragen. Sehenswert ist der blühende Bauerngarten, sehr aromatisch die Mairüben und die Accent-Kartoffeln, am besten aber der dreimalgebrannte 48 % Gelbmöstler-Brand aus der alten Birnensorte.

Die blaue Lagune am Untersee

HOTEL STERN / ANDY'S PARADIES – **Hemmenhofen.** Das seit 1881 bestehende und häufig gemalte Ausflugs- und Tanzlokal wurde mit der Renovierung 2005 in ein kleines individuell geführtes Familienhotel verwandelt. Der radsportbegeisterte Patron *Matthias Stern*, der nicht auf den Mund gefallen ist, vermietet Bikes und Boote. Entzückende Frühstücksterrasse direkt am See mit Blick aufs Schweizer Ufer. Im Frühstücks-raum Wechselausstellungen von Höri-Malern.

Nebenan weht eine Brise Karibik-Feeling. Sein stets braun gebrannter Bruder *Andreas* empfängt in seiner von der Land-seite gut getarnten Bar am liebsten Bodenseekapitäne und Weinliebhaber, die auch vom Schweizer Hauswein kosten dürfen.

Hotel Restaurant Gottfried, D-78345 Moos, Böhringer Str. 1, Tel. 0049 (0)7732-92420. Fr ab 18.30, Sa-Mi 12-14, 18-22 Uhr. www.hotel-gottfried.de. Preise: Mittel/Gehoben

Moderne Zimmer im Silencehotel und Aperofahrten im Solarboot. EZ 74-76, DZ 110-124 Euro.

Grüner Baum, Radolfzeller Str. 4, D-78345 Moos, Tel. 0049 (0)7732 54077. Do-Mo 12-14, 18-22 Uhr (Juli/ Aug. auch Mi 17.30-22). www.gruenerbaum-moos.de. Preise: Mittel.

Hotel Gasthaus Hirschen, D-78343 Gaienhofen-Horn, Kirchgasse 1. Tgl. 7.30-01 Uhr. Tel. 0049 (0)7735 9338-0. www.hotelhirschen-bodensee.de. Preise: Mittel

Luftige Zimmer mit Parkett und hellem Holz im Landhausstil. EZ 55-66, DZ 96-118 Euro.

Schtägefässle, D-78343 Gaienhofen-Horn, Fuhrmannsweg 5, Tel. 0049 (0)7735 26 44. Mo, Di, Fr ab 17, Sa, So ab 10.30 Uhr. Preise: Günstig.

Falconera, D-78337 Öhningen/Schienen, Zum Mühlental 1, Tel. 0049 (0)7735 2340. Mi-So ab 12 bzw. 18 Uhr. www.restaurant-falconera.de. Preise: Gehoben.

s'Lädele Schienen, D-78337 Schienen, Schienerbergstr. 3. Mo-Fr 7.30-12.30, 17-19, Sa 7.30-12.30. www.laedele-schienen.de

Hof Riedern, 78337 D-Öhningen-Schienen. Tel. 0049 (0)7735 2627

Haus Stern am See, D-78343 Gaienhofen-Hemmenhofen, Uferstr. 34, Tel. 0049 (0)7735-2015 (Rezeption ab 18 Uhr geschl.) oder 0173-3211149. www.haus-stern.de. EZ 40-72 Euro, DZ 64-130 Euro (März-Oktober geöffnet).

Andy's Paradies, D-78343 Gaienhofen-Hemmenhofen, Uferstr. 32, Tel. 0049 (0)7735 3431. Mo, Do, Fr 14-24, Sa, So 12-24 Uhr.

Schloß Oberstaad, FW der Extraklasse in Wasserburg aus dem 13. Jh. Eigener Bootsanlegesteg. D-78337 Öhningen, Tel. 0049 (0)3425 888815 oder 0173 671 04 82. www.schlossoberstaad.de. FW: 28-105 Euro.

24 Hohentwieler Lämmer

Auf grüner Waldwiese hatte die Hochzeitsippe ihr Lager aufgeschlagen; in großen Kesseln ward gesotten und gebraten, wem keine Platte oder Teller zuteil wurde, der schmauste von tannenem Brett, wo die Gabel fehlte, ward zweizinkige Haselstaude zu deren Rang erhoben.

VIKTOR VON SCHEFFEL, Ekkehard (Hochzeit des Hunnen Cappan)

Welch Kontrast: die Industriestadt Singen mit Alu und Matschi (Aluminiumwalzwerke und Maggi im korrekt italienischen Volksmund). Statt Zentrum ein gefühltes Koordinatennetz endlos breiter Fußgängerzonen, gesäumt von Kaufhäusern und Pizzerien, Backshops, Tattoostudios und Resterampen. Die Präsenz von seit Jahrzehnten angekommenen und doch in der anonymen Betonurbanistik fremdelnden Gastarbeitern, die sich in gastronomischen Zirkeln wie dem Centro Portugues Nestwärme spenden.

Und darüber in Sichtweite, ja Spaziergangsdistanz, die durch Bismarcks Lieblingsdichter VIKTOR VON SCHEFFEL besungene Burgenidylle des *Hohentwiel*. Die auf einem Vulkanschlot aus Phonolith thronende württembergische Landesfestung hat Militärgeschichte geschrieben. Jeder Besucher trug zur Instandhaltung bei, indem er Steine auf den Berg mitschleppte und dafür mit einem Trunk Hohentwieler Weins entlohnt wurde.

Durch die von NAPOLÉON angeordnete Schleifung ist der Berg auch der Natur wiedergegeben worden. Auf waldigem Pfad steigt man vom Gasthof, in den sich Scheffel einmietete, um die Liebesgeschichte zwischen der Herzogswitwe HADWIG und dem Mönch EKKEHARD zu ersinnen, zum Festungsareal auf. Von den Aussichtskanzeln schweift der Blick über «des Herrgotts Kegelspiel», um ein abgedroschenes,

Mit Bomben und Granaten: *vergebliche Attacke auf Hohentwiel*

aber schönes Bild des Hermann-Hesse-Freunds und braunen Umweltschützers Ludwig Finkh für die Vulkankuppen
des Hegaus zu zitieren. Meteorologisch ist der Hohentwiel
einer der sonnigsten Orte Deutschlands. Dieses Mikroklima
begünstigt Flora und Fauna, die wie das Zirpen der italienischen Schönschrecke sonst nur am Mittelmeer vorkommt.
Und es ermöglicht die höchsten Weinberge Deutschlands.
Familie Vollmayer bringt bis auf 562 m Höhe Chardonnay
zum Reifen. Auf dem nach Südosten exponierten Olgaberg
zieht das Staatsweingut Meersburg bis auf 530 m Höhe
Riesling und markanten Weißburgunder – die Lage erinnert
an die württembergische Königin *Olga*, eine der Zarentöchter,
denen kühne Eßhistoriker die Verbreitung der Maultaschen
als *Pelmeni*-Imitat zuschreiben.

Übrigens, auch Scheffel beschrieb schon einen «Gastarbeiter», den durch Heirat mit der Alemannin *Friderun* in-
tegrierten Hunnen *Cappan*. Und Singen hat nicht nur Fußgängerzonen. Im «alten Dorf» symbolisiert der Theater-Bier-

Dr. Hubertus Both, der Herr der Herde

garten der renommierten Färbe die kulturelle Fassade der Hegaumetropole.

DOMÄNE HOHENTWIEL – Singen. «Sie dürfen laufen» sagt der Hirte mit dem Doktortitel. «Das hier ist eine Schäferei und kein Folklorebetrieb. Was wir machen, ist artgerechte Tierhaltung, die der Natur ihren Freiraum läßt und die Verbuschung verhindert.» 800 Mutterschafe, darunter Merino-Landschafe, *Île-de-France*-Schafe und die wegen ihrer superben Fleischqualität geschätzten Waldschafe, 50 Mutterziegen und 20 *Hinterwälder Rinder* grasen und klettern auf den 250 ha der landeseigenen Domäne. Als reiner Hütebetrieb erstreckt sie sich weit in das Naturschutzgebiet Hausener Aachried. Näher kann man am Puls dieser bukolischen Vulkanlandschaft nicht sein, als wenn man auf Hirtenpfaden die macchiaartig duftende Vegetation durchwandert.

Gruppen werden mit Lammwurst, hausgemachtem Kartoffelsalat, eigenem Most und Apfelsaft bewirtet. Im Domänela-

Lammfromm auf dem Vulkan

den auf halber Höhe wird Lammleberwurst, Rindfleisch und Selbstgebranntes verkauft. Mancher islamische Mitbürger Singens empfindet die scharfgewürzten Lamm-Merguez als Abwechslung vom Döner-Alltag.

HEGAUHAUS – Singen. Das ist schon fast Landschaftskino: Auf der wonnigen Terrasse des Hegauhauses unter gelb gestreiften Markisen sitzen, den glitzernden Saum des Bodensees erspähen, den Bick hinüber zur Schäferei gleiten lassen. *Markus Jäger* setzt seine Ehre als Koch daran, echtes Hohentwieler Lamm auf den Teller zu bringen. Auch wenn die Zubereitung keine großen Ausritte wagt, sondern mit selbstgefertigtem braunem Sößle, Gemüsebeilage und hausgemachten Spätzle bürgerlich bleibt, schmeckt die Qualität des Freilandfleisches durch. Der herzliche Empfang trägt zur Wohlfühllaune bei. Einheimische schwören auf die guten Kuchen: Sonntag ist Schwarzwälder Kirsch-Tag!

MAGGI-MUSEUM – Singen. Deutschlands bahnbrechender Restaurantkritiker *Wolfram Siebeck* wuchs mit maggibeträufeltem Butterbrot auf, jahrzehntelang war die Maggiflasche auf deutschen Tischen verläßlicher eingedeckt als Pfeffermühle, Essig und Öl. Beuys hat das «Gütterli» mit gelbem Etikett, wie die Singener die seit 1887 kaum veränderte Flasche tauften, in seiner Installation «Ich kenne keinen Weekend» mit dem gelben *Reclamheft* von Kants «Kritik der reinen Vernunft» zum Überlebens-Set komponiert.

Es begann in Singen und es begann dort, weil die Löhne der Hegauer Abfüllerinnen niedrig waren, weil die Eisenbahn den Vertrieb in den Riesenmarkt des deutschen Reichs garantierte und weil der Schweizer Großmüller Julius Maggi sich so den Zoll sparte. 1886 hatte der Thurgauer mit lombardischen Wurzeln den Würzextrakt aus fermentierten Bohnen und Erbsen erfunden. Mit dem preisgünstigen Speisezusatz traf er den Nerv der Zeit. Denn arme überlastete Arbeitermütter konnten so eine «gute Suppe» improvisieren. Der Pionier der Lebensmittelindustrie korrespondierte ausgerechnet mit Auguste Escoffier, dem brillantesten Koch der Epoche, über das Desiderat erschwinglicher Volksernährung. Auch im Singener Fabrikalltag bewies Maggi soziales Engagement, erzählt *Ursula Geller* vom Singener Museumsverein. Der Patriarch sorgte für Pensionskassen, ja sogar einen Werkskindergarten.

Was 1887 mit der Abfüllung von Korbflaschen ins «Gütterli» anfing, wuchs sich zu einer Fabrik aus, in die vor dem 1. Weltkrieg fast 2000 Arbeiter und Arbeiterinnen strömten. Heute gehört das Werk zum Nestlé-Konzern und stellt ca. 650 Maggiprodukte her. Der Gang durchs Museum mit seinen Tütensuppen und Dosenravioli belegt, wie unser aller Alltag durch die CI-Werbesprache von Maggi geprägt wurde.

CAFE HANSER – Singen. «Singener Tradition ist, jede neue Generation auch mit der Lebensqualität der Vergangenheit vertraut zu machen» – ein schönes Motto, das freilich nicht

Puristisches Kaffeehausinterieur, *Café Hanser, Singen*

ganz zum Umfeld passen will. Das *Café Hanser* mit seiner Travertinfassade von 1934 hat dank der Halsstarrigkeit seiner einstigen Besitzerinnen den Modernisierungskahlschlag der Nachkriegszeit, ja sogar ein RAF-Frühstück überlebt. Heute setzt der bosnische Konditor *Nijaz Merusic* die Tradition fort. Orléansschnitte, Schaffhausener Zunge und Hildabrötchen (Spitzbuben), die die kunstsinnige letzte badische Großherzogin HILDA VON NASSAU verewigen, warten in der puppenstubenhaften Tortenschatulle des Verkaufsraums im Elsässer Typ. Im Salon gruppieren sich Marmortische und Stühle mit geflochtenen Pettigrohrlehnen. Schade, daß der Filterkaffee durch die übliche Espressomaschine, die nicht an das italienische Resultat heranreicht, ersetzt wurde.

FLOHRS – **Singen-Überlingen.** Entspannt läßt sichs im Hotelgarten unter den blauen Blüten einer *Paulownia* tafeln. *Georg Flohr* beginnt mit köstlich abgeschmecktem Gelee von Tomatenessenz mit Carabinero-Krabben, Hechtklößchen und Avocado, die Kalbszunge mit Stangensellerie ist wie bunter

Marmor gelegt. Eine schöne Idee ist lauwarmer Rübensalat mit Kümmel und Kaninchenfilet, konservativ steril im Nouvelle Cuisine Stil panierte Milke und Nieren mit penibel geschnitztem Minigemüse. Wie eine Verlegensheitslösung wirkt Eglifilet mit Pfifferling und Reis – hier könnte sich die Küche mehr einfallen lassen oder schlichter bleiben. Insgesamt ist bei diesem *Jeune Restaurateur* die Vitalität der Regionalküche nur partiell angekommen.

Domäne Hohentwiel, D-78224 Singen , Auf dem Hohentwiel 6, Tel. 0049 (0)7731 181406. Hofladen Mi, Fr 17-19, Sa 10-14 Uhr.

Hegauhaus, D-78224 Singen, Duchtlinger Str. 55, Tel. 0049 (0)7731 44672. Mi-Mo 12-21. www.hotel-hegauhaus.de. Preise: Mittel.

☞ familiäre Atmosphäre. EZ 40, DZ 69 Euro

Maggi-Museum, D-78224 Singen, Führung durch Frau Ursula Maria Geller, Tel. 0049 (0)7731 45599 (ab 45 Euro).

Café Hanser, D-78224 Singen, August-Ruf-Str. 4, Tel. 0049 (0)7731 67799.

Haco, D-78224 Singen, Scheffelstr. 25, Tel. 0049 (0)7731 984747. www.haco-kaffee.de. Tabakhandlung und Kaffeerösterei - in der Hinterstube gibt's eine Tasse im Stehen.

Flohrs, D-78224 Singen-Überlingen a. Ried, Brunnenstr. 11, Tel. 0049 (0)7731 93230. Di-Sa ab 12 und 18.30 Uhr. www.flohrs-restaurant.de. Preise: Mittel/ Gehoben

☞ Dezente Möblierung, sehr gutes Frühstück. EZ 79, DZ 116 Euro.

☞ **Gasthaus Kreuz,** D-78224 Singen, Mühlenstr. 13, Tel. 0049 (0)7731 67222. EZ 25, DZ 35-50 Euro. www.kreuz.diegems.de. Schlichte Zimmer (EZ Etagenbad) im Fachwerkgasthaus des Kulturzentrums Gems. Schöner Biergarten.

Theaterrestaurant Die Faerbe, D-78224 Singen, Schlachthausstrasse 24, Tel. 0049 (0)7731 64646 oder 62663. Mi-Sa ab 18 Uhr. www.diefaerbe.de. Biergarten mit Hohentwielblick.

Weingut Vollmayer, D-78247 Hilzingen, Elisabethenberg 1. Tel. 0049 (0)7731 64147. Verkauf: Mo-Fr 9-12, 14-18, Sa 9-13. www. vollmayer-weingut.de

Syringa, D-78247 Hilzingen-Binningen, Bachstr. 7, Tel. 0049 (0)7739 1452. Mo-Fr 9-18, Sa 9-16 Uhr. www.syringa-pflanzen.de. Schaukräutergarten

Anschnitt in der Kutmühle

25 Das Phantom der Kirschtorte

Wenn ich Bürgermeister von Radolfzell wäre, würde ich ... dafür sorgen, daß dieses im Kern langsam absterbende Nest von Alaska bis Holland und von Kamtschatka bis Neuseeland als die Wiege einer der leckersten Köstlichkeiten bekannt würde, die die Menschheit je erfunden hat; die Schwarzwälder Kirschtorte. Von wo auch immer man käme – die Stadt wäre nur durch Tortentore zu erreichen und nicht ohne Torte wieder zu verlassen, bis sie den Etat von Las Vegas erreicht hätte...

Peter Berthold im Südkurier 22. Juli 2010

Von der Zelle des Einsiedlermönchs Ratold zum Tortendisneyland? Das Tourismuskonzept des streitbaren Ornithologie-Professors legt den Daumen darauf, daß Radolfzell versäumt, mit seinem kulinarischen Pfund zu wuchern.

Besucher der «Scheffelstadt» werden eher durch Mettnau-Spaziergänge und *Bora*-Sauna, durch *Schiesser*-Lingerie im *Seemaxx*-Outlet und den donnerstäglichen Abendmarkt am stimmungsvollen Münsterplatz als durch die berühmteste aller deutschen Torten angelockt. *Black Forest Gateau* in Maos Shanghai und Obamas Chicago, im Schwarzwald und auf Fehmarn – die alkoholreiche Leckerei hat über Radolfzell ihren weltweiten Siegezug angetreten! Stadtarchivar *Achim Fenner* hat die verzwickte Genesis penibel nachrecherchiert. Bonner Studenten dürften 1915 die Urform der Schwarzwälder Kirschtorte in Bad Godesberg im Café Agner gekostet haben – Sahne und Kirschen angerichtet auf mit Kirschwasser getränktem Tortenboden. Der langlebige Schöpfer der Köstlichkeit hieß Josef Keller (1887-1981), stammte aus dem schwäbischen Riedlingen und hatte damals als Truppenbäkker in der Etappe Zeit für den Nebenjob. 1919 eröffnete er in Radolfzell das Café Keller, wo er zahlreiche Lehrlinge ausbildete und sein Erstrezept um 1927/28 handschriftlich notiert wurde. Vom Bodensee und über Tübingen (wo Konditormeister Erwin Hildenbrand 1930 seine Kirschtorte «erfand») gelangte die Köstlichkeit mit dem Aufkommen der Kühlschränke in Großstädte wie Berlin und Hamburg und schließlich in die gebirgige Heimat der namengebenden Kirschwasserbrenner. Das erste gedruckte Rezept von 1934 (im sächsischen Radebeul!) arbeitet noch mit reichlich Buttercreme.

Heute wird die Kirschtorte vom Schwarzwald-Tourismus kräftig vermarktet – wenn auch der Triberger Konditor *Claus Schäfer* in seinem Café korrekterweise darauf pocht, daß sein Vater das Originalrezept einst beim «süßen Josef» erlernt habe. In Radolfzell selbst ist die «Kellertorte» wenig präsent. In seine ehemalige Konditorei ist längst ein *Döner Kebap* eingezogen. Immerhin, die Damen vom Stadtmuseum haben einen Tipp für ihre Lieblingsschwarzwälder parat: Vor der Filiale der in Villingen-Schwenningen beheimateten *Kutmühle* stauen sich samstags vormittags wartende Kunden bis auf die Altstadtgasse – das verheißt Gutes. Und tatsächlich, die hohe, nur mit Schoko-Raspeln bestreute Torte wird in mächtige Schnitten geachtelt, schafft es aber, mit reichlich richtig sauren Sauerkirschen und der Schichtung von Rührteig- auf Mürbteigböden der weißen Wucht der Sahne Paroli zu bieten. Gelungen – wenn auch mit auffallend wenig Kirschwasser, was die zahlreichen kaffeetrinkenden Zeller Mütter an den Selbstbedienungstischen als kinderfreundlich zu goutieren scheinen. Der kulinarische Detektiv ist angekommen.

**WEINSTUBE ZUM SCHARFEN ECK / WEINHAUS BAUM –
Radolfzell**. Halb Radolfzell trifft sich im *Scharfen Eck*, drinnen oder draußen an den Faßtischen. Hier passen Service und Stimmung, hier findet der Kenner eine deutlich bessere Auswahl als in den üblichen Viertele-Trinkstuben. Schließlich selektiert das *Weinhaus Baum*, das im Laden vis-à-vis ein tolles Angebot kleinerer Bodensee-Winzer und Trouvaillen wie die Wildfrüchtebrände der Stählemühle bei Stockach führt.

Neben Abfüllungen von Kaiserstuhl und Ortenau werden von der aufmerksamen Chefin auch die empfehlenswerte Eigenmarke Rheingauer Riesling sowie Bouteillen des Stettener Weinhauses Aufricht offen ausgeschenkt. Dazu eine kleingehaltene Vesperkarte: Leberwurst oder Schmalz auf gutem Brot, Bäckerkäsestange oder Brezeln. Unerreichte Normalität, die euphorisch macht!

ESV VEREINSHEIM IN DEN HERZEN – Radolfzell. Versteckt im Strandareal zwischen Yachtclub und *Bora*-Sauna lockt dieses öffentlich zugängliche *Eisenbahner-Vereinsheim* mit seiner

Dinner für ten in Möggingen

einladenden Terrasse direkt am Zeller See. Das Pächterehepaar *Fuchs* hat auch im Winter gut zu tun, denn nicht nur einheimische Cego-Spieler schätzen die gemütliche Hock-Atmosphäre und die großzügig portionierte Hausmacherküche zum günstigen Preis: frische Felchen vom Fischer, Steaks, selbstgemachter Kartoffelbrei. Hier geht Qualität und Alltäglichkeit zusammen.

GASTHAUS ZU MÖGGINGEN – **Radolfzell-Möggingen**. Die Posthalterstation wurde von dem Galeristenehepaar *Werner* und *Helena Vayhinger* in ein Gesamtkunstwerk verwandelt. Die restaurierte Fachwerkfassade kontrastiert mit dem Betonannex, den Gast erwarten Ruhe und Bücher, ein Speisesaal mit spektakulärem Wandteppich, Blumenspaliere und zeitgenössische Kunstaktionen. Jedes Gästezimmer stellt ein ästhetisches Refugium dar – Liebhaber des Boudoirs räkeln sich in der Zimmerbadewanne des 1798 errichteten Trakts. Ein Rahmen für Feste und Symposien, Salongespräche oder stilvollen Kaffeeklatsch.

Germania im Blütenflor

Offen bekennt sich das Haus zu einer Liaison aus italienischer und Bodenseeküche. Die kleine tagesaktuelle Karte reicht von geschmorten Kalbsbäckchen auf Erbsen-Kartoffelpuree und Felchenmatjes auf Rote-Beete-Carpaccio bis zu gebackenem Ziegenkäse auf karamelisierter Chicoree mit Grapefruitfilets und frischen Chili und hausgemachten Ravioli in Petersilienbutter. Ein Spaziergang zum Naturschutzgebiet des Mindelsees rundet den Besuch dieser Oase ab.

DORFGASTHAUS GERMANIA – Radolfzell-Liggeringen. 1871 wurde in Liggeringen am Bodanrück in der nationalen Euphorie der Reichseinigung die Germania begründet – heute wirkt der Name des versteckten Gasthauses fast anachronistisch. Etwas vom knorrigen Charme des Altdeutschen hat sich in der einladend gemütlichen (hier paßt das abgedroschene Wort) Gaststube mit grünem Kamin erhalten. Im Sommer vespert man im verträumten Garten unter einem 200 Jahre alten Kastanienbaum. Wirt *Egbert Benitz* setzt auf sorgfältige

Raus in die Natur!

Hausmacherkost mit Gemüse und Kräutern aus dem eigenen Garten. Hier sollte man sich für Flädlesuppe, hausgemachten Fleischküchle oder lauwarmen Tafelspitz mit Sauce Vinaigrette entscheiden.

NATURFREUNDEHAUS – Radolfzell-Markelfingen. «Raus aus den engen und stickigen Wohnungen und Fabriken, hinein in die Natur» so lautete das Motto des 1895 in Wien von dem Lehrer *Georg Schmiedl* gegründeten Naturfreundevereins. Nach ersten gemeinsamen Ausflügen ging man ab 1907 die Schaffung günstiger Ferienheime für Arbeiterfamilien an. Das ausgedehnte Markelfinger Areal mit dem herrlich naturbelassenen Rasen-Strand wurde 1927 vom Landesverband Baden für 30000 Reichsmark erworben, die Ferienanlage 2007/8 mit umweltfreundlichen Materialien saniert. Heute stehen Herberge und Restaurant nicht nur den weltweit 650.000 Mitgliedern (davon 90.000 in Deutschland), sondern auch der Allgemeinheit offen. Ein sympathisches Relikt aus der Zeit, als Urlaub noch ein Privileg war.

Saftladen für Sommeliers

Die ökologische Ausrichtung gilt auch für die Verpflegung. Schöner als im kantinenartigen Speisesaal mit den Panoramafenstern sitzen die Einkehrenden – teilweise mit freiem Oberkörper – an Holztischen auf der großzügigen Seeterrasse und nippen an einheimischem Holunderblütensaft zu Felchenfilets oder Gartensalaten.

STAHRINGER STREUOBSTMOSTEREI – Radolfzell-Stahringen. Nicht bio sondern besser, ist das Motto der Mosterei direkt am *Seehas*-Bahnhof in Stahringen. Das bedeutet, null gespritztes ungelagertes Hochstammobst von alten aromatischen Sorten wie Goldparmäne, Gravensteiner, Champagnerrenette oder Berner Rosenapfel zu verwenden und die Säfte direkt auf braune Lichtschutzflaschen zu ziehen. Sensationell munden sortenreiner Boskoop- und Bohnapfelsaft und die Cuvée von spätgereiften Novemberäpfeln. Der zartparfümierte Gelbmöstler-Most beweist, daß diese Birnensorte ihren Namen zu recht trägt. Mutige Philhellenen probieren retsinaartig geharzten Obstmost, Liebhaber des hochgeschätzten Vorarlberger *Subira* können ihn mit Radolfzeller *Sülibirnenbrand* vergleichen. Eine Spezialität, die auch auf Linienschiffen ausgeschenkt wird, ist der Bodensee-Cidre «Brisanti», der ohne Zusatz von Zucker und Aromen auskommt. Dieser handwerkliche Betrieb ist eine der spannendsten Mostereien Europas – ein Must für Connaisseure, die die Geschmacksvielfalt von Apfel- und Birnengetränken ausloten wollen.

Kutmühle, D-78315 Radolfzell, Poststr. 22, Tel. 0049 (0)7732 942491. Mo-Fr 6.45-18.15 Uhr, Sa 6.45-13 Uhr.

Weinstube zum Scharfen Eck Weinhaus Baum, D-78315 Radolfzell, Höllstr. 15, Tel. 0049 (0)7732 3557. Mo-Fr 16-23, Mi, Fr auch 10-13, Sa 10-14 Uhr. www.weinhaus-baum.de

ESV Vereinsheim In den Herzen, D-78315 Radolfzell, Karl-Wolf-Str. 21, Tel. 0049 (0)7732 53531. www.esvradolfzell.de. Preise: Günstig.

Gasthaus zu Möggingen, D-78315 Radolfzell-Möggingen, Liggeringer Str. 7, Tel. 0049 (0)7732 13837. Do-Sa ab 17, So ab 14 Uhr. www.vayhinger.de. Preise: Mittel.

🛏 **Gästehaus Vayhinger,** Tel. 0049 (0)7732 10055. 3 Zimmer, 2 Suiten – von Künstlern gestaltet. Wohltuende Details und Gartenfrühstück – eine der charmantesten Adressen des Sees. EZ 70-75, DZ 90-95 Euro.

Dorfgasthaus Germania, D-78315 Radolfzell-Liggeringen, Beim Turm 2, Tel. 0049 (0)7732 911901. Fr bis Mi ab 17.30 Uhr, So ganztägig. Preise: Günstig.

NaturfreundeHaus Bodensee, D-78315 Radolfzell-Markelfingen, Radolfzeller Str. 1, Tel. 0049 (0)7732 82 37 70. Tgl. 8-22 Uhr. www.naturfreundehaus-bodensee.de. Preise: Günstig.

🛏 Alle Zimmer Seeblick. ÜF 39-50, HP 45-55 Euro (Familien und Mitglieder der NaturFreunde je 15 % Ermäßigung)

Stahringer Streuobstmosterei, D-78315 Radolfzell-Stahringen, Am Bahnhof 7, Tel. 0049 (0)7738 1729. Direktverkauf Sa 10-13 Uhr; Sept, Okt Di, Mi, Fr 16-18, Sa 9-14. www.streuobstmosterei.de

Den Abt zum Gärtner machen

26 Schnurgurken und Gnadenseehechte

Wie schmeckte zum Braten der frische Salat
EDUARD MÖRIKE, Idyllen vom Bodensee

Umweltschützerisch war das gerade nicht, aber wirkungsvoll. 724 soll der Hl. Pirmin mit einem Bannfluch die Schlangen und Nattern von der Reichenau vertrieben und damit die Grundlage für eine Urbarmachung der Mönchsinsel geschaffen haben.

«Salz, Brot, Lauch, Fische und Wein sind meine Speise/ Was brauch ich dann noch die Köstlichkeiten der Könige» schwärmt Abt WALAHFRID STRABO gut hundert Jahre später von der Diät seiner Bodenseeinsel. Die HORTORUM DELICIAE (Delikatessen der Gärten) umfassten Zwiebel, Lauch, Sellerie, Koriander, Dill, Mohn, Rettich, Mangold, Knoblauch, Schalotten, Petersilie, Kerbel, Kopfsalat, Pfefferkraut, Bohnenkraut, Pastinaken, Kohl, Saubohnen, Karotten, Kohlrabi, Rosmarin,

Für alles ist ein Kraut gewachsen

Liebstöckel, Fenchel – Hülsenfrüchte und Rüben besorgten sich die Mönche von den Feldern der Bauern. Der Strabogarten in Mittelzell im Weichbild des UNESCO-Weltkulturerbe-Münsters *St. Maria und Markus-Münsters* bemüht sich, die Kräuter aus dem Gedicht «Hortulus» nachzupflanzen. Es liegt im Trend, den schielenden hochkultivierten Dichter und Prinzenerzieher STRABO als männliches Pendant der Ernährungswissenschaftlerin HILDEGARD VON BINGEN zu promoten.

Doch wichtiger wurde zunächst der Weinbau, auch wenn PIRMIN in seinem Missionsbüchlein fundamentalistisch gegen Zecher wetterte. 818 soll Abt HEITO den ersten Rebstock gepflanzt haben. STRABO selbst beruft 40 Rebleute aus Steckborn. Theologisch war die Sache spätestens abgesegnet, als Abt HATTO um 900 einen Krug der Hochzeit von Kanaa erwarb (der griechische *Stamnos* zum Mischen von Wein und Wasser ruht heute im Münsterschatz). Die halbe Inselfläche war mit Reben bestanden, bis billigere Importe und Fröste 1928/29

Trotz EU-Siegel ungenormt

und 1940 sie reduzierten; seit der Flurbereinigung kultiviert der Winzerverein noch 18 ha (ca. ein Zehntel). Damit war Raum für die Umwidmung der Reichenau in ein gigantisches Gemüsebeet gegeben. Um 1920 entstanden die ersten landschaftsprägenden Glasgewächshäuser. Das mildes Klima erlaubt bis zu vier Ernten. Beregnungswasser kann direkt aus dem See gepumpt werden. Der vor 150 Jahren aufgeschüttete Pappeldamm ermöglicht schnellen Transport.

Insula felix – glückliches Eiland: 150 gärtnernde Familien ziehen auf jährlich 14 Mio. Gurken, 2000 Tonnen Tomaten und 5 Mio. Salatköpfe. Seit 1993 geht das Gros an eine zentrale Vermarktung . Salate, schlanke Schnurgurken, Rapunzel und Tomaten erfreuen sich des EU-Siegels *ggA* (geschützte geographische Angabe) und gedeihen damit auf Augenhöhe mit Wachauer Marillen, Pantelleria-Kapern oder rosa Lautrec-Knoblauch. Bioqualität ist das meiste nicht, sondern integrierte Produktion, die versucht, Chemie durch resistente Sorten, schädlingsfressende Nutzinsekten wie Schlupfwespen

Einsame Winterknospe

und thermische Schädlingsbehandlung mit Wasserdampf zu ersetzen.

Die Insel der Jahreszeiten. Im Juni eine Handvoll Kirschen von dem herrenlosen Baum pflücken, der an der Abzweigung zum Hafen steht, im Sommer ein Körbchen Erdbeeren naschen, im Oktober einen Beutel Cox beim Biobauern *Lothar Gasser* erstehen oder einen Kohlrabi aufschneiden – selbst im nebligen Winter ergeben violette Kohlstrünke und letzte Rosenkohlknospen einen malerischen Kontrast zum fahlgelben Röhricht der naturgeschützten Uferzonen. Die Gärtnerinsel mit romanischen Fresken, in der Sonne aufgespannten Fischernetzen und der lautlos dahingleitenden Solarfähre bleibt bei allem sommerlichen Ansturm ein Ort der Entschleunigung, der am besten per Boot, pedes oder Rad erkundet wird.

Goschenwellen und Sommerplätschern

SANDSEELE – Reichenau. Sundowner mit Höriblick und flaschengegärtem Reichenauer Winzersekt *Pinot Noir Brut* oder einfach ein solides Vesperle. Das Fischerstüble ist ein origineller Verhau aus Bambustapeten, bunten Kissen, ausgestopften Möwen, Taucherglocken und Gemälden mit Unterseeveduten. Glücklich, wer einen der wenigen Holztische auf der Veranda am Palmenstrand ergattert hat.

Zwar sehen die Batterien von nie gewechselten Kreidetafeln an der hölzernen Strandbaracke aus, als ob sie permanent Busladungen anlocken sollten (die sich schon aus verkehrstechnischen Gründen höchst selten hierher verirren), aber was am Tresen angeboten wird, ist reell und soweit möglich, einheimisch. Inselfrisches Radiesle mit Ei und Brot vom Inselbäcker, Pellkartoffeln mit Sahnequark und Inselkräutern oder Kutteltöpfle Badische Art. Dazu werden fast alle Weine der Reichenauer Winzergenossenschaft offen kredenzt, so auch der zarte *Blanc de Noir* – einen Campingkiosk mit Weinkompetenz findet man auch nicht alle Tage. Durchge-

Catch of the day

frorene Leichtmatrosen können sich an STRABOS Trester mit Weinraute aus dem Klostergarten wärmen. Familie *Beyer* hat das Insel-Label «Strabo» (www.strabo.de) aufgebaut, das Fischgewürz, Holunderblütenessig, Marmeladen und Edelbrände vertreibt. Ein Tröster für die Wintermonate, wenn die Sandseele geschlossen hat, ist STRABOS Kräutertee aus Himbeer- und Brombeerblättern, Hagebuttenschalen, Heidelbeerkraut, Hibiskus, Pfefferminze, Krausminze, Sonnenblumen-, Ringelblumen-, Katzenpfötchen-, Ritterspornblüten und getrockneten Apfelschnitzen.

RIEBELS FISCHHANDLUNG – Reichenau. Toll: das Reichenauer Fischbrot entpuppt sich auf Nachfragen als Brachsenaufstrich, ein nicht ganz magerer aber geräuchert köstlich schmeckender Fisch. Gutes Brot, duftiger Reichenauer Wein, eigentlich wärs das. Auf die blaß schmeckenden Schnippseltomaten können wir gern verzichten und noch mehr auf das Salatbouquet von fast obszöner Fülle, ertrinkend in Rei-

Radieschen und Früchte

chenauer Salatsauce, in der Kleckse von mäßigem Aceto Balsamico häßliche Schlieren ziehen – da wird der Fisch zum Statisten degradiert. *Bärbels* Fischsuppe enthält viel frischen Fisch, schmeckt aber irgendwie nach ungarischer Dosengewürzmischung. Dazu paßt auch, daß trotz Angebots im Laden Hecht leider nicht zu braten war – in den karibischen Fischimbissen, die das Riebels mit seinen Grillgambas nachzuahmen versucht, hätte sich so ein simpler Wunsch sicher realisieren lassen. Schade, daß hier aus erstklassigen Zutaten kulinarisch so wenig gemacht wird. Doch der Platz ist einfach zünftig und beliebt – ein Selbstläufer, der – nicht ganz untypisch für die gastronomische Reichenau – nicht viel verbessern muß. Sitztipp: Die natürliche Schilflaube gegenüber der Straße (Tisch 20/21).

Der Reichenau so nah – die Terrasse vom Leissner

SEERESTAURANT LEISSNER – Allensbach. Ein schöner, ein sehr schöner Garten, um das Boot festzuzurren und zu speisen. Fein und doch nicht übertrieben, man sitzt auf erbsgrünen Stühlen unter weißen Markisen und atmet den Duft von Rosenbüschen und Buchsbaumgrün, der Blick schweift über den Gnadensee zur Silhouette Reichenaus. Vormittags landen Gärtnerkähne, um taufrische Salate von dem Klostereiland oder eine Kiste Felchen vorbeizubringen. Kein Wunder, daß sich bei schönem Wetter Reservierung dringend empfiehlt, den hier wird nicht bloß auf Blick gekocht. Die offensichtliche Freude von Chefin *Christine Leissner* am unverkrampften Bewirten und Arrangieren gibt jedem das Gefühl, herzlich umsorgt zu sein. Und *Harald Leissners* Produktbewußtsein sprüht vor Ideen, ohne ins beliebig Kreative abzugleiten.

Der ideale Platz, um die vegetarischen Lockungen der Reichenau einzulösen. Weg von den monotonen Fitnessbergen und statt dessen lieber ein präsizer Gartengenuß wie Brennesselsuppe oder Rettichsalat mit Schnittlauch für 4.50 Euro. Einen vergessenen Klassiker deutscher *cucina povera* wie Blattspinat mit Spiegelei und Kartoffeln hat man in solcher Frische lange nicht mehr in einer Gaststätte gegessen. Frühlingssalat wird mit gebratener Felchenleber und Traubenkernöl (endlich einmal kein Olivenöl!) getoppt, hausgemachte Traubenkernmehl-Spätzle mit Schafkäse und frischer Bärlauchsauce.

Es hat solange es hat! Das gilt besonders für die Fische, die hier allesamt aus dem Untersee und nur dem Untersee stammen. «Darf ich sie Ihnen filettieren?» bietet die Wirtin an: gleich zwei fangfrische kapitale Grashechte mit Salzkartoffeln und Zackenzitrone für 16,90 Euro – das grenzt an ein Schnäppchen. Üppig wie Schweizer Schüsselgerichte ist hier manches und das ist ein bißchen schade, weil man so viele von *Harald Leissners* Ideen probieren möchte. Aber Schmalztopf zu gutem Brot auch im Sommer, barbarische Gurkenschnitzen zum reichlichen Rindfleischsalat (fantastische Fleischqualität) oder eine mächtige Portion Felchenleber auf gelben Fettuccine mit Dill und Senfköner-Meerrettichsauce sättigen. Selten Fisch so deftig erlebt – als Vorspeise kann man diese ausgefallene Raffinesse trotz des mäßigen Preises von 10,50 Euro nicht wirklich titulieren. Kurzum, besser nur ein Gericht essen, dazu eine Flasche Schillerwein aus Müller-Thurgau und Blauburgunder entkorken, den der Allensbacher Kleinstwinzer *Heribert Mahlbacher* exklusiv für die Leissners ausbaut – und wiederkommen.

Naturland-Hofverkauf D-78479 Reichenau, *Lothar Gasser*, Merzengasse 17, Tel. 0049 (0)7534 998955. *Markus Spicker*, Seestr. 61a, Tel. 0049 (0)7534-7592.

Sandseele, D-78479 Reichenau, Bradlengasse 24, Tel. 0049 (0)7534 7384. www.sandseele.de. Preise: Günstig

⌐ Campingplatz mit 9 funktionalen Zimmer. EZ 21.50, DZ 29 Euro.

Riebels Fischhandlung, D-78479 Reichenau, Seestr. 13, Tel. 0049 (0)7534 7663. April-Sept. Besenwirtschaft. Laden Mo-Sa 8-12, Di-Fr 14-18. www.reichenauer-fischhandlung.de

Georg's Fischerhütte, D-78479 Reichenau, Fischergasse 5, Tel. 0049 (0)7534 7169. Im Sommer Di-So. Preisgünstige Chance, direkt beim Niederzeller Fischer Kretzer, Trüschen und Hechtschnitten aus der Fritteuse zu probieren. Grätenskeptiker müssen auf Fischstäbchen oder Camembert, Feta und Mozzarella gebacken mit Pommes und Preiselbeeren ausweichen.

Winzerverein Reichenau, D-78479 Reichenau, Münsterplatz 4, Tel. 0049 (0)7534 293. Mo-Fr 9-12.30, 14-18 (Winter 17) Uhr, Sa 9-12.30 Uhr. www.winzerverein-reichenau.de

Marions Küferstüble, D-78479 Reichenau, Spiegelberg 17, Tel. 0049 (0)7534 555. So-Do 18-1 Uhr. www.kueferstueble.de. Guter Salat und Kachelofengemütlichkeit.

Laib & Seele, D-78479 Reichenau, Zelleleweg 2. Tel. 0049 (0)7534 7730. Mo bis Fr 6-20, Sa, So 7-20 Uhr. www.laibundseele.de. Ganzjährig geöffnete Inselbäckerei mit Café in Oberzell. Gemüseseelen und Klosterbrot.

Strandhotel Löchnerhaus, D-78479-Reichenau. An der Schiffslände 12, Tel. 0049 (0)7534 8030. www.löchnerhaus.de. Die schönste Fassade am Hafen, gepflegter Strand. Martin Baumgärtels Küche setzt mit Zanderfilet mit warmen Salatgurken oder Saiblingsmatjes einheimische Akzente.

⌐ Zimmer mit Seeblick, Tagungsgäste. EZ 85-125, DZ 170-230 Euro.

Seerestaurant Café Leissner, D-78476 Allensbach, Hinnengasse 2, Tel. 0049 (0)7533 3698. Do-Di 9-23.30 Uhr (Küche 11.30-14, 18-21.30 Uhr). www.seerestaurant-cafe-leissner.de. Preise: Mittel.

Wurstesser sind häßlichere Liebhaber

27 Wasser, Würste und Wässer

Dicht rücken die sandigen Molassefelsen von Bodanrück und Sipplinger Höhe an die nördlichsten Seeufer und bilden eine der dramatischsten Silhouetten des Bodensees.

Waldpfade zur Marienschlucht oder durch den *Hödinger Tobel* – beide Steilufer gelten eher als Wandergebiet als als landwirtschaftliche Nutzfläche. Doch auch hier wird der kulinarische Traveller fündig: Ludwigshafen hat neben dem klassizistischen Hafen-Zollhaus seit 2008 eine Attraktion mehr. PETER LENK, Schöpfer der schönhüftigen «Konstanzer Imperia», nimmt in seinem Rathaus-Triptychon «Ludwigs Erbe» deutsche Hysterien auf die Schippe und stellt seine Landsleute als bockwurststopfende Biertrinker dar (obwohl wir ja eigentlich längst zur Tiefkühlpizza-Nation mutiert sind).

Kostbares Naß – *Europas größtes Trinkwasserreservoir*

Im beschaulichen Hafenort *Bodman*, dessen Grafen dem
See den Namen gaben, verkündet eine Plakette am Königsweingarten, daß Karolingerkaiser KARL DER DICKE 884 die
ersten blauen Spätburgunder-Reben anpflanzen ließ. Leider
ist der schnell gehortete *Pinot Noir* in Bio-Qualität, der vom
STAATSWEINGUT MEERSBURG ausgebaut wird, in Bodman selbst
schwer aufzutreiben.

Vom Flugzeug wirkt die Anlage in 700 m Höhe wie eine
Ausgrabung steinzeitlicher Ringforts: auf dem *Sipplinger Berg*
wird Trinkwasser für 4 Mio. Menschen in Stuttgart oder Tübingen aber auch für Uferorte von Bodman bis Überlingen
aufbereitet, das in 70 m Tiefe aus dem Überlinger See gepumpt wird. Das Entnahmerecht der nicht gewinnorientier-
ten Wasserversorgung beträgt mit jährlich 125 Mio. Kubikme-
ter ca. 1% des Durchströmungsvolumens, allein die jährliche
Seeverdunstung wird doppelt so hoch taxiert.

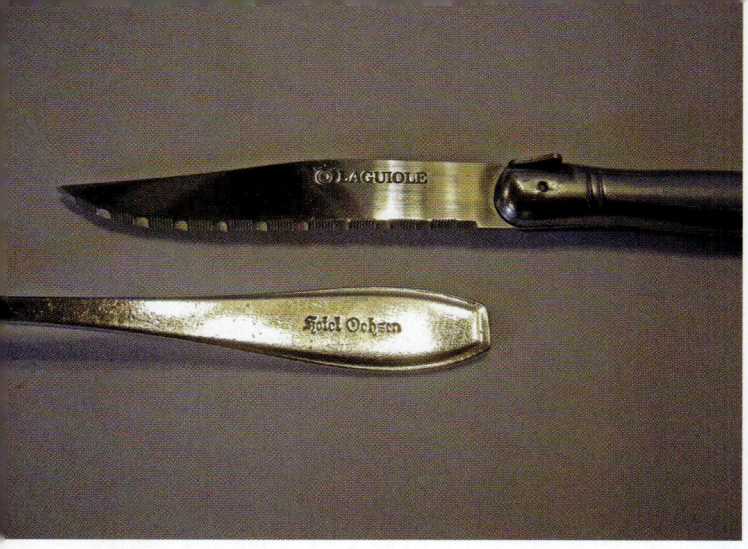

Warten auf den Braten – *Tafelkultur im Goldenen Ochsen*

Agrarisch ist die trockengelegte Ebene westlich des vogelreichen Naturschutzgebiets Stockacher Aachried geprägt – einen sozial engierten Überblick bietet ein Besuch bei Deutschlands ältestem PESTALOZZI-Kinderdorf in *Wahlwies*. Die dem Vermächtnis des Züricher Jugendpädagogen verpflichtete Initiative betreibt einen Dorfladen, in dem DEMETER-Produkte aus eigener Bäckerei, Gärtnerei und Tierzucht verkauft werden. Die Stockacher, die beim Schweizer Tag auf ihrer schmucken Hauptstrasse die 1499 verpasste Chance, zur Schweiz zu gehören, feiern, stehen dann geduldig für den phantastischen Bienenstich des PESTALOZZI-Standes an.

ZUM GOLDENEN OCHSEN – **Stockach.** Gar nicht leicht, zu Fuß über die wirre Verkehrsführung in das apfelsinengelbe Gasthaus zu hechten. Und gar nicht leicht, mittags einen Platz zu ergattern – Stockacher schätzen die moderne Kapuzinerstube als zweites Wohnzimmer, Geschäftsreisende fallen zum günstigen Businesslunch ein.

Philipp Gassner spürt als SLOW FOOD-Mitglied besondere kulinarische Verantwortung, die sich in der Speisekarte niederschlägt: Hegau-Schwein, Höri-Zwiebeln, Hottenlocher und Heggelbacher Käse erregen Neugier, die eingedeckten Laguiole-Messer verraten, daß hier auch Hochrippe und Wagyu-Rind zelebriert wird. Auch Schlichteres kann eine Offenbarung sein, die badische Kartoffelsuppe mit einer Scheibe schmelzender grober Leberwurst bleibt als perfektes Demonstration von Lokalküche in Erinnerung. Das schußfrische Rehragout in fein konzentrierter Wildsauce wurde nicht nur vom Preiselbeereinerlei, sondern auch von selbsteingelegtem Kürbis und Senffrüchten begleitet – eine Reminiszenz an die Tessiner Wurzeln der Gastronomenfamilie. Doch manchmal können vollmundige Namen wie Staufenschwein auch enttäuschen: Das panierte Kotelett war trotz perfekter Zubereitung strohig-zäh und auch das Rösti blieb hinter Schweizer Standards zurück. Die Weinberatung könnte etwas engagierter ausfallen, als nur die Sortennamen herunterzuleiern.

GASTHOF ZUM ADLER – Stockach-Wahlwies. Elfte Wirtegeneration: Der Adler ist ein umgebautes Haus mit Tradition – 1848 stärkte sich FRIEDRICH HECKER mit seinen Revolutionsgarden im ältesten Gasthaus des Hegaus. Heute mischt die kunterbunte Einrichtung italienischen Wintergarten und neualtdeutsches Holz, die Serviettenfaltung grünes und weißes Papier und auch *Jürgen Veesers* Küche zeigt unbegreifliche Brüche.

Hinreißend die Suppen – die konzentrierte Kraftbrühe mit flockig-lebrigem Leberknödel für 4,20 Euro setzt souveräne Maßstäbe, die schaumige Spargelsuppe aus intensivem Spargelsud ist ein pures Vergnügen. Beliebt beim einheimischen Stammpublikum sind die Spezialitäten aus Omas Küche. Meisterlich der mürbe Sauerbraten mit raffinierten Pfeffermirabellen, aber wenn Oma bedeutet, daß dazu geschmacklos

Christoph Keller, Streuobstbrenner

zerkochtes Gemüse mit Spätzlebergen gereicht wird, dann verzichten wir gern auf die Ahnenverehrung. Die schwäbische Tischdame mokiert sich nicht zu Unrecht über die wuchtigen Maultaschen, die unmotiviert mit braunem Sößle und zergartem Gemüsegeschnippsle überhäuft werden. Da fährt der Gast besser mit einem Vesper von hausgeräuchertem Rindfleisch.

Kurzum, selten schlägt das Pendel so von punktuell genial zu punktuell indiskutabel aus. Überlastung eines Kochs, ders eigentlich perfekt kann, aber sich zuviel auf einmal auflädt und lieber ein paar Beilagen weglassen sollte?

STÄHLEMÜHLE – Eigeltingen. Weltklasse durch strikte Regionalität: Der Kunstverleger und Naturbursche *Christoph Keller* brennt pro Jahr ungefähr 1500 schnell ausverkaufte Halbliterflaschen, auf die Deutschlands illusterste Köche und Bars stolz sind. Hier werden winzige Chargen von handgepflücktem Rotem Linzgauer Weinbergpfirsich, Hohentwieler

Über See und Schafweiden – *Landhaus Sternen*

Graf Althanns Ringlotte oder Türkenkirsche aus dem Mühlenbachtal destilliert und im Sanktuarium des Phiolenkellers gelagert. Ein magisches Erlebnis voll vergessener Aromen und Obstsorten, das auch die ätherischen Düfte pannonischer Marille, Lothringer *Nancy-Mirabelle* und sizilianischer *Moro*-Orangen bannt – so sieht weltoffene Heimatpflege aus.

LANDHAUS STERNEN – Sipplingen. Im Sommer ist es nur nach langer Vorbestellung möglich, eins der Zimmer des am oberen Ortsrand einladenden Gasthofs zu ergattern. Kein Wunder: Stammgäste schwören auf den Blick auf See, Bodanrück und Hochstammbäume und auf das Langschläferfrühstück bis 11 Uhr. Gleich vor dem Haus beginnen sanfte bis steile Wanderpfade entlang der Molasse-Hänge Richtung Ludwigshafen oder Haldenhof – nicht selten kreuzt man weidende Schafherden. Die Stube mit Trophäen und Kamin ist in ihrer unaufgerüschten Stille ein idealer Ort zur Sinnsuche und Selbsteinkehr.

Wirt *Burkhard Schirmeister* ist der Doyen einer Linzgau-küche, die auf eigenen Zutaten basiert. Lammsalami und Schinken sowie Schaffleisch aus eigener Zucht garantieren ebenso wie die Schwarzwurst aus Hausschlachtung saubere Fleischgenüsse. Daß der Patron nur noch für Hausgäste ein festes Menu kocht, tut dem Zauber dieses Ortes eher gut. Schließlich kann man nach rechtzeitiger Voranmeldung auch als Externer Köstlichkeiten wie Honigente mit Quittenrot-kraut schmausen. Unbedingt das selbstgebrannte Kirsch-wasser probieren!

HALDENHOF – **Überlingen-Bonndorf.** 1643 verbrannten die Schweden den Ansitz des Minnesängers BURKHARD VON HO-HENFELS. Die heute 1000-jährige Linde überlebte ebenso wie das einzigartige Panorama auf den fjordartigen Überlinger See. Im 13. Jh., als man noch nicht ans Fotografieren dachte, sondern solche Blicke eher poetisch bewältigte, dichtete der aus der MANESSISCHEN Handschrift bekannte Burgherr:

Dô der luft mit sunnen viure
wart getempert und gemischet,
(dar gab wazzer sîne stiure,
dâ wart erde ir lîp erfrischt.
dur wart tougenlîchez smiegen
wart si fröiden frühte swanger.
Daz tet luft, in wil niht triegen:
schouwent selbe ûz ûf den anger.
fröide unde frîheit
ist der werlte für geleit.)

Als die Luft mit dem Feuer der Sonne
gemodelt und gemischt wurde,
da gab das Wasser seine Hilfe dazu,
und der Leib der Erde wurde erfrischt.
Durch ein heimliches Hineinschmiegen
wurde sie schwanger mit Freudenfrüchten.
Dies bewirkte die Luft, ich lüge nicht:
schaut selbst hinaus auf die Wiese.
Freude und Freiheit sind
vor der Welt ausgebreitet.

Seit dem 19. Jh. gehört der beliebte Höhengasthof mit Lindengarten dem Überlinger Spital. Im Innenraum das übliche Holz, dem man weniger die Patina der Jahrhunderte als das harzige Gemütlichkeitsstreben der letzten Jahrzehnte ansieht. Leider stapeln sich auf der Karte bis auf den kalten Braten Konservierungsstoffe und Antioxidantien, aber selbstgebackener Kuchen, ein Glas Most oder ein Stamperl hausgebrannte Haldenhofbirne geht immer.

Bodensee-Wasserversorgung, D-88662 Überlingen-Nesselwangen, Sipplinger Berg, Tel. 0049 (0)7551 1156/7. Führungen im Sommer Di, Mi um 15.30 Uhr nach Anmeldung beim Verkehrsamt Sipplingen (Tel. 0049 (0)7551 9499370) oder Bodman-Ludwigshafen (Tel. 0049 (0)7773 930040). www.zvbwv.de

Zum Goldenen Ochsen, D-78333 Stockach, Zoznegger Str. 2, Tel. 0049 (0)7771 9184-0. Tgl. 11-23 Uhr. www.ochsen.de. Preise: Mittel.

Zum Adler, D-78333 Stockach-Wahlwies, Leonhardtstr. 29, Tel. 0049 (0)7771-3527. Di 17.30-22 Uhr, Mi-So 12-14, 18-22 Uhr. www.adler-wahlwies.de. Preise: Mittel.

Pestalozzi-Dorfladen, D-78333 Stockach-Wahlwies, Pestalozzistr. 11. Di 6.30-13, Mi 6.30-13, 16-18, Do 6.30-13, Fr 6.30-18, Sa 6.30-12 Uhr.

Edelobstbrennerei Stählemühle, D-78253 Eigeltingen-Münchhöf, Tel. 0049 (0)7771 8755-0. www.staehlemuehle.de. Besuch nach Anfrage oder bei Hoffesten – Bestellung per Post oder Internet. Das Weinhaus Baum (Radolfzell S. 321) führt eine exklusive Auswahl.

Landhaus Sternen, D-78354 Sipplingen, Burkhard-von-Hohenfels-Str. 20, Tel. 0049 (0)7551 63609. Mi-Mo 18.30-21 (nur viergängiges Halbpensionsmenü auf Bestellung). www.landgasthofsternen.de

➹ großzügige Räume mit Seeblick. EZ 40 - 62 Euro, DZ 89 - 104 Euro

Haldenhof, D-88662 Überlingen-Bonndorf, Haldenhofweg 51, Tel. 0049 (0)7773 5613. Mitte/Ende März bis Oktober Di-So. www.gasthaus-haldenhof.de

28 Slow Genießen in Überlingen

»Die alte Reichsstadt Ueberlingen ... liegt recht angenehm am See, in Fruchtfeldern und Weingärten mit einer schönen Kirche, guten Häven und Mineralbad; sie schien mir lebendiger, als Constanz. Es ist hier ein bedeutender Getreidemarkt in jeder Woche ...«

CARL JULIUS WEBER, Briefe eines in Deutschland reisenden Deutschen (1826-28)

Fisch muß schwimmen: *Hecht in Bacchus-Pose*

2004 wurde der Wein- und Kurort Überlingen zur drit-
ten deutschen Città Slow ernannt, eine Ehre, die er
bisher mit neun weiteren «langsamen Städten» wie
etwa Nördlingen, Waldkirch, Bad Schussenried oder
Deidesheim teilt.

Poet mit störrischem Pegasus -
MARTIN WALSER *als Bodenseereiter*

Was Lebensqualität betrifft, spielt Überlingen damit in der gleichen Liga wie *Positano, Todi, Orvieto* oder *Katoomba* in den australischen «Blue Mountains».

Dazu paßt eine McKINSEY-Expertise von 2006, nach der – wenig überraschend – die zufriedensten Deutschen im Überlinger Landkreis wohnen.

Die gezielt Qualitätstourismus anlockende Grundidee, Städte auszuzeichnen, die mehr im Rhythmus ihrer Bürger als in der Hektik einer nicht wirklich beglückenden Boom- und Konsumgesellschaft leben, wurde 1999 in Italien im Umfeld der SLOW FOOD-Bewegung entwickelt. Die Kriterien umfassen neben einer auf maximal 50.000 Seelen beschränkten Einwohnerzahl auch die Pflege der historisch gewachsenen Altstadt, einen von individuellen Geschäften geprägten Einkaufsmix, möglichst umweltschonende Enegieversorgung und last not least ein regionalbewußtes Speisen- und Produktangebot.

Kurzum, Forderungen, die der Kurort Überlingen trotz aller Verkehrsengpässe locker erfüllt: die längste Seeuferpromenade aller Bodenseeanrainer, die fußgängerfreundlich konservierte Altstadt mit Nikolaus-Münster, Renaissance-Rathaus und der revitalisierten Markthalle «Greth», die Fülle kleiner Läden und Wochenmärkte, der verwunschene Park in den Festungsgräben. I-Tüpfelchen auf dem Konzept bewußter Entschleunigung ist die Stadtführung per Kulturkutsche – zwei Kaltblutpferde ziehen einen Kremser vorbei am bockenden Metallkollegen des Künstlers *Peter Lenk* (der «Martin Walser» als Bodenseereiter trägt) bis hinauf zum Panoramablick des Gallerturms.

Die Entscheidung ist aber sicherlich auch dadurch begünstigt worden, daß sich mit dem Hinterland des Linzgaus, das weit ins Salemer Terroir ausgreift, eine bäuerlich geprägte Genußlandschaft gebildet hat, die Apfelmostern und Spargelbauern, Ziegenmilchkäsereien und Hofmetzgereien frische Perspektiven gibt. Nicht ohne Grund ist Überlingen auch Heimat des Slow food-Conviviums Bodensee. Daß eine Kost aus Regionalprodukten auch internationale Gaumen entzückt, beweist ein heimlicher Starkoch wie *Hubert Hohler*, passionierter Vorsitzender der bewußten Genießer-Sektion. Als Küchenchef der renommierten Buchinger Klinik verwöhnt er Heilfaster und Abnehmwillige mit vegetarischer Genußkost aus lokalen Produkten – wenn er nicht gerade im Orient Kochlektionen gibt.

Das «Nizza am Bodensee» ist mehr als Stadt- und Hafenbummel, als Wellness, Blumenrabatten oder Fährboot zur Mainau – gerade im sanft hügeligen Hinterland lassen sich faszinierende kulinarische Entdeckungen machen. Ill im Elsaß, Baiersbronn im Schwarzwald – manchmal sind es gesuchte Restaurants, die abgelegene Orte im geographischen Kollektivgedächtnis verankern. So etwas geschieht im lokalen Rahmen gerade im ländlichen Ortsteil *Lippertsreute*. Denn hierher pilgern Liebhaber einer authentischen Küche von weit her, um zwischen zwei markanten Kochpersönlichkeiten des Linzgaus zu wählen.

Gelebte Tradition – *der Ochse in Überlingen*

OCHSEN – **Überlingen.** Das aus dem 17. Jh. datierende Patrizierhaus am Mantelhafen strahlt angestammte Gediegenheit aus – wie die vergoldete Statue des Wappentieres, das unübersehbar vor der Gartenfassade prangt. Familie *Waldschütz* hat wertkonservativ in den gepflegten Innenräumen und 3-Stern-Gasthofzimmern die leicht angestaubte Wirtschaftwundereleganz der Adenauerära bewahrt. Kein Wunder, daß sich in diesem Honoratioren-Ambiente Überlingens Rotarier wohl fühlen. Keine Terrasse direkt am See – das kann auch von Vorteil sein. Denn dafür geht es hier eher diskret und slow als touristisch hektisch zu. Die Speisekarte setzt ebenfalls auf bürgerlich und führt neben einer breiten Fischauswahl selten Gewordenes wie badische Festsuppe oder geschmorte Kalbsbäckle auf. Spätestens beim Viertele Rosé aus dem ÜBERLINGER SPITALSKELLER gewinnt man den Eindruck, daß man sich hier schon immer und nicht erst seit der Generation Witzigmann auf gediegene Gastlichkeit verstand. Einen Blick wert sind die Fasnetsmalereien der 1930er Jahre im nicht immer geöffneten ehemaligen Bräustüble.

Kein Bürgerschreck: *Simon Metzler – Bürgerbräu, Überlingen*

BÜRGERBRÄU – **Überlingen.** Gletscherblaues Nordlicht beschneiter Schweizer Alpengipfel und davor gestochen scharf die herbstliche Pappelkulisse der Seehalde. 2010 hat *Simon Metzler* den elterlichen Betrieb in der steilen Aufkircherstraße im »Dorf« übernommen und mit der Innenausstattung der Speisezimmer ein Zeichen gesetzt, wie edel, elegant und individuell moderne Heimatliebe wirken kann. Die Stuben, deren hölzerne Täfelung ebenso geschont wurde wie das Fasnetsfenster mit dem Brezen-Hänsele, werden nun durch gestochen scharfe Bodenseeveduten des Luftfotografen *Achim Mende* als fast magischer regionaler Genußraum verortet.

«Nur durch Eigensinn entsteht Bestes» – klingt wie ein bokkiges altdeutsches Motto. Dieser scheinbar kühne Spagat, der sich als harmonische Weiterentwicklung des Bestehenden entpuppt, gelingt auch in der Küche. Allein die Atmosphäre, wenn am Samstag Mittag das Überlinger Bürgertum auch reiferer Semester die gute Stube füllt, beweist, daß das Bürgerbräu auch unter einem experimentierfreudigen Jungchef mit

Baseball-Käppi und Methusalembart Institution bleibt. Und die Gäste ordern beileibe nicht nur das Wochenmarkt-Gericht oder die geschmorte Bürgerbräu-Ente mit bewußt süßem und weichgekochtem Champagnerkraut, die aus Respekt vor der Kochleistung des Vaters weiterhin auf der Karte steht. Es wäre auch angesichts der Fleischqualität und der könnerhaft kross gebratenen Geflügelhaut schade drum. Altmeisterlich auch die exzellente Rinderkraftbrühe mit Grieß-Kartoffelnockerl von duftig-cremiger Textur für 4,40 Euro. Die macht am See keiner besser und viele viel teurer.

Doch einer wie *Simon Metzler* würde sich verbiegen, würde er nur in die bestbürgerlichen Fußstapfen treten. Schließlich hatte der meist schwarz gewandete Patron vor seiner Rückkehr an den elterlichen Herd in Berlin einen Catererservice aufgebaut, den auch Rockbands wie die toten Hosen nicht missen mochten. Und nicht umsonst führten ihn seine Lehrjahre zum Guru der Jungen Wilden – »Kochprofi« *Stefan Marquard* beschallte damals in den Meersburger »Drei Stuben« seine Brigade mit Dauerpunkmusik.

Geblieben ist davon Experimentierfreude, der löbliche Hang zu knappen Speisekarten und ein Touch kulinarischer Asiensehnsucht, der sich in überraschenden Kompositionen wie «Tandoori-Barsch» oder «Macadamia-Spätzle» äußert. Ausgesprochen kundenfreundlich ist seine Idee, die pompöse Dessert-Karte zugunsten kleiner Probierportionen zum fair kalkulierten Preis von 3 Euro zu entschlanken. Mini-Häppchen von Cassis-Sorbet, warmes Schokoladenküchle oder gebrannte Orangencreme belasten weder Geldbeutel noch Magen. Hinter der schönsten Riegelfassade im »Dorf« verbirgt sich eine rundum gelungene Überraschung. Das *Bürgerbräu* hat auch in der neuen Generation zu einem neuen unverwechselbaren Stil gefunden.

Könner mit Torte: *Andreas Popp*

CONFISERIE POPP – **Überlingen.** Noch mal steile Straßen und drei heiß begehrte Parkplätze. 15 Min. Parkzeit, das kann eng werden angesichts der Köstlichkeiten von *Popps* Confiserie. Denn in dieser entzückenden Konditorei umlagern Einheimische gern und geduldig die Theke – Samstag ist Großkampftag. Konditormeister *Andreas Popp* hat den Betrieb klein gelassen, vor der Theke ist gerade Platz für einen begehrten Vier-Personen-Tisch. Und dann in der Auslage eine Auswahl, die wahrhaft den oft mißbrauchten Begriff «Tortenparadies» verdient: Rhabarber, Meringue, Bitterorangensachertorte, Kastanienparfait, weiß glasierte Zitronensand-Mini-Guglhupfs, Springerle aus «Bauernmarzipan». Doch der Andrang gilt auch alltäglicheren Produkten, die deutsche Bäcker immer mehr vernachlässigen. Croissant oder schlichtes Weggle gerät angesichts der handwerklichen Kompetenz zur Köstlichkeit. *Popps* perfekte Schokoladetrüffel beweisen, daß sich Lehrjahre in der Schweiz und Frankreich für Patissiers lohnen.

NATURATA – **Überlingen.** *Andreas Popp* liefert seinen Zwetschgendatschi auch an Naturata. Das ökologische Restaurant setzt schon baulich einen kräftigen Kontrast zur versiegelten Asphaltöde, die man eigentlich von einem Gewerbegebiet erwartet. Vom Parkplatz geht's auf überwuchertem Pfad zu einem gigantischen Holzhaus, das der ungarische Architekt und Steiner-Bewunderer *Imre Makovecz* in Anklängen an Pfahlbauarchitektur und die Dachkonstruktionen Antonio Gaudís anfertigte. Der Multifunktionsbau beherbergt einen gutsortierten Naturkostladen, Fremdenzimmer und eine von mächtigen Baumstämmen gestützte Speisehalle, wo man gemeinschaftsfördernd an langen rohen Holztischen oder direkt am niedrigen Küchentresen Demeter-Kaffee trinken oder tafeln kann. «Geerdet» steht in schwungvollen Lettern auf der Tageskarte: Dinkelgemüseküchle mit Bergkäse überbacken, Rote-Beete-Salat mit Walnüssen, Rahmschwammerl oder Rahmgulasch mit Serviettenknödeln und als eine der wenigen nicht bio-zertifizierten Speisen Wildfang-Felchenfilet aus dem Bodensee – zu viel administrative Liebesmüh für den ohnehin ökologischen Fisch. Schwach duftet es nach exotischen Gewürzen, am Baumstamm hängen Tageszeitungen und anthroposophische Magazine und mancher aus dem Publikum, das zwischen rucksackschleppenden Mamis, Barfüßlern und Damen im Kostüm, die den guten Kuchen schätzen, oszilliert, verbringt in diesem Pfahlbauernkaffeehaus entspannte Stunden.

Kulinarische Bastion: *Der Adler in Lippertsreute*

ADLER – **Lippertsreute.** Unübersehbar prangt das alte Fachwerkhaus mit den taubenblau bemalten Balken an einer Biegung der Hauptstraße. Seit der 11. Generation Wirt im Adler: *Peter Vögele* und seine stets aparte Frau *Verena* wären damit reif für den kulinarischen GUINNESS der Rekorde.

Hier geht an schönen Tagen die Post ab, ohne daß die Gastfreundschaft darunter leidet. Die blumenumstellten Tische im Freien sind begehrt, vielen gefällt die etwas angedirndelte Landhausatmosphäre. Doch auch Freunde der verpönten Küche (wie gerade der große in Baden lebende Duisburger *Wolfram Siebeck* die Innereien in einem Kochbuch gefeiert hat) kommen hier auf seltene Genüsse. Milchkalbsniere im eigenen Fettmantel klingt für viele vermutlich zum Gruseln (die meisten deutschen Fleischinspektoren schmeißen das Fett im Gegensatz zu ihren französischen, österreichischen und Schweizer Kollegen, die die Delikatesse zu schätzen wissen, weg), aber wer einmal von den absolut milden Nieren, die man nicht marinieren oder wässern muß, gekostet hat, wird

Slow Food auf linzgauerisch: *Gasthaus Keller*

anders darüber denken. Das gilt sogar für ein Häppchen vom Fett, nicht umsonst empfehlen alte Kochbücher Nierentalg als das geschmacksneutralste. Wenn dann auf der Karte als Vorspeise auch noch eine waidmännische Rarität wie Rehleber steht, kann man vollends verpönt schwelgen. Ein bißchen zu üppig, gutgemeint oder unaufmerksam war nur, daß damit praktisch zweimal das gleiche exzellente Schmorgemüse, Bratkartoffeln bzw. Gratin und gutes Sößle serviert wird – wie oft am See ist man auf Variation für Mehrgangesser nicht so gut eingestellt wie in Italien. Anderes verlockendes Soulfood aus Peter Vögeles Küche ist Landhuhn, Lammzüngle und Kohlroulade – dazu gibt es Weine, die im eigenen Felsenkeller lagern.

KELLER – **Lippertsreute.** Ländlicher geht's in der Brauereigaststätte *Keller* zu, die längst keine Brauerei mehr beherbergt, aber dafür aber unter riesigen Kastanienbäumen einheimische Produkte in ausgesuchter Qualität serviert. Das kann

Kräuterfachsimpeleien mit Marcus Keller

auch einmal etwas scheinbar Schlichtes wie ein unvergeßlich gutes paniertes Kotelett vom Hausschwein mit Bauernbrot bzw. eine praktisch auf deutschen Karten verschollene geröstete Grießsuppe sein. Oder hausgemachte Bauernbratwürste und zum Vesper Heggelbachkäse mit schwarzen Nüssen und Quittengelee oder geräuchertes Rindfleisch...

Marcus Keller ist ein Koch, für den Essen wohl lebenslange Neugierde und Inspirationsquelle bedeuten wird. Einer, der ganz nebenbei mit Kräuterfunden wie Bärlauchkapern, gerösteten Brennesselblüten oder nach Steinpilz duftendem zerriebenem Waldziescht verblüfft. Der sich das Gespür dafür bewahrt hat, daß Essen aus der Natur kommt und aus diesem Instinkt heraus die begehrte kulinarische 24 Stunden-Wanderung zu Linzgau- oder Konzilsköchen organisiert. Ein einzigartiges Sommererlebnis, abgekämpft um 2 Uhr nachts vor dem Reichenauer Münster Tee zu schlürfen oder in Immenstaad stärkende Fischsuppe zu löffeln und im Kreise von gut 50 Genußwanderern 90 km lang das Terroir der leiblichen Genüsse zu ergründen.

Hotel Ochsen, D-88662 Überlingen, Münsterstr. 48, Tel. 0049 (0)7551 91996-0. Tgl. 11.45-13.45, 17.30-21.45 Uhr (Okt-April Mo Ruhetag, Di, Mi nur abends). www.hotel-ochsen-ueberlingen.de. Preise: Mittel

🛏 Stilecht belassene Nachkriegszimmer. EZ 56-70, DZ 88-120 Euro

Bürgerbrau, D-88662 Überlingen, Aufkircherstr. 20, Tel. 0049 (0)7551 92740. Mi-So. www.buergerbraeu-ueberlingen.com. Preise: Mittel/Gehoben

🛏 12 Zimmer. EZ 59-64, DZ 89-94 Euro.

Konditorei Popp, D-88662 Überlingen, Hizlerstr. 3, Tel. 0049 (0)7551 4532. Mo 8.30-13, Mi bis Fr 8.30-13, 14-18, Sa 8.30-16, So 9.30-16 Uhr. www.konditorei-popp.de

Naturata, D-88662 Überlingen, Rengoldshauser Str. 21, Tel. 0049 (0)7551 64524 oder 9516-13. Mo 8-18, Di-Sa 8-23 Uhr. Preise: Günstig. www.naturata-gmbh.de.

Landgasthof zum Adler, D-88662 Überlingen-Lippertsreute, Hauptstr. 44, Tel. 0049 (0)7553 8255-0. Fr-Di, 17.30-21, Mi nur 11.45-14. www.adler-lippertsreute.de. Preise: Mittel.

🛏 Gästezimmer im historischen Gasthof, Ferienwohnungen im ehemaligen Festsaal und den Stallungen. EZ 55-65, DZ 70-78 Euro.

Landgasthof Keller, D-88662 Überlingen-Lippertsreute, Riedweg 2, Tel. 0049 (0)7553 82729-0. Mi-So 10-13.30, ab 17 Uhr. www.landgasthofbrauereikeller.de. Preise: Günstig / Mittel.

🛏 Frühstück im Garten mit selbstgebackenem Holzofenbrot, eigenen Konfitüren und hausgeräuchertem Schinken. EZ 30-49, DZ 51-83 Euro, Ferienwohnungen für 2-6 Personen

Reiche Zisterzienser – *Schloß Salem*

29 Salemer Linzgaukost

Schalom – «Tal des Friedens» tauften die Zisterzienser 1134 ihr im waldreichen Linzgauer Drumlin- und Hügelland errichtetes Rode-Kloster.

Dieser idyllische hebräische Name sollte sich auch auf die landwirtschaftliche Nutzung beziehen. Die «weißen Väter» schufen eine Kulturlandschaft mit Obstgärten und Fischteichen entlang des Prälatenwegs, die die Abtei bald zu einer der reichsten des Heiligen Römischen Reiches machte. Der Weinbau florierte, so daß das Salemer Riesenfaß (im 30-jährigen Krieg zerstört) zur Legende wurde. *Multitasking* im Rokoko: 2010 hat die Ausstellung «In Salem spielt die Musik» an Karl Joseph Riepp (1710-1775) erinnert. Der Ottobeurener konstruierte für Abt Anselm II. zwischen 1768 und 1774 das größte Orgelsystem, das bis dahin eine Kirche schmückte, und belieferte zugleich als Weinhändler des französischen

Deutschlands zweitgrößter Privatwinzer

Königs seinen Bauherrn mit Burgunder und Rebensetzlingen. Schließlich lebte RIEPP, der mit einer Dame aus Dole verheiratet war, seit den 1740ern als französischer Bürger und Weinbergbesitzer in Dijon. Für die klösterlichen Kellermeister muß es spannend gewesen sein, die Neulinge mit dem seit 1318 in Salem nachgewiesenen Spätburgunder zu vergleichen.

Seit 1802 gehört das Weingut dem HAUS BADEN und ging nicht wie das Schloß 2009 in Landesbesitz über. Im großzügigen Verkaufsbereich im Klosterhof sind markgräfliche Abfüllungen von *Birnauer Kirchhalde* bis *Gailinger Ritterhalde* (Hochrhein) und *Klingelberger Riesling* (Durbacher Staufenberg) zu verkosten, historische Kelter- und Pressräume zu besichtigen. Der Schauweinberg lockt nach Museums- und Münsterbesuch zu Spaziergängen.

Eine gute önologische Basis für das Salemer Tal und das Linzgau, das sich zunehmend als Genußlandschaft profiliert. Das *Obstmuseum Frickingen* präsentiert Apfelkultur einst und

Kocht mit Produkten aus dem Salemertal

jetzt, Bäckereien bieten Brot aus Linzgaukorn an, in *Ahausen* lädt der *Moserhof* zum Ziegenkäsepicknick. Hoch über dem Tal des Friedens thront in *Heiligenberg* das Fürstenbergsche Schloß. Nicht nur der Renaissancesaal fasziniert, sondern auch die voll funktionstüchtige historische Küche. Wer nicht wie *Fürstin Gloria* zum Adelsschmaus geladen ist, muß sich nicht unbedingt bei der prämiierten Metzgerei *von Stryk* mit luftgetrockneter Sauschwänzlewurst bescheiden…

SALMANNSWEILER HOF – **Salem**. Muß es ausgerechnet die ubiquitäre Kirschtomate sein, denkt man sich, wenn man die Werbemanifeste für die Regionalkost des versteckten Landgasthofes erblickt. Doch alle Bedenken angesichts zu zeitgeistig nachgebeteter Regionalität verfliegen, wenn man von Frau *Andrea Schiele* herzlich in der behäbigen Gaststube willkommen geheißen wird. Hier geht es eben doch nicht um hektische Neuerungen sondern um handfeste Heimatküche. *Andreas Schiele* ist einer der Promotoren der kulinarischen Identität des Salemertals. Und die besteht nicht nur in Foto-

Frischer Wind für Heimatküche

sessions mit Apfelbäuerinnen und Ziegenmelkern. Produkte und Produzenten werden selbstbewußt auf der Karte verzeichnet und die Regionalität kulinarisch umgesetzt: Wurstsalat mit Heiligenberger Lyoner, Fleischküchle vom Bio-Bodenseerind mit buntem Zwiebelgemüse, gebeiztes Felchenfilret mit Dampfkartoffeln, ambitioniertes Duett von Bodenseeaal und Hechtstrudel, der im Blätterteigmantel auf Holzstick zu Dillgurken serviert wird, stehen für Experimente mit Bodenhaftung. Zum Käse aus dem Deggenhausertal munden schwarze Nüsse und Feigensenf. *Lorcher Burgweg*, ein Erstes Steillagengewächs aus Rheingauriesling, den *Hubert Bachmann,* ein Salemer Schulfreund des Wirts, keltert, sorgt für die persönliche Note. Mit Eigenbränden von Mirabelle oder *Cöxle* ist man wieder ganz im Salemertal.

RECKS HOTEL – Salem. Eine Terrasse, die direkt in den eigenen Apfelgarten übergeht – ländlicher kann man kaum beim Most sitzen. Altwirt *Bernhard Reck* behauptet scherzend, er

Kunstsammler beim Bohnenschnippeln

könne sogar den Baum identifizieren, auf dem die Äpfel gewachsen seien – Direktsaft total! Doch das Haus lebt nicht nur vom vis-à-vis mit dem Grünen, sondern beherbergt eine veritable Kunstgalerie. Salems Hausbildhauer JOSEPH ANTON FEUCHTMAYER ist in der gleichnamigen Stube mit bunt gefaßten Holzfiguren präsent – barocker hätte man das in Salzburg auch nicht hingekriegt. Ausgefallener sind die Gemälde der Höri-Künstler HERMANN WIEHL, WALTER WÄNTIG und des aus Breslauers WALTER EBERHARD LOCH. Bernhard Reck, der mütterlicherseits von der Schwarzenbergischen Angelika-Kauffmann-Sippe abstimmt, zeigt mit Besitzerstolz einen Salemer Schrank und die LUDWIG-THOMA-Stube, deren Leuchter er nach Stichen des Schwarzwaldmalers anfertigen ließ.

Daß bei solch geballtem Kunstgenuß die Kulinarik nicht leiden muß, dafür bürgt das Schwesterntrio der nächsten Generation. *Annette* und *Christine* umsorgen die Gäste, *Alexandra Reck* hat im Freiburger «Colombi» gelernt und präsentiert eine eher konservative Speisekarte, die mit regionalen Produkten

Hochburg der Berghappen

durchexerziert wird. Zum Wegfuttern köstlich das selbstge-
backene Kartoffelbrot, apart Gänseleber mit Quittengelee
und Felchenkaviar mit Zucchinipuffer. Anderes wirkt recht
brav und leicht überladen. Man muß nicht noch einen Salat
reichen, wenns eh schon Gemüsebeilage gibt, zumal der mit
seinen eingeweckten Stangenbohnen wenig regionale Frische
ausstrahlt. In das Rehgeschnetzelte mit feiner Wildsauce sollte
man nicht unbedingt Zucht-Champignons und Waldpfiffer-
linge gleichzeitig mischen. Gelungener ist dafür die Kombi
von Kürbiskernparfait mit eingelegten Zwetschgen.

BERGHOTEL BAADER – **Heiligenberg**. In Flyern präsentiert
Clemens Baader sich gern als Tausendsassa, der alles kann
von Schlankheitsküche bis Asia, der Bodenseeweinschiffe
und Literaturfestivals mit parfümiertem Perlhuhnmus oder
Schokoladenmaultäschle bekocht. Solche Gastspiele gehen
manchmal zu Lasten der Qualität im eigenen Lokal – doch
in diesem Familienbetrieb ist nichts von Schlendrian zu
spüren.

Die Gaststube mit niedriggehängten Decken, Teppichboden und verdeckten Punktstrahlern macht auf bürgerlich fein und hat gerade deswegen einen gewissen provinziellen Retroschick. Gut hat uns der Mut zur lebenden Weinkarte gefallen, in der kräftig gestrichen und handschriftlich ergänzt ist – angesicht oft kleiner Chargen Bodenseewein eigentlich selbstverständlich und origineller als pompöse Listen, die dann nicht vorrätig sind.

Doch zur eigentlichen Attraktion haben sich die sommerlichen Berghäppchen gemausert – eine regionalisierte Fingerfood und Catering-Idee. Wobei es auf die Zeremonie ankommt – die Saaltochter, die den schweren Trolley durch die Sitzreihen manövriert, flößt jedenfalls spontan Vertrauen ein. Hier geht es nicht um fotogenes Schickimicki sondern um die Kreativfreude eines Vollblutkochs, der mit der auch mittags präsenten Auswahl von 15-20 Berghappen seine Bandbreite unter Beweis stellen will. Und die hat es in sich, den jedes Petit four ist eine handwerklich aufwändig gefertigte Delikatesse (wie auch die Hausfrauen am Nachbartisch anerkennend bemerkten) zum höchst fairen Preis von 3,50 Euro pro Happen. Lammfilet im Currymantel, Tafelspitzsülze mit Gänseleberschaum, Galantine vom Rehfilet oder Hechtmousse mit Spargel – Gaumenspiele, denen man schwer widerstehen kann. Doch Achtung: Es wartet noch einen Häppchentrolley für Desserts!

Leicht ratlos lassen die *Dinnele* – zu oft gibt's die in Fertigteigvariation, daß man nicht gespannt wäre, wie ein Spitzenkoch diesen badischen Klassiker interpretiert. Um es kurz zu machen, der kreisrunde (?) Fladen aus goldgelbem hausgemachtem Kartoffelteig, Rahm, mildem Speck und Schnittlauch schmeckte wegen der Zutatenqualität köstlich, aber sind es wirklich noch Dinnele, wenn der Boden pfannkuchendick und nicht besonders knusprig ist? Ein weites Feld...

Vinothek Schloß Salem, D-88682 Salem, Tel. 0049 (0)7553 81-467. April-Okt. Mo-Sa 9-18, So 11-18, Nov-März Mo-Fr 9-13, 14-18, Sa 9-13 Uhr. www.markgraf-von-baden.de

Moserhof, D-88697 Ahausen, Ittendorfer Str. 16, Tel. 0049 (0)7544 6468, Mobil 0171 6561233. Hofcafé Di-Fr 14.30-18 Uhr. www.hofkaeserei-moser.de

Bodensee-Obstmuseum, D-88699 Frickingen, Kirchstraße 9, Tel. 0049 (0)7554 9872 00. Ostern bis Okt. So 10.30-12 Uhr.

Salmannsweiler Hof, D-88682 Salem, Salmannsweiler Weg 5, Tel. 0049 (0)7553 9212-0. Sa-Mi 11.30-14, ab 17.30 Uhr. www.salmannsweiler-hof.de. Preise: Mittel

Originelle Dachschrägenzimmer mit Holzbalken. Frühstück mit Linzgau-Produkten. EZ 46-54, DZ 74-84 Euro.

Recks Hotel Restaurant, D-88682 Salem-Neufrach, Bahnhofstr. 111, Tel. 0049 (0)7553 201. Do 17-22, Fr-Di 12-14, 18-22 Uhr. www.recks-hotel.de. Preise: Mittel

Kunst, Ruhe und Gartenblick. EZ 55-60, DZ 90-100 Euro

Berghotel Restaurant Baader, D-88633 Heiligenberg, Salemer Str. 5, Tel. 0049 (0)7554 8020. www.hotel-baader.de. Preise: Mittel/Gehoben.

Gutes Frühstück, moderne Zimmer. EZ 49,90-55, DZ 85-111 Euro.

Schloß Heiligenberg, D-88633 Heiligenberg, Tel. 0049 (0)7554 998312. Ostersamstag bis Okt: Führungen Di-So 11, 14, 15.30 Uhr. www.heiligenberg.de

Landmetzgerei von Stryk, D-88633 Heiligenberg, Postplatz 4, Tel. 0049 (0)7554 237, Di-Fr 7.30-12.30, 14.30-18, Sa 7.30-12.30 Uhr. www.metzgerei-vonstryk.de

30 Honigschlecker und Schwedentorte

Wie die Auslagen übermütiger Konditoren scheinen die Dekorationen im Inneren der Kirche darauf zu warten, heruntergeschnitten, auf einen Teller gehoben und in einem unersättlichen Rausch des Zuviel vertilgt zu werden.

DAVID GANZ, Gottesmutter und Honigschlecker

Der Putto mit Babyspeck schleckt am Honigfinger, während in BERNINI-Manier Bronzebienen aus dem Korb flüchten. Eine Barockallegorie auf den Zisterzienserideologen Bernhard von Clairvaux, dessen Rede nach der Muttermilchspende der Jungfrau Maria so verführerisch klang, daß ihm die Scholastik den Ehrennamen doctor mellifluus (der honigfließende Doktor) verlieh. Zuckerbäckerrokoko und Alabastereleganz – die artifizielle Verspieltheit der Marienkirche in der Birnau wird auch von Kunsthistorikern gern in lukullischen Termini beschrieben.

Dabei entstand der Prunkbau in neuer landschaftsdominierender Position angeblich, weil sich die Zisterzienser über Wirtshauslärm bei der alten Wallfahrtskapelle ärgerten. Wie dem auch sei, die Genußarchitektur stellt die ideale Einstimmung auf ein regionales Mittagessen der Spitzenklasse dar, das man sich am besten erwandert. Durch die Weinstöcke der Birnauer Kirchhalde, die Markgraf MAX VON BADEN 1965 wieder anpflanzen ließ, geht's hinunter nach *Maurach*, wo direkt am Ufer (und in gebührendem Abstand vom Heiligtum) Familie *Gruler* eine Fischküche auftischt, die ihresgleichen sucht.

Die Konditorenverheißungen der *Birnau* könnte man bei einem nachmittäglichen Törn auf die *Mainau* in die Realität umsetzen.

Honigschlecker *von Joseph Anton Feuchtmayer (um 1750)*

Bernadottes in Bronze

«Von Stade ging ich zu Fuße, nach der Insel, die mit dem Festlande mittelst eines Stegs von fünfhundertsiebenzig Schritten zusammenhängt. Ich will es nicht jedem rathen diesen längsten aller Stege, der früher nicht einmal zu Beschränkung der Einbildungskraft Geländer hatte, zu wandeln, wie leicht könnte ein Brett los seyn, oder der Furchtsame in der Mitte Schwindel und Angst bekommen, ohne rückwärts noch vorwärts zu kommen. Frauen könnte so angst und bange werden, wie Frauen in Kindesnöthen. Die Insel ist nicht im besten Zustand, der Herr fehlt — das Schloß ist leer...»

Heute sorgen die *Bernadottes* auf der Blumeninsel für einen adretteren Empfang als ihn CARL JULIUS WEBER 1826 erlebte. Die Blumeninsel hat auch ihre gastronomischen und landwirtschaftlichen Facetten. Inselherrin *Gräfin Bettina Bernadotte* ist mit dem Lindauer Winzersohn *Philipp Haug* verheiratet – die 500 Flaschen inseleigenen Weins gelangen verständlicherweise nicht in den Verkauf. Dafür kann man im herrlichen Palmengarten des ganzjährig geöffneten Schloßcafés nach schwedischer Mandeltorte und Schümli-Kaffee ein Glas auf der Mainau gebrannten Mirabellengeist kosten und noble Literatur durchblättern: «Ich war schon als Kind ein

Salat-Fan» bekennt Gräfin *Sonja Bernadotte* in «Hilfe ich muß kochen!» und verrät, wie sie von Miraculi als Bordverpflegung zu standesgemäßeren Kochkünsten fand. *Diana Bernadotte*, Gräfin und Hutstilistin, erzählt im Märchen «Die List der Kräuterprinzessin», wie Tarina einer arrangierten dynastischen Ehe entgeht, indem sie bei einer Kräuterfrau im Wald untertaucht und geheimes Kräuterwissen erwirbt.

SEEHALDE – Uhldingen-Maurach. Näher am Bodensee kann man nicht tafeln – die großzügigen Panoramafenster gewähren den Blick auf Miniatur-Molo, getrimmten Rasen, blühenden Phlox. Wenn dann noch Surfer im silbrigen Wasser vorbeizischen, vergißt man leicht die etwas gewöhnungsbedürftige Innenarchitektur, die ohnedies durch die stilsichere Eindeckung aufgewogen wird.

Zum Aperitiv Kir mit Waldmeister? Doch die Dame des Hauses hat noch Ausgefalleneres vorzuschlagen – Essenz aus in der Maurach gesammelter Engelwurz, mit Winzersekt aufgespritzt. Was bitte ist Engelwurz? Ja, die Angelikastengel, die in kandierter Form früher die Blumenblätter auf glasierten Petit fours bildeten. Mit dem leicht bitteren Aroma ein feinausgewogener Appetitanreger für das Fischmenu.

Zum Auftakt Dreierlei von der Bodenseefelche: japanisch, peruanisch, skandinavisch. Teriyaki mariniert mit schwarzem und hellem Sesam auf Geschling von Algen und gelbem wie Ingwer mariniertem Rettich. Limetten-beträufelter, mit Höri-Zwiebel-Konfetti und Korianderkraut bestreuter *Ceviche*. Ein beherzt in Essig gereifter Schwedenhappen-Labskaus auf schrotiger Roter Beete vervollständigt das Triptychon.

Seien wir ehrlich, der deutsche Rezeptschatz bietet manche Entdeckung, aber wer das volle Potential der Süßwasserfischküche ausloten und aufwerten will, der tut gut daran, sich bei Nationen mit höherer Rohfischkompetenz Anregungen zu holen. Familie *Gruler* gelingt schon beim Entree der Nachweis, daß Bodenseefische auch in der Spitzenküche dem Meeresfang nichts nachstehen.

Dem Bodensee ganz nah – *Seehalde in Maurach*

Tropisch freches Intermezzo, witzig mit Gewürzen und Süßeffekten spielend, genial improvisiert: gegrillte Melone mit Brandspuren, um die mit Bourbonvanille gepunktete Jakobsmuscheln, Tomatenvinaigrette und Auberginenpapier arrangiert sind.

Ein Raubfisch verträgt prononcierte Aromen. Auf der Haut gebratene Schnitten von einem großen Tier, schneeweiß, biß-feste Textur, dazu duftige Hechtnocken, auf einem badischen Graupenrisotto mit Schnecken, Zuckererbsen, gestiftelten Karotten und paprizierter Sauce, dekoriert mit ganzem Fluß-krebs und Hechtleber (ganz so wie Toplokale das Lamm mit seiner Niere servieren).

Pièce de resistance: Bodenseeaal mit Birnen, Bohnen und Speck vermählt keck ein Rezept aus Deutschlands Norden mit heimischem Fisch. In Schleswig-Holstein brät man den fetten Aal in fettem Speck. Die Seehalde hat den *Lardo* zu krokanten Chips verschlankt. Lediglich die Birnen hätte man aromatischer herausarbeiten oder einkochen können.

JOSEF ANTON KOCH trank 1791 in Uhldingen «elenden Tiroler und noch schlechtern essigsauren Seeewein» . Das ist vorbei! Überzeugend die Weinbegleitung, die auch kleinere Bodenseewinzer wie Geiger in Meersburg oder Kress in Hagnau sprechen läßt. Und immer wieder die lokalen Trouvaillen – Hand aufs Herz, wo hat man schon einmal selbstangesetzten Mädesüss-Likör probiert? Wo hat man als Tagesteller die Wahl zwischen Wildhasenleber oder frischgeangelter Trüsche?

Weltoffen und regionalbewußt – hier hat ein Koch den Kopf dafür frei, daß moderne Spitzenküche vom Dialog des Einheimischen mit durchdachten globalen Rezeptoptionen lebt, daß jede Speise bei sorgfältiger Produktrecherche und Zubereitung zur Delikatesse werden kann: Das gilt auch für spannende Fleischteller wie Consommé vom Linzgau-Bison, Maultäschle von der Gans, Sipplinger Lammkutteln und den verpönten Trumpf «Kopfsalat, Schweinsbäckle, Lammzüngle, Ochsenmaul» .

HÄFELI – Uhldingen-Mühlhofen. Der Name im *Sütterlin*-Duktus kalligraphiert, ein cooles heimatverbundenes Logo: Der junge Fischwirtschaftsmeister *Andreas Geiger* hat einen sympathischen Qualitäts-Kiosk eröffnet, wo frischgemachte Aal- oder Felchenbrötchen, Kuchen, Wein und Most vom Bauern verkauft werden. Bescheiden, gut und echt.

Seehalde, D-88690 Uhldingen-Mühlhofen, Birnau- Maurach 1, Tel. 0049 (0)7556 922 10. Do-Mo, Mi nur abends. www.seehalde.de Preise: Mittel/Gehoben.

↰ Alle Zimmer mit Seesicht, eigener Badestrand mit Wiese. EZ 75-80, DZ 126-144 Euro.

Häfeli, D-88690 Uhldingen-Mühlhofen, Seestraße 3 10c, Tel. 0049 (0)7556 93 23 66. Ostern bis Anfang Okt.

Mainau, D-78465 Insel Mainau, Tel. 0049 (0)7531 3030. Sonnenaufgang bis Sonnenuntergang. www.mainau.de

Schloßcafé Mainau, tgl. 11-17 Uhr.

Schwedenschenke, Tel. 0049 (0)7531 303-156. Tgl. 11-23 (Jan. bis März 11.30-15 Uhr). Hübsches aquamarinblaues skandinavisches Interieur mit roten Holzpferden. Göteborger Hechtklösschen, Rumpsteak Strindberg und für Kinder – badischer als bei Ikea – Köttbullar mit Spätzle und Sauce!

Orte

Gasthäuser

Museen

Unterkommen

A – Österreich

CH – Schweiz

D – Deutschland

Einkaufen

Thurgauer
Landfrauen
Bohnen

100 gr.   6.–

Fotonachweis

Peter Peter: Umschlag-Fotos, 2 3 4 12 14 -21 22 28 34 40 50
54/55 56/57 61 67 68 71 72 82 86 88 90 91 92 94 96 97 98
102 106 107 08 109 119 120 122 128 130 134 135 136 138
140 142 143 146 147 149 150 151 153 154 156/157 158 160
162 164 166 167 168 170 171 172 173 177 182 184 185 187
188 190 192 194 195 196 197 198 199 299 202 203 204 205
206 209 210 212 214 215 217 220 221 226 228 234 236/237
240 243 244 246 264 265 266 267 268 269 271 276 278 280
283 385 290 292 306 314 319 322 324 325 328 333 334 336
340 342 344 345 348 354 355 356 358 359 362 364 365 369
372 376 378 380 384

Abbildungen S. 36, 38 aus: Landes-Obstsortiment für Baden, Hrsg.: Badische Landwirtschaftskammer.

Alle anderen Fotos Cornelia Stauch

Titelfoto: Café Strandbad in D-Überlingen/Nußdorf

Karten: Römer.Grafik, D-79241 Ihringen

"Nicht umsonst heißt der Verlag Oase –
eine Oase in der deutschen Reiseführerlandschaft."

TAGES ANZEIGER, ZÜRICH

Mit Leidenschaft geschrieben, reich illustriert, gut gebunden

Aktuelles Gesamtprogramm, Leseproben:

www.oaseverlag.de

„Im Oase Verlag erscheinen
die intelligentesten Reiseführer, die ich kenne."

Vincent Klink, Häuptling eigener Herd

Oasen am Oberrhein
32 Streifzüge
zwischen Schwarzwald, Rhein und Alpen

Wolfgang Abel

oaseverlag.de

Französischer und Schweizer
Jura
Touren ◆ Einkehren ◆ Unterkommen

Martin Jenni, Hans Ikenberg

oaseverlag.de

Untersee
&
Hochrhein
17 Stationen von Konstanz bis Schaffhausen

Cornelia Stauch   Walter Tschirren

oaseverlag.de

Spaniens Paradores
Besondere Hotels, Extratouren, Landpartien

Wolfgang Abel

Lago Maggiore
Gastronomie ◆ Touren ◆ Landschaft

Wolfgang Abel   Jacky Salamander

oaseverlag.de

Cinque Terre
Ligurische Küste
Landschaft ◆ Touren ◆ Gastronomie

Christoph Hennig

oaseverlag.de

Oase Verlag ◆ D-79410 Badenweiler

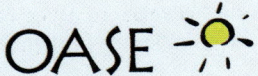

Für Friederike

© 1. Auflage 2011
Oase Verlag
D-79410 Badenweiler
www.oaseverlag.de

ISBN 978-3-88922-072-1
Alle Angaben ohne Gewähr

Herstellung:
fgb • Freiburger Graphische Betriebe